Auf Schiene

CZ
Budweis, Prag
Brünn, Prag
SK
H
SLO
HR
Budapest
Maribor
Ljubljana
Ljubljana
Rijeka
Waidhofen
a. d. Thaya
Gmünd
Horn
Laa
a. d. Thaya
Zwettl
Hollabrunn
Mistelbach
Kampseen
NIEDER-
Krems
Stockerau
Korneuburg
Gänserndorf
Passau
Rohrbach
in Oberösterr.
Freistadt
Donau
Ottensheim
LINZ
Perg
Grein
Melk
ST. PÖLTEN
Tulln
Kloster-
neuburg
WIEN
BRATIS-
LAVA
Hainburg
a. d. D.
Grieskirchen
Wels
Enns
Ybbs
an der Donau
Amstetten
ÖSTERREICH
Mödling
Scheibbs
Lilienfeld
Baden
Bruck
a. d. Leitha
Neusiedl
am See
Gmunden
Steyr
Kirchdorf
a. d. Krems
Waidhofen
a. d. Ybbs
EISENSTADT
Attersee
Traunsee
Weyer
Wr. Neustadt
Traun
Bad Ischl
Altenmarkt
Mariazell
Neunkirchen
Matters-
burg
Sopron
Salza
2270
Hochschwab
Semmering
Liezen
Admont
Enns
Wechsel
Oberpullendorf
BURGENLAND
Dachstein
2995
Gröbming
Schladming
STEIERMARK
Leoben
Kapfenberg
Bruck a. d. Mur
Oberwart
Hartberg
Radstädter
Tauern
Tamsweg
Mur
Judenburg
Knittelfeld
Weiz
Murau
Voitsberg
GRAZ
Güssing
Fürstenfeld
Turracher Höhe
Feldbach
Jennersdorf
KÄRNTEN
Wolfsberg
Deutsch-
landsberg
Leibnitz
Mur
Millstatter
See
Feldsee
Feldkirchen
in Kärnten
St. Veit
a. d. Glan
Mureck
Bad Radkersburg
Afritzer See
Ossiachersee
Völkermarkt
Drau
Lavamünd
Villach
Wörthersee
KLAGENFURT
Klopeiner See

OTHMAR PRUCKNER

AUF SCHIENE

33 Bahnreisen durch Österreich und darüber hinaus

Ein Reisebuch

FALTER VERLAG

ISBN 978-3-85439-707-6

1011 Wien, Marc-Aurel-Straße 9
T: +43/1/536 60-0, F: +43/1/536 60-935
E: bv@falter.at, service@falter.at
W: faltershop.at
2. Auflage

Autor: Othmar Pruckner

Lektorat: Helmut Gutbrunner

Grafik und Layout: Marion Großschädl

Bildnachweis siehe Seite 314

Bildbearbeitung: Reini Hackl, Raphael Moser, Nadine Weiner

Karten: arbeitsgemeinschaft kartographie

Produktion: Falter Verlag

Druck: Florjančič tisk d.o.o., SL 2000 Maribor

MIX
Aus verantwortungs-vollen Quellen
FSC® C106954

Wir haben bei diesem Buch im Sinne der Umwelt
auf die Verpackung mit Plastikfolie verzichtet.

Inhalt

Zugfahren als Freizeitvergnügen:
„Wälderbähnle" im Bregenzerwald

33 Zugreisen in Österreich und darüber hinaus

Welcome on Board!

Schon einmal Bahn gefahren?

Fahren Sie täglich, selten oder gar nicht mit dem Zug? Lieben Sie Ihr Auto, gehen Sie zu Fuß oder fahren Sie grundsätzlich immer und überall mit dem Fahrrad? Ganz egal: Dieses Buch ist für all jene gedacht, die zur Abwechslung einen Ausflug, eine kurze Reise, ein Weekend, eine Vergnügungsfahrt mit der Bahn absolvieren wollen.

Der Bahnreiseführer will also Lust darauf machen, nicht nur täglich brav zur Arbeit zu pendeln, sondern auch in der Freizeit in den Zug zu steigen.

- Er will allen, die ihr Auto einfach einmal stehen lassen wollen, Vorschläge für einen entspannten Ausflug unterbreiten.
- Er will Ideen liefern, Anregungen geben, welche Ziele mit der Bahn gut zu erreichen sind.
- Er will ein „Appetitanreger" dafür sein, sich wenigstens probeweise einmal auf eine Schienenreise zu begeben.
- Er will bahnentwöhnten Menschen die Scheu vor einem unbekannten, fremden Verkehrsmittel nehmen ...
- ... und einen kleinen Beitrag dazu leisten, im Bahnland Österreich noch mehr Menschen als bisher „auf Schiene" zu bringen.

Dieses Buch beschreibt schöne Bahnstrecken und empfiehlt diverse Anschlussprogramme: Stadt- und Landbesichtigungen, Spaziergänge, Wanderungen, Radtouren quer durch Österreich, vom Neusiedler- bis zum Bodensee, von Südkärnten bis zum nördlichen Waldviertel, vom hohen Schneeberg bis zum fröhlichen Zillertal. Natürlich, man kommt mit Zügen nicht überall hin, aber es überrascht immer wieder, wie viele funktionierende Verbindungen es gibt, wohin überall man bequem auto-, stau- und abgasfrei reisen kann.

Die Auswahl an Bahnreisen und Empfehlungen ist notgedrungen subjektiv. Viele schöne Bahnstrecken wie Regionen bleiben zwangsläufig unerwähnt, „Vollständigkeit" ein Ding der Unmöglichkeit. Das Buch will einfach „Lust auf Zug" machen. Es sieht schon die Bahnfahrt selbst als erfreulichen, entspannenden und bereichernden Teil der Reise. Es macht einfach Vorschläge für schöne

Auf in den weiten Westen: Railjet in Salzburg

Stunden und Tage ohne Stau- und Parkplatzstress, ohne Strafmandats- und Unfallgefahr.

In diesem Sinne begrüßen wir nun auch die zugestiegenen Fahrgäste: Willkommen an Bord von Railjet und Regionalexpress, von Dieseltriebwagen und Dampfzug! Willkommen in einem alten, für viele aber völlig neuen und nicht zuletzt „klimaneutralen“ Verkehrsmittel!

So viele Züge gehn, wer weiß, wohin?

Jede Bahnfahrt, das als Warnung vorneweg, braucht ein Mindestmaß an Vorbereitung. Steht das Ziel einmal fest, muss der individuelle Fahrplan „gecheckt“ werden. Das geht am allereinfachsten am PC, Laptop oder Smartphone auf **www.oebb.at.**

Da kann man nicht nur sämtliche Verbindungen finden, sondern auch gleich das dazugehörige Ticket kaufen. Sämtliche Linienbusse und Privatbahnen sind erfasst.

Die aufs Handy geladene **ÖBB-App** (mit hinterlegter Kreditkarte) ist für Bahn-Ausflügler ein überaus praktisches und hilfreiches Tool. Man sucht und findet damit die passende Verbindung von

A nach B, sieht auch gleich, ob der vorgesehene Zug pünktlich ist oder nicht. Das damit unterwegs gekaufte Ticket (auch fürs Fahrrad) erscheint einfach am Handy. Man muss nur noch dafür sorgen, dass dem Smartphone unterwegs nicht der Saft ausgeht.

Besonders segensreich ist – sobald die Route gewählt wurde – die Funktion **„Reisevorschau"**. Sie ist quasi das Navi des bzw. der Bahnreisenden, führt alle Reisezeiten, Anschluss-Umsteige-Infos wie auch Umsteigezeiten übersichtlich auf.

Darüber hinaus sind **Fahrpläne** an jeder Haltestelle ausgehängt. An größeren, modern ausgestatteten Stationen gibt es elektronische **Fahrplantafeln**, die die nächsten Abfahrten anzeigen.

Wichtig ist, sich bei jeder Abfahrt, bei jeder Umsteigeaktion auf diesen Fahrplantafeln nochmals zu vergewissern, von welchem Bahnsteig der Zug tatsächlich abfährt, denn dies wird oft sehr kurzfristig geändert.

Tickets, please!

Gedruckte Tickets gibt es auf großen Bahnhöfen beim **Schalter** bzw. im **„Reisezentrum"**, zusätzlich und an den meisten anderen Bahnhöfen und Haltestellen beim **Ticketautomaten.**

Auf manchen Nebenbahnen befinden sich die Ticketautomaten im Triebwagen selbst. In der privaten Westbahn, die zwischen Wien und Salzburg fährt, erhält man die Fahrkarte auch bei der Schaffnerin, so auch in diversen privaten bzw. Landesbahnen. Die einfachste Art, ein Ticket zu kaufen und auszudrucken, ist aber über das Internet: **www.oebb.at, www.westbahn.at** bzw. die Seiten der diversen Privatbahnen.

Bahn fahren kostet Geld und **Einzelfahrscheine** ohne Ermäßigung sind nicht gerade geschenkt. Deshalb empfiehlt sich für alle, die öfter mal zugfahren wollen, die **ÖBB-Vorteilscard.** Sie kostet im Internet € 66,–, am Schalter € 99,–, für Senior*innen € 29,– und für Student*innen bis 26 Jahre gar nur € 19,– pro Jahr. Sie bringt ca. 50 Prozent Ermäßigung. Dieser Vorteilscard-Halbpreis-Pass rentiert sich schon nach wenigen längeren Fahrten. Für Unsichere gibt es auf den ÖBB-Seiten auch einen Vorteilscard-Rechner.

Nicht nur für Pendler, auch für Ausflügler gibt es viele Ermäßigungen, auch auf regionaler bzw. Bundesländerebene. Das **Einfach-Raus-Ticket** ist eine davon, es ist eine Art Tageskarte für

Flotter Nahverkehr auf schmaler Spur: die Zillertalbahn

zwei bis fünf Personen, gültig an Samstagen und Sonntagen im Nah- und Regionalverkehr. Darüber hinaus gibt es auch **Tageskarten** für Senior*innen über 65. Infos und Preise auf *www.oebb.at.*

Diese seit 2021 erhältliche Österreich-Netzkarte, **Klimaticket** genannt, ist eine Revolution für den gesamten öffentlichen Verkehr. Regulär kostet das Klimaticket € 1095,– pro Jahr, Senior*innen und Student*innen zahlen € 821,–. Für all jene, die mit diesem Ticket täglich zur Arbeit pendeln, steht nun plötzlich das gesamte übrige Streckennetz (plus Linienbusse, plus Öffis in Wien und in den Landeshauptstädten!) im gesamten Bundesgebiet zur Benützung frei. **www.klimaticket.at**

Alle weiteren Ticketoptionen, Tourismus-, Sparschiene- und sonstige Sonderangebote unter *www.oebb.at.*

Einsteigen, Zug fährt ab!

Noch kurz einige sachdienliche Hinweise für Bahnneulinge: Die Züge fahren trotz anderslautender Gerüchte in der Regel pünktlich ab. Rechtzeitig am Bahnhof zu sein schont die Nerven und erspart Ärger. Die Wege zwischen den Bahnsteigen sind in den großen

Der Nabel des österreichischen Bahnnetzes: Wien Hauptbahnhof

Ein Touristenvehikel: die Erzbergbahn

Bahnhöfen bisweilen erstaunlich lang, was bei knappen Umstiegszeiten zu einem flotten Schritt zwingt.

Die Züge auf West- und Südbahn sind oft voll. Für all jene, die keine Lust auf einen Stehplatz im Gang haben, ist eine **Reservierung** vorab mehr als sinnvoll und den kleinen Aufpreis wert. Reservieren kann man am Ticketschalter oder ganz leicht über die ÖBB-App, auch mit Sitzplatzauswahl. Bei REX- und Regionalzügen sowie auf Nebenstrecken lohnt sich die Reservierung nicht, auch gibt es dort keine erste Klasse.

Wenn man eine Reservierung hat: Die jeweilige **Wagennummer** erscheint an jedem Railjet-Waggon in Leuchtschrift, ansonsten steht sie noch oft auf einem Kartonschild neben oder an den Waggontüren. Damit kann man gleich vom Bahnsteig aus in den richtigen Waggon steigen und erspart sich mühsames Durchwursteln durch enge Gänge.

Fernverkehrszüge, Railjets, Euro- und Intercityzüge sind oft ziemlich lang. Um beim kurzen Halt in der Station rasch den richtigen Waggon zu finden, befinden sich am jeweiligen Abfahrtsbahnsteig meist elektronische (oder analoge) **Wagenstandsanzeiger.** Die zeigen, wo sich der reservierte Waggon, die erste und zweite Klasse, der Speisewagen etc. befinden, und sagt einem hiermit, auf welchem Bahnsteigsektor man sich in freudiger Erwartung der Zugseinfahrt postieren sollte.

Ein letzter Rat: Um vom schönen Sonntagsausflug sicher wieder heimzukommen, ist es ratsam, nicht den allerletzten, sondern einen der Züge davor zu nehmen, insbesondere, wenn unterwegs Anschlüsse erwischt werden sollen. Besser nichts riskieren und diese ultimative Sicherheitsreserve einbauen! Dann steht einem entspannten Nickerchen auf der Heimfahrt auch wirklich nichts mehr im Wege.

1 Der Semmering, eine Bahnlandschaft

Die Ghega-Bahn – Kurort Semmering – Südbahnhotel – Kurhaus – Bahnwanderweg zu Tale – Payerbach-Reichenau und weitere Wanderziele

Zug fährt ab! Wir beginnen unsere Schienenreise auf der berühmtesten Bahnstrecke Österreichs, der Semmeringbahn. In diese vielgestaltige Bahnlandschaft mit ihren alten Hotels, schroffen Felsen und mächtigen Viadukten zu reisen geht ganz einfach. Man fährt ab Wien auf der Südbahnlinie über die berühmte Bergstrecke bis zum Bahnhof Semmering. REX- und Regionalzüge halten auf der Passhöhe. Nach einem Abstecher zum Südbahnhotel folgt der Abstieg zurück ins Tal auf dem „Bahnwanderweg" über Klamm nach Payerbach bzw. Reichenau. Anmerkungen zu Orten und Denkmälern, Museen und Sehenswürdigkeiten im näheren Umfeld bieten die Möglichkeit, die Gegend besser kennen zu lernen.

Zur Einstimmung eine kurze Zeitreise in die Geschichte dieses Weltkulturerbes:

„Clayton hatte die Empfindung, schon sehr hoch zu sein, aber es ging noch höher. Jetzt sah er drüben in weitem Bogen die Bahntrasse liegen, über welche man eben vorhin gefahren war. Die Abstürze neben der Strecke wurden steiler und tiefer und schließlich schwindelnd, als man durch eine Art offene Galerie fuhr. Ihre Pfeiler zischten vorbei. In der nächsten Kurve sah er, so rückwärts wie vorne, die Lokomotiven donnernde Dampfstrahlen emporwerfen."

Im Roman „Die Wasserfälle von Slunij" des österreichischen Schriftstellers Heimito von Doderer (1896–1966) ergötzt sich der Reisende Robert Clayton bei einer Bahnreise über den Semmering an der vorbeifliegenden Landschaft. Die Semmeringbahn wurde wie kaum ein anderes technisches Bauwerk dokumentiert, beschrieben, gerühmt, gezeichnet, gemalt, fotografiert und gefilmt. Gebaut zwischen 1848 und 1854 war sie der Inbegriff des technischen Fortschritts, ein „heroisches" Bauwerk, ausgeführt vom gebürtigen Venezianer Karl Ritter von Ghega (1802–1860). Bis zu 20.000 Arbei-

Eine Ikone: das Südbahnhotel

ter und Arbeiterinnen aus allen Teilen der Monarchie wurden ab dem Revolutionsjahr 1848 zur Baustelle geholt, mehr als tausend von ihnen starben, vor allem an Cholera und Typhus.

Wenn man von der Semmeringstrecke redet, meint man die 42 Kilometer der Südbahn zwischen dem niederösterreichischen Gloggnitz und dem steiermärkischen Mürzzuschlag. Die Strecke hat 15 Tunnels, der längste ist der 1,4 Kilometer lange Scheiteltunnel. Schon er allein war in der Mitte des 19. Jahrhunderts eine Pionierleistung, eine absolute Novität auch für Zeitgenossen wie etwa den Schriftsteller Peter Rosegger:

„[…] anstatt in Maria Schutz zu sein, standen wir vor einem ungeheuren Schutthaufen und hinter demselben war ein kohlfinsteres Loch in den Berg hinein. Das Loch war schier so groß, daß darin ein Haus hätte stehen können und gar mit Fleiß und Schick ausgemauert, und da ging eine Straße mit zwei eisernen Leisten daher und schnurgerade in den Berg hinein."

457 Höhenmeter bis zum Scheitelpunkt auf 898 Meter Seehöhe, 16 große und 118 kleinere Brücken aus Stein, in Summe 80.000 verbaute Steinquader und 64,5 Millionen Ziegel, Unmengen von ge-

brochenem und gesprengtem Gestein – die Mühen des Baus, ohne Kräne, Bagger oder gar Tunnelbohrmaschinen, sind heute nicht mehr vorstellbar. Dass die Ghega-Bahn heute zum Weltkulturerbe zählt, hat viel gute Gründe, liegt aber vor allem daran, dass die Streckenführung selbst und die Brückenbauwerke – die berühmten steinernen Viadukte – noch immer als technische Kunstwerke angesehen werden. Ghega habe, so heißt es, „mit der Natur und nicht gegen sie" gebaut, was freilich ein romantisierendes Bild ist. Was stimmt: Die Bahnhöfe, Streckenwärterhäuser, Viadukte und sonstigen Bahnbauwerke unterliegen einer „corporate identity", vermitteln das Bild eines „großen Wurfs".

Die erste Gebirgsbahn Europas schloss Mitte des 19. Jahrhunderts die letzte Lücke auf der Strecke von Wien nach Triest und wurde schon während der Bauzeit, noch mehr aber nach ihrer Fertigstellung zum beliebten Ausflugsziel. Die noble Wiener Gesellschaft setzte sich ins Abteil und genoss das Abenteuer der Fahrt. Man war angetan von den monumentalen Viadukten, die eine Ähnlichkeit mit römischen Aquädukten gar nicht leugnen wollten. Man liebte die Tunneldurchfahrten, man genoss die Kurven und Serpentinen, die der Zug durcheilte, und die Blicke aus der Galerie der Weinzettelwand. Man erschauderte beim Anblick der ungewohnt schroffen Felszacken. Und eroberte nach und nach die bis dahin kaum erschlossene Semmeringgegend als von Wien aus leicht erreichbare Erholungslandschaft.

Schaufahrt auf den Berg

Die Bergstrecke beginnt schon nach dem **Bahnhof Gloggnitz.** Hier werden in einigen Jahren sämtliche Fern- und Güterzüge im **Semmering-Basistunnel** verschwinden, vorerst aber muss noch alles oben drüber. Wer kann, setzt sich, so wie schon die frühen Bahn-Vergnügungsreisenden, in Fahrtrichtung auf die linke Seite. Zusätzliche Empfehlung für alle, die diesmal nur auf Durchreise nach Venedig, Triest oder Bruck an der Mur sind: Es ist eine gute Idee, ab Gloggnitz in den Speisewagen zu wechseln und die Fahrt bei Melange und Apfelstrudel zu erleben. Da darf der Laptop dann auch einmal eine halbe Stunde rasten.

In Gloggnitz trug sich übrigens in der Zeit der Erbauung ein spektakuläres Unglück zu, das Stoff für jede Menge Legenden hergab. Am 12. April des Jahres 1854 inspizierte Kaiser Franz

Joseph von einem offenen Güterwaggon aus die neue Strecke. Im allgemeinen Eröffnungstaumel wurde übersehen, dass der Schornstein der eigens für dies Strecke konstruierten Dampflok namens „Emmerberg“ für die Gloggnitzer Bahnhofshalle zu hoch war (oder die Bahnhofshalle für den Rauchfang zu niedrig). Der Schornstein riss bei der Einfahrt ab, die illustren Fahrgäste, der Kaiser inklusive, wurden in eine Wolke aus Ruß und Gestank gehüllt. Der Monarch war gnädig und sah davon ab, den Ingenieuren seine Gunst zu entziehen; bald schon fuhr er mit seiner Angetrauten, Kaiserin Elisabeth, wieder über den Berg. Der Personenverkehr wurde dann im Juli 1854 offiziell aufgenommen.

Gleich nach der Ausfahrt aus dem **Bahnhof Payerbach-Reichenau** kurvt der Zug 180 Grad nach links, überquert gleich einmal das längste Viadukt der gesamten Strecke, nämlich jenes über die Schwarza. Vom Bahnhof über den Bahnsteig 2 in westlicher Richtung zu erreichen, fährt an den Sommerwochenenden eine Museumstramway über Reichenau bis nach Hirschwang, leider nicht ganz bis zur Talstation der Rax-Seilbahn. Die Bahn ist ein dekoratives, gern fotografiertes Inventar des alten Kurorts Reichenau an der Rax.

www.lokalbahnen.at

Die Semmeringbahn ist, geschuldet ihrer frühen Erbauung, mit 25 Promille Steigung die flachste Gebirgsbahn Österreichs. Nur zum Vergleich: Die Arlbergbahn hat durchschnittlich 31 Promille Steigung. Von allen Haltestellen, die ab hier nur mehr von Regionalzügen bedient werden, sind wunderbare Spaziergänge möglich. **Küb** liegt am Fuß des **Kreuzbergs**, der von der Bahn nun quasi umrundet wird. Von dessen sanften grünen Hängen sieht man schön hinüber zum Schneeberg und zur Rax. Von der Haltestelle **Eichberg**, ein Kreuzungs- und Überholbahnhof, sieht man kurz auf Gloggnitz hinunter. Nun kurvt der Zug auf der Südseite des Kreuzbergs wieder Richtung Westen und nähert sich rasch der Station **Klamm-Schottwien.** Richtung Süden sieht man die Wallfahrtskirche von Maria Schutz, unten, tief im Tal, liegt der Ort Schottwien, durch den die ersten Wege und Straßen über den Pass führten. Kurz sieht man die Ruine Klamm, ein Wahrzeichen der Semmering-Bahnlandschaft. Bald nach dem Wagnergraben-Viadukt fährt man durch die **Weinzettelwand-Galerien.** Felskulissen, steile Hänge, tiefe Gräben: Wer

Hochschaubahn erster Klasse: Regionalzug am Viadukt „Kalte Rinne“

schauen kann, der schaue! Gleich nach der Haltestelle **Breitenstein** überquert man das Krauselklause-Viadukt und schließlich das doppelstöckige **Kalte-Rinne-Viadukt**, eines der berühmtesten Bauwerke der Strecke (siehe auch S. 26). Die Strecke macht nun wieder eine 180-Grad-Wende und kommt sogleich zum **Adlitzgraben-Viadukt**, von wo es in Schlangenlinien zur Haltestelle **Wolfsbergkogel** geht, der Station, die dem mächtigen Kurhaus Semmering am nächsten liegt. Jetzt ist es nur mehr ein kurzes Vergnügen, und schon ist man am **Bahnhof Semmering**, dem vorläufigen Ende der Bahnfahrt, die von Payerbach-Reichenau bis hierher im Regionalzug rund eine halbe Stunde dauert.

Der Kurort Semmering und die Semmering-Gesellschaft

Um vom Bahnhof Semmering zur Hochstraße bzw. Passhöhe (und damit zu Restaurants und Gasthäusern) zu kommen, muss man rund 15 Minuten gehen, und zwar ziemlich steil bergauf. Mit Gepäck sollte man sich besser ein Taxi bzw. eine Abholung bestellen. Bevor wir nun die Wanderung zu Tal entlang der Bahnstrecke beginnen, einige Hinweise zum **Kurort Semmering**.

Semmeringlandschaft, gesehen vom „20-Schilling-Blick“ (o.)
Wegweiser am Bahnwanderweg (re.)
Im Thalhof bei Reichenau (ganz re.)

In zeitlichem Respektabstand nach der Eröffnung der Bahnstrecke entstand oben am Berg eine neue Welt, eine aus Villen, Sommerhäusern, Spazierwegen und Hotels. Der Semmering war bald ein gesuchter Treffpunkt der feineren Gesellschaft. Der Historiker und Journalist Wolfgang Kos beschreibt sie als das „aufstrebende, liberale, reiche, jüdische, kunstsinnige, selbstgefällige Großbürgertum mit aristokratischem Dünkel und weichen Rändern zur Bohème". Die Liste der großen Namen, die sich hier ein Stelldichein gaben, ist lang. Bekannt sind unter anderen Adolf Loos, Oskar Kokoschka, Egon Friedell, Peter Altenberg, Hugo von Hofmannsthal oder Arthur Schnitzler.

Die Südbahngesellschaft hatte 1882 das erste Semmering-Hotel eröffnet, das **Panhans** war 1888 dazugekommen, das dritte im Bunde der Großen, das **Kurhaus Semmering**, dann 1909. Lange leer stehend und langsam verfallend, wurde es 2019 an den bekannten Grazer Hotelier Florian Weitzer verkauft, die Renovation und Neunutzung als Hotel ist geplant.

Das ursprüngliche Hotel Semmering wurde mehrfach erweitert und ist heute als **Südbahnhotel** das beeindruckendste Bauwerk am Berg. Man spaziert ausgehend von der Passhöhe die Hochstraße entlang, passiert die riesige Panhans-Fassade und sieht bald danach ein sechsgeschoßiges Märchenschloss mit Erkern, Türmchen, spitzen Giebeln und Balkonen. Das Innere ist besonders feudal, die unterschiedlichen Bereiche im Stil verschiedener Epochen ausgestaltet – das Südbahnhotel ist ein Faszinosum ersten Ranges. War es lange Jahre fest verschlossen, hatte man bis 2021 auch wieder Gelegenheit, es von innen zu bewundern: nämlich bei diversen Veranstaltungen, Konzerten, Lesungen des „Kultur.Sommer.Semmering". Im Herbst 2021 ging das Hotel aller Hotels an den Immobilieninvestor Christian Zeller, der in das Haus, so das Versprechen, kräftig investieren und es als Hotel und Kulturbühne weiter betreiben will.

www.kultursommer-semmering.at
www.semmering.at, www.wieneralpen.at

Auf dem Bahnwanderweg

Die Begehung des **Bahnwanderwegs** vom Bahnhof Semmering bis hinunter ins Tal ist ein sehr abwechslungsreiches Vergnügen. Die längste Variante führt bis nach Gloggnitz, Variante zwei, abzweigend von Klamm-Schottwien, über den Kreuzberg nach Payer-

Imposanter Hochblick: Viadukt am Bahnwanderweg

bach-Reichenau. Die dritte, hier empfohlene Variante: Man steigt schon in Klamm-Schottwien in einen Zug hinunter nach Payerbach (bzw. weiter nach Wien). Mit diversen Sidesteps und Pausen ist man auch auf dieser verkürzten Variante bis zu fünf Stunden unterwegs.

Nachdem man sich in der Infostelle im Bahnhof Semmering einen Bahnwander-Folder besorgt hat, geht man, vorbei am **Ghega-Denkmal** und am blau-gelben Museums-Triebwagen, bis zum Ende des Bahnsteigs, steigt ein paar Schritte hinauf und ist schon auf dem Weg, der von nun an gut markiert ist. Eine kleine Warnung: Nicht immer geht es nur bergab. Machbar ist die Route aber für alle, die festes Schuhwerk haben.

Gleich hinter der Haltestelle Wolfsbergkogel passiert man das **Kurhaus Semmering.** Danach geht man (unbedingt!) hinauf zur **Doppelreiterwarte,** von wo sich die Semmeringbahn mit ihren vielen Kehren, Tunnels, Galerien und Viadukten am umfassendsten präsentiert. Modellbahnhaft liegt einem die Strecke zu Füßen, fortwährend tauchen Züge auf und verschwinden wieder, und man fragt sich, wie Ghega das wohl alles planen und bauen konnte, ohne die technischen Hilfsmittel der heutigen Zeit.

Am weiteren Weg passiert man den **„Zwanzig-Schilling-Blick"**, also jene Ansicht des Viadukts über die Kalte Rinne, die einst auf dem Zwanzig-Schilling-Schein zu sehen war. Immer wieder gibt es Schautafeln, Erläuterungen zur Strecke, zur Geografie und Geologie, zu den Lokomotiven, die da fuhren: für die eisenbahntechnische Volksbildung wird hier wirklich alles Menschenmögliche getan. Regelmäßig donnern Züge vorbei, man sieht sie oft nicht, weil man grad im Wald geht, hört nur das anschwellende Brausen, das Kreischen der Bremsen und Quietschen der Spurkränze.

Zu unregelmäßigen Zeiten hat unmittelbar vor dem Viadukt über die Kalte Rinne im alten **Wächterhaus Nr. 167** das „weltweit einzige Museum Carl Ritter von Ghega gewidmet" offen – ein Sammelsurium diverser Fundstücke, Spielzeug-Blecheisenbahn inklusive. Schön ist es, kurz auf der Terrasse einzukehren, den Zügen beim Vorbeifahren zuzuschauen und den Ausführungen der hier versammelten p.t. Eisenbahnspezialisten zu lauschen („beim nächsten Güterzug ist vorn die blaue Nightjet-Lok dran, ich will's nur gesagt haben").

www.ghega-museum.at

Von da geht man den **Adlitzgraben** bergab, vorbei am „Blunznwirt" und hinauf in den Ort **Breitenstein**, wo man zur Station geht oder hoch über der Weinzettelwand weiter nach Klamm marschiert. Die imposant platzierte **Burgruine Klamm** ist schon aus der Entfernung gut zu sehen, sie ist in Privatbesitz. Von hier sind es nochmals eineinhalb Stunden nach Payerbach oder wahlweise nach Gloggnitz.

www.wieneralpen.at

Reichenau an der Rax und Umgebung

Viele Bücher sind mit Vorschlägen zu Wanderungen und Ausflügen im Semmeringgebiet gefüllt. Auch schon ab dem Bahnhof Payerbach-Reichenau kann man munter draufloswandern. So erreicht man über Schneedörfl bzw. über den legendären, neu renovierten, zur Luxusabsteige umgewandelten **Thalhof** den „Mariensteig" in der „Eng" und weiter, steil bergauf, das **Naturfreundehaus Knofeleben**. Von wo man, alles in einem Tag machbar, weiter Richtung Hochschneeberg bzw. zur Mittelstation „Baumgartner" der Schneeberg-Zahnradbahn wandern kann (siehe S. 42).

Reichenau selbst mit seinem Kurpark und etlichen bemerkenswerten Villen ist natürlich ein idealer Standort für weitere Er-

Fotogen: die Höllentalbahn in Reichenau

kundungsgänge, zum Beispiel zum bekannten, heute als Hotel geführten **„Looshaus“** am Kreuzberg.

www.thalhof-rax.at, www.looshaus.at

Dass hier die steirische Seite des Semmeringpasses kaum bis gar nicht behandelt wird, mag ungerecht sein. Hat aber einen Grund: Die Trasse ist nicht halb so spektakulär wie jene in Niederösterreich. Die Bergstrecke endet im Bahnhof von Mürzzuschlag. Wo die Bahnkundler wieder reiche Beute finden: Hier ist das Südportal des in Bau befindlichen Semmering-Basistunnels, eine **„Infowelt“** mit „Infobox“ und Aussichtsturm informiert über die nach wie vor nicht unumstrittene, 27 Kilometer lange Tunnelröhre, die die Fahrzeit von Wien nach Graz um fünfzig Minuten verkürzen wird. Der Erhalt der Bergstrecke mit (reduziertem) Zugangebot scheint aber gesichert. Gleichzeitig befindet sich am Bahnhofsgelände von Mürzzuschlag in zwei ehemaligen Werkshallen das Südbahnmuseum. Das professionell gestaltete Haus legt seinen Schwerpunkt naturgemäß auf die Semmeringbahn und wird auch als Veranstaltungsort genutzt.

infrastruktur.oebb.at/semmering

www.suedbahnmuseum.at

2 Ans Schwäbische Meer

Bodensee – Bregenz – Lindau – Rhein und Bregenzer Wald – Das Schweizer Bahnparadies – Bludenz – Arlberg

Eine Fernreise, ferner geht's kaum: Die Fahrzeit von Wien ans Meer, und ist's auch nur das „Schwäbische", dauert im besten Fall sechseinhalb Stunden. Die Fahrt mit dem Nightjet ist um einiges länger, trotzdem zeitsparend. – Der **Bodensee.** Er ist der Star aller heimischen Gewässer, auch wenn er nur zu einem kleinen Teil Österreich „gehört". Das stört aber niemanden, denn in der Bodenseeregion ist Österreich mit den Nachbarn Schweiz und Deutschland zusammengewachsen, die Grenzen sind noch weniger sicht- und spürbar als anderswo, der See ist das friedliche, alles verbindende Element.

Kommt man mit dem Zug in Bregenz an, steht man auch schon fast an seinem Ufer. Die Bahnsteigbrücke über die Gleise führt direkt zum Casino bzw. zum „Platz der Wiener Symphoniker" mit **Festspielhaus und Seebühne.** Reisetasche, Rucksack, Trolley sind im Schließfach am Bahnhof geblieben. Entlang der **Seepromenade** gibt es Cafés und Gaststätten. Man schlendert, zur Einstimmung, am Ufer Richtung Hafen. Oben, am Himmel, schwebt ein Zeppelin, er kommt bei seinen Rundflügen von Friedrichshafen immer bis in die Bregenzer Bucht. Draußen am Wasser gleitet der restaurierte Schaufelraddampfer „Hohentwiel" vorbei. What a sight! Ankommen. Schauen, Kaffee trinken. Drüben in der Ferne schimmert die Silhouette von Lindau. Wenn man gleich dort hinüberwill, bitte sehr: Züge vom Bahnhof fahren häufig und der Hafen für die „Weiße Flotte" ist auch nicht weit. Tickets gibt's am Schiff. Alles easy. Hinaus aufs Wasser. Die Waterfront von Bregenz schmilzt in sich zusammen. Schnee auf den Schweizer Bergen im Südwesten, der Pfänder und der Bregenzer Wald im Osten, im Westen zarter Dunst über zarten Wellen. Kreuzfahrt am Bodensee. So geht das.

Die Landeshauptstadt **Bregenz** ist, die Festspielzeit bzw. die Ferien-Sommermonate ausgenommen, ein eher ruhiges Städtle. Wenn man „Bregenz" sagt, fällt einem gleich nach dem Bodensee und den Festspielen schon das **Kunsthaus Bregenz** ein, kurz „Kub". Der Kub-Kubus in der „Fuzo" ist fünf Minuten vom Bahnhof entfernt und unübersehbar. Gebaut vom Schweizer Stararchitekten Peter Zumthor können hier namhafte Künstlerinnen und Künstler das gesamte Haus mit eigenen Installationen und Konzeptkunst bespielen. Gleich daneben zeigt sich das **Vorarlbergmuseum** der Vorarlberger Architektur-Stars Andreas Cukrowicz und Anton Nachbaur-Sturm in neuer Pracht. Die Sichtbetonfassade ist nach einer Idee des Künstlers Manfred A. Mayr durch hunderte Betonblüten gegliedert, die aus Böden von Kunststoff-Getränkeflaschen gegossen wurden – ein Verweis auf die Funktion des Gebäudes als „Gefäß" für diverse Sammlungen. In der Stadt firmiert das Museum unter dem Spitznamen „Kekslehus".

Vor und in beiden Kulturhäusern – in der Kornmarktstraße – speist es sich nebenbei bemerkt hervorragend. Hier sitzt man, hier sieht man, hier wird man gesehen.

www.kunsthaus-bregenz.at, www.vorarlbergmuseum.at

Zu einer Bregenz-Besichtigung gehört ein Spaziergang in die **Oberstadt**, um dem **Martinsturm** seine Reverenz zu erweisen. Dazu gehört auch „einmal Käsknöpfle bitte" im Kornmesser, dem dritten namhaften Lokal in der City. Dazu kommt auch noch ein Marsch

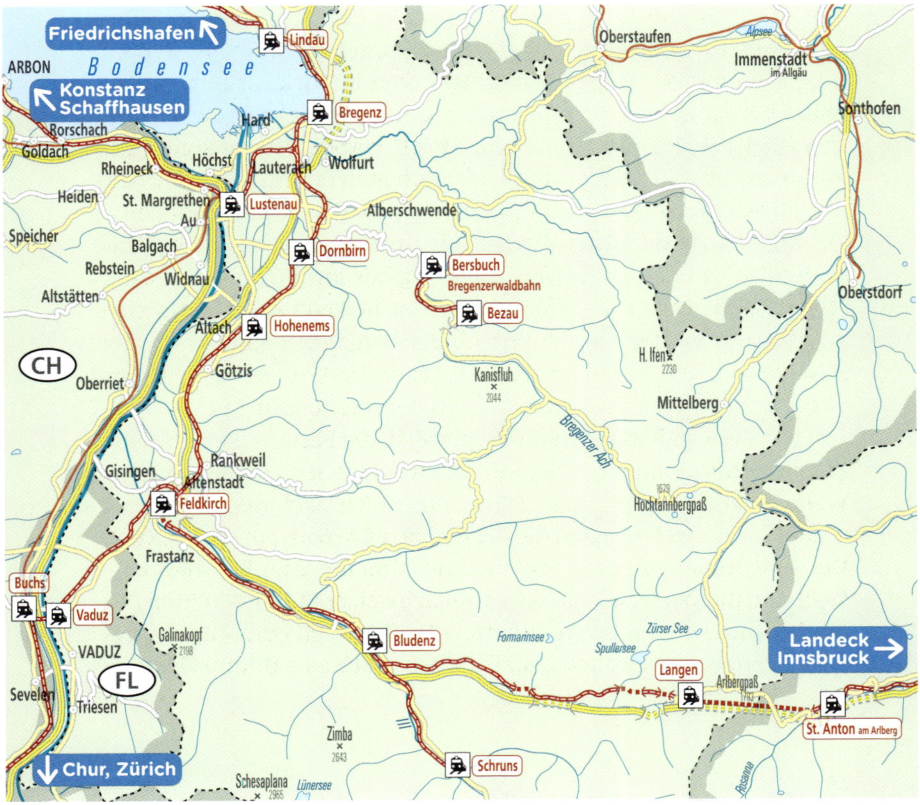

Am Schwäbischen Meer: Strandpavillon

bzw. eine Seilbahnfahrt auf den **Pfänder.** Wo man aussteigt und vor allem eines im Blick hat: den See. Wie er in der Abendsonne glänzt.

In dem man, wieder unten an seinen Gestaden, im Sommer natürlich auch baden, schwimmen, planschen kann, ob in der „Mili", der alten Militärbadeanstalt am Ufer Richtung Deutschland, oder auch im großen Strandbad westlich der Seebühne. Den weiteren Radweg Richtung Schweiz entlang gibt's etliche weitere Plätze zum Einsteigen und Ausruhen. An Wochenenden ist man am Ufer selten allein, das wäre auch zu viel des Guten.

www.bregenz.at

Um den See, Rheindelta und Rheinfälle

Wer vom See nicht genug kriegen kann, sollte ihn umrunden. Der **Bodensee-Radweg** ist ein touristischer Hit, die nötigen Übernachtungen in der Saison bitte unbedingt ein Monat vorab buchen, nur Profis kommen an einem Tag um den ganzen See herum, denn die West-Ost-Erstreckung des Sees von Stein am Rhein bis Bregenz beträgt doch 69 Kilometer. Wer nicht so viel Zeit hat: Es ist schon schön genug, nur von Bregenz ins Rheindelta, zur Rheinmündung und auch noch rüber in die Schweiz zu fahren. Der erste Wegweiser für diese Radroute ist schon direkt beim Bahnhof Bregenz postiert. Wer's noch nicht gewusst hat: Ja, der (Alpen-)Rhein fließt wenige Kilometer von Bregenz entfernt aus der Schweiz kommend hinter hohen Dämmen in den Bodensee und bei Konstanz (bzw. Stein am Rhein) wieder aus ihm hinaus. Das **Naturschutzgebiet Rheindelta** erstreckt sich von der Dornbirner Ach in Hard über den Neuen Rhein bis hinüber zur Mündung des Alten Rheins an der Schweizer Grenze. Es ist das größte „Feuchtgebiet" Vorarlbergs und damit ein Mekka für „Bird-Watcher". Der Rohrspitz, der äußerste, in den See hinausragende Sporn westlich des Neuen Rheins, ist auch ein beliebter Badeplatz. Noch eine Zahl: Die österreichische Küstenlinie ist 27 Kilometer lang, die Schweiz hat 72 Kilometer Ufer und Deutschland den Löwenanteil mit 173 Kilometern.

Man kann das **Rheindelta** übrigens nicht nur per Rad, sondern auch per Zug entdecken, oder besser gesagt, per „Bähnle". In Lustenau, ganz nahe am ÖBB-Bahnhof, befindet sich der Werkhof Lustenau, das Zentrum der internationalen Rheinregulierung und von **„Rhein-Schauen"**. Von hier fährt flussaufwärts bis Widnau, aber auch flussabwärts bis zur Rheinmündung immer am Damm entlang, ein mit historischen Dampf- oder Elektroloks bespannter Schmalspurzug, das Rheinbähnle. Plan- und Sonderfahrten werden angeboten. Fahrpläne und vieles mehr im Netz.

www.rheindelta.org, www.rheinschauen.at

Wer den Rhein flussabwärts ein Stück verfolgen möchte, kann das per Bahn ab Bregenz auf einem langen Tagesausflug sehr schön tun. Man fährt mit der S3 hinüber ins schweizerische **Rorschach** und von da im Halbstundentakt mit der **„Thurbo"-Seelinie** das Südufer des Sees entlang. In **Romanshorn** muss man nochmals umsteigen, dann aber geht's (oft mit Seeblick) über Konstanz, das pittoreske Künstlerstädtchen **Stein am Rhein** direkt bis nach **Schaffhausen.** Von dessen Bahnhof man die weltberühmten **Rheinfälle** auf einem längeren Spaziergang gut „ergehen" kann. Diese Seelinie ist Bestandteil der „Grand Train Tour of Switzerland" – und das ganz zu Recht. Zumindest an Wochenenden gibt es auch eine völkerverbindende S-Bahn-Linie vom deutschen Lindau über Bregenz bis ins schweizerische Romanshorn, was den Ausflug nach Schaffhausen nochmals erleichtert und neue Perspektiven eröffnet. So erreicht

Martinsturm in der Bregenzer „Oberstadt“ (li. o.)
Festspielhaus am Seeufer (o.)
Hafen von Lindau (ganz li.)
Halle des Lindauer Kopfbahnhofs (li.)

Inselstadt Lindau: Rathaus

man etwa ganz passabel die Fähre von Romanshorn hinüber ins deutsche Friedrichshafen, von wo man über Lindau – per Bahn oder Rad – zurück nach Bregenz kommt.

www.thurbo.ch

Die Insel Lindau und ihr Bahnhof

Wir waren jetzt ausgiebig am Südufer des Bodensees unterwegs, jetzt geht's nochmals nach Norden, ins bereits erwähnte Lindau. Mit dem Rad am Seeufer entlang sind es zehn Kilometer, mit dem Zug ein paar schöne Minuten, bis man über **Lochau-Hörbranz**, der letzten Station in Österreich, und bald danach über einen breiten Bahndamm in die Altstadt von Lindau und damit in den direkt am Seeufer gelegenen großen Kopfbahnhof einfährt. Da kann sich der Bregenzer Bahnhof noch was abschauen!

Man geht durch die imposante Halle ins Freie, holt sich in der Touristeninfo am Alfred-Nobel-Platz vis-à-vis dem Bahnhof einen Stadtplan und lässt es sich gut gehen: Die Inselstadt ist einer der Hotspots des ganzen Bodensees. Die Terrasse an der Seeseite des Bahnhofs. Der Blick über den See. Der Hafen der „Weißen Flotte“

direkt am Bahnhof. Die Hafeneinfahrt mit Leuchtturm und steinernem Löwen, das Wahrzeichen der ehemaligen Reichsstadt. Mit einem der schönen Schiffe kommt man später dann zurück nach Bregenz oder aber ganz weit weg, etwa nach Konstanz oder Mainau.

Vorher aber noch ein Spaziergang. Man kann dem am Stadtplan vorgeschlagenen Rundgang folgen, kommt aber auch bei einem ungeplanten Stadtbummel fast zwangsläufig an den meisten Sehenswürdigkeiten Lindaus vorbei. Praktisch die ganze Altstadt ist Fuzo bzw. verkehrsberuhigt, es gibt viele schöne Ecken. Das alte Rathaus mit seinen gemalten Fassaden, der Mangturm aus dem 13. Jahrhundert, der Diebsturm, die Maximilianstraße-Shoppingmeile. Zur Erholung von den Besichtigungsstrapazen kann man über die Bahnbrücke auf die Hintere Insel spazieren und sich am Ufer des weiten Parks die heißgelaufenen Füße im See abkühlen.

Wie gesagt: Die Rückreise nach Bregenz muss fast zwingend mit dem Schiff erledigt werden. Denn wo bitte kann man Österreich sonst noch auf dem Seeweg erreichen?

www.lindau.de

Das „Wälder Isabähnle"

Jetzt aber geht's von Bregenz ins Landesinnere; wir begeben uns auf die Suche nach den letzten Resten der **Bregenzerwaldbahn.** Regulär fuhr sie ab 1902 von Bregenz bis Bezau, hatte im Lauf ihrer Geschichte des Öfteren mit Überflutungen und Felsstürzen und anderen Widrigkeiten zu kämpfen und wurde schließlich nach einem Felssturz anno 1980 endgültig eingestellt. Mit dem Rad kann man auf dem Radweg Nr. 3 ab Bregenz dem Verlauf der Strecke bis Kennelbach folgen, auch von Doren bis Bersbuch auf der alten Trasse radeln und am **Bahnhof Schwarzenberg** schließlich in den Zug steigen: Der kurze Abschnitt von hier bis zur alten Endstation **Bezau** wird seit vielen Jahren als Museumsbahn betrieben. Das „Wälderbähnle" ist eine touristische Hauptattraktion des Bregenzerwalds, historische Dampf- und Dieselloks sind im eifrigen Einsatz und das Volkslied „Fahr ma no a kläle, fahr ma no a kläle, mit dam Wälder Isabähnle" längst zur heimlichen Landeshymne Vorarlbergs geworden. Diverse Anschlussmöglichkeiten rund um das Wahrzeichen der Region bieten sich an. So in Bezau, wo man per Bus, „Dorfzügle" oder zu Fuß in dreißig Minuten zur Talstation der Bergbahn Bezau gelangt. An der Bergstation Baumgarten auf 1650 Meter Seehöhe gibt's ein

Panoramarestaurant. Worin nicht nur fürs Panorama, sondern auch für das leibliche Wohl der Gäste gesorgt wird.

Da Vorarlberg in puncto öffentlichen Nahverkehrs ein „Muschterländle“ ist, wird in regelmäßigen Abständen über die Reaktivierung der Bregenzerwaldbahn als Verkehrsträger nachgedacht. Zuletzt hat der Vorarlberger Seilbahnbauer Dopplmayr gemeinsam mit dem ebenfalls im Land beheimateten Bauunternehmen Rhomberg ein kombiniertes Bahn-Seilbahn-Projekt vorgeschlagen, das den Bregenzerwald mit Bregenz „öffentlich“ verbinden soll. Vermutlich wird über dieses Projekt noch lange nachgedacht und bis auf weiteres ist man jedenfalls noch auf die – sehr guten– Busverbindungen angewiesen.

www.waelderbaehnle.at

Das Schweizer Bahnparadies und der österreichische Arlberg

Vorarlberg ist, vor allem das Rheintal aufwärts, stark verstädtert. Bis **Feldkirch** fährt man mit der Bahn ständig an Einfamilienhäusern, großen wie kleinen Siedlungen, Industriebetrieben, Werkshallen vorbei. Erst nach Feldkirch wird's auch im Tal herunten – wir fahren jetzt kurz nach Süden, Richtung Zürich – ländlicher, grüner, ruhiger. Im Süden ragt schon die mächtige Schesaplana in die Höhe, im Westen der Hohe Kasten. Durch das Fürstentum Liechtenstein schummelt sich der Zug im Stile einer Vorortebahn, dann geht's über den Rhein hinüber in die Schweiz, nach **Buchs.** Bahn-Fernfahrer kennen die Strecke, von hier geht's direkt weiter nach Zürich. Aber auch, und das ist für Freunde des Eisenbahnwesens sowieso der wahre Wahnsinn, über Sargans ins gar nicht ferne **Chur.** Warum Wahnsinn? Weil in der alten Bischofsstadt sowohl der **Glacier-Express** nach Zermatt startet als auch die Albula-Strecke und mit ihr der **Bernina-Express** ihre Ausgangspunkte haben. Und was bitte soll man über diese Bahnstrecken sagen, außer „Wahnsinn“?

Wir aber bleiben dann doch in Österreich und begnügen uns beim Abschied von Vorarlberg mit der Bergstrecke über den **Arlberg,** die ja auch einiges an Dramatik hergibt. Ab Feldkirch geht's nach Osten, vorerst nach **Bludenz,** die Stadt von Fohrenburg-Bier und Milka-Suchard-Schokolade. Hier zweigt die rund 13 Kilometer lange private **Montafoner Bahn** nach Schruns ab, die auch in das Vorarlberger Verbundsystem eingebunden ist. Von Bregenz fahren sogar direkt Züge der Linie S4 nach Schruns.

Blick aus dem Railjet nahe Landeck

Ab Bludenz beginnt die Rampe. Vom Rheintal bis zum Scheitelpunkt werden immerhin 752 Meter Höhenunterschied gemeistert, die steilste Passage der teilweise noch eingleisigen Schienenverbindung Vorarlbergs mit Rest-Österreich hat 31,4 Promille. Der höchste Punkt (1311 Meter Seehöhe) liegt bei St. Anton am Arlberg auf der Tiroler Seite des Arlbergtunnels.

Eröffnet wurde die Strecke 1884. Sie ist so wie die deutlich ältere Semmeringbahn durch viele Viadukte, Brücken, Tunnels und Galerien ausgezeichnet, die freilich vom Zug aus kaum wahrnehmbar sind, da im Gegensatz zum legendären Semmering, keine Serpentinen durchfahren werden. Dafür schwebt die Bahn bis zu 130 Meter über dem Talgrund des engen Klostertals, die Bergflanken links und rechts steigen imposant empor. Einige Tunnels und Galerien wurden erst nachträglich gebaut, die Bedrohung durch Lawinen und Steinschläge waren anfangs unterschätzt worden. Das berühmteste Bauwerk der wichtigen Bergstrecke befindet sich schon weit in Tirol, in Fahrtrichtung Innsbruck kurz vor der Einmündung ins Inntal, vor Landeck. Die so genannte **Trisannabrücke** überquert das Paznauntal in 88 Meter Höhe. So wie die Bahn im Jahr 1884 fertiggestellt, galt die spektakuläre Konstruktion zu jener Zeit als das längste Stahltragewerk der Welt.

www.montafon.at, www.vorarlberg.travel, www.arlbergbahn.at

Klosterwappen: 2076 Meter über dem Meer

3 König Schneeberg

Wiener Neustadt – Hohe Wand – Puchberg am Schneeberg – Der Schneeberg mit seiner Zahnradbahn

Er ist einfach der Größte. Zumindest in Niederösterreich. Ihn sieht man von praktisch überall. Vom Neusiedler See, vom Wiener Becken, vom Waldviertel, ganz egal, wo man steht, er schiebt sich mitsamt seinen 2076 Metern Seehöhe immer ins Blickfeld. Am schönsten ist er im Spätherbst oder im Frühling, wenn eine Schneehaube sein Dach krönt. Jetzt möchte man doch endlich einmal dort hinauf, ganz hinauf. Praktisch jedes Schulkind weiß, dass auf ihn, den König Schneeberg, eine Zahnradbahn führt und somit die Besteigung ein Kinderspiel ist.

Die Anreise erfolgt ab Wien und Wiener Neustadt. In der Regel muss man in Wiener Neustadt umsteigen, aber es gibt sogar direkte Züge vom Hauptbahnhof bzw. Wien-Meidling nach **Puchberg am Schneeberg**, den Ausgangspunkt unserer Bergeroberung.

Anreise nach Puchberg am Schneeberg

Man hat ihn schon aus der Entfernung gesehen, bei der Fahrt durchs Steinfeld verbirgt er sich wieder hinter den Vorbergen. Vorbei an Schottergruben und den Vororten von Wiener Neustadt kommt man nach **Bad Fischau-Brunn** (siehe auch S. 57). Hier teilt sich die Strecke – rechts geht's nach Gutenstein (siehe S. 56 ff.), links vorerst einmal nach Brunn an der Schneebergbahn. Der Zug fährt gemächlich an der markanten Geländekante zwischen Wiener Becken und den Vorbergen der Hohen Wand entlang. An zwei flachen Sätteln bei **Winzendorf** sieht man auf die Hohe Wand. Hier wie auch in Urschendorf (Bedarfshalt) und Willendorf steigen schon Wanderer aus, schon von hier kann man über die „Neue Welt" zur **Hohen Wand** vordringen. Unsere Bahn klettert beständig bergan. In Unter- bzw. **Oberhöflein** ist man dann endgültig in Bergumgebung. Schön ist der Blick auf den Kirchbühel von Oberhöflein und der Blick auf die Hohe Wand.

Bis Grünbach, einen 1965 aufgelassenen Steinkohleabbau, ist der Zug bereits 300 Höhenmeter geklettert. Am leichtesten kommt man auf die Hohe Wand, diesen beliebten Aussichts- und Wanderberg, von einer der drei Stationen Grünbach am Schneeberg, Grünbach-Schule und Grünbach-Kohlewerk. Hoch oben sieht man am mächtigen Abbruch der „Großen Kanzel" auf 1052 Metern die Wilhelm-Eichert-Hütte thronen. Sie erreicht man vom Bahnhof Grünbach über den Grafenbergweg in rund neunzig Minuten. Das ist aber nur eine von vielen Varianten, die Hohe Wand zu erobern. Von der Haltestelle Kohlewerk ostwärts geht ein Weg links ab und führt über das „Rastkreuz" und den Piestingtaler Rundwanderweg auf den höchsten Punkt der Hohen Wand, den Plackles (1132 m). Sehr schöne Ausblicke auf den Schneeberg, aber auch hinunter ins Wiener Becken. Eine Überquerung der Hohen Wand bis zum Abstieg über die Einhornhöhle ins Piestingtal und dort zur Bahnstation Waldegg nimmt je nach Variante sechs bis sieben Stunden in Anspruch.

Die Bahn fährt nach dem Grünbacher Sattel (mit 676 Metern der höchste Punkt auf der ÖBB-Strecke) direkt auf den Schneeberg zu. Kühe grasen auf Almwiesen, vorbei geht es an einem großen Rigips-Plattenwerk, und schon endet die schöne Fahrt im Sommerfrischeort Puchberg am Schneeberg. Die Fahrt von Wien bis hierher dauert insgesamt knapp eineinhalb Stunden.

www.naturpark-hohewand.at, www.puchberg.at

Auf den Berg mit der Zahnradbahn

Am Bahnhof gleich gegenüber steht schon ein grün-gelbes Monster bereit, der „Salamander". Das ist die Zahnradbahngarnitur für die Fahrt auf den Berg.

Vor allem an Wochenenden und in der Hauptsaison sind die Züge voll. Will man früh fahren, damit man oben noch ausgiebig wandern kann, bucht man sein Ticket am besten im Internet. Achtung, das Klimaticket gilt hier nicht. Wer noch keine Fahrkarte hat, muss sich im Bahnhof am Automaten oder an der Kassa rasch eine besorgen, dann geht's im Laufschritt zum Zug. Und auch schon los.

Vor der aufregenden Bergfahrt noch ein paar Hinweise. Die Schneebergbahn ist neben der Tiroler Achenseebahn (ab Jenbach) und der Schafbergbahn (ab St. Wolfgang am Wolfgangsee) eine von drei Zahnradbahnen, die in Österreich in Betrieb sind. Die Schaf-

Die klassische Variante: bergwärts mit der Dampflok

bergbahn ist ein „Inselbetrieb", die Achenseebahn dagegen fährt direkt von der Westbahn-Station Jenbach ab.

Die Trasse der Schneebergbahn ist knapp zehn Kilometer lang, die maximale Steigung beträgt knapp zwanzig Prozent und die Spurweite einen Meter. Die Bahn wurde 1897 eröffnet und war von Anfang an für den Touristenverkehr konzipiert; das Schneeberggebiet war in der zweiten Hälfte des 19. Jahrhunderts gemeinsam mit dem Semmering groß in Mode gekommen. Die Bergstation Hochschneeberg liegt auf 1796 Metern über der Adria und ist damit der höchstgelegene Bahnhof Österreichs. Am Bahnhof prangt sogar die Zahl „1800 m" – um vier Höhenmeter wird hier nicht gestritten. Faktum ist, die Zahnradbahn klettert mehr als 1200 Meter den Berg hinauf. 119 Sitzplätze hat ein Salamander-Zug, wobei die Lackierung mitsamt dem an der Schnauze mitgeführten Gepäcksanhänger dem Zug die Anmutung einer Prater-Grottenbahn gibt. Den Betrieb führt, ebenso wie den der Wachau- und der Mariazellerbahn, das Land Niederösterreich, hier in Form der Niederösterreichischen Schneebergbahn GmbH.

Bis 1999 schoben, ach wie schön, ausschließlich Dampfloks die Ausflügler auf den Berg, seit damals aber fährt der Dampfer mitsamt den alten Personenwaggons nur noch an Sonn- und Feiertagen. Wer immer die Chance hat, mit einem der Dampfzüge zu fahren, sollte sie ergreifen. Der Aufpreis hält sich in Grenzen, das Erlebnis ist nochmals um eine Zehnerpotenz spektakulärer als die Fahrt mit dem Salamander-Diesel. Die Dampfloks „Z 3" (Baujahr 1896) und „Z 5" (1900) sind seit ihrer Erbauung im Einsatz und haben den Weg hinauf immer noch geschafft! Dass sie nochmals langsamer als der Salamander – bergauf mit 12 km/h, bergab maximal 8 km/h – unterwegs sind, tut der Freude keinen Abbruch, im Gegenteil. Die Termine finden sich im Fahrplan im Internet, eine Reservierung ist unumgänglich (s. u.).

Ein kurzer Pfiff und schon ruckelt der Salamander dem Berg entgegen, vorerst noch durch den Ort Puchberg und noch gar nicht steil. Nach einem Kilometer schon kommt die Haltestelle **Hengsttal** mit einer Galerie direkt bei der Station. Hier könnte man aussteigen, wollte man über das Schneebergdörfl und den Schneidergraben auf den Berg gehen – aber natürlich tut das niemand. Nun geht's auf den „Hengst" rauf, den Vorberg des Schneebergs. Herbstfärbung in den Wäldern, Wanderer auf dem Bahnwanderweg neben den Gleisen, erste schöne Tiefblicke. Viele Ahs und Ohs im Wagen. Begeisterte Großväter mit (weniger begeisterten) Enkeltöchtern, feine Damen, zünftige Bergsteiger*innen, weniger zünftige Eisenbahnfreunde, ungarisch sprechende Zwillingsschwestern mit Schoßhündchen an der Leine und überhaupt eine breitestmögliche Mischkulanz an Publikum: Schön! Bergeinsamkeit? Fehlanzeige. Wer das will, muss woanders hin. Die Hengsthütte nahe der gleichnamigen Station ist ganzjährig bewirtschaftet, aber wenn man schon einmal da ist, fahrt man natürlich weiter hinauf, ganz hinauf!

Station Baumgartner. Hier hält der Zug für fünf Minuten. Der Sinn des Aufenthalts ist nicht, dass die Lok rasten oder Wasser trinken müsste (das braucht nur die Dampflokomotive). Nein, hier dürfen die p.t. Fahrgäste wie seit ewigen Zeiten schon die weltberühmten Baumgartner-Buchteln kaufen. Für unsere deutschen Freunde: Das sind, laut Wikipedia, „süße gefüllte oder ungefüllte Germknödel oder -taschen, die im Ofen gebacken werden" (und dann nicht mehr rund, sondern irgendwie würfelig aussehen). Diese klassische Wiener Mehlspeis kommt ursprünglich aus Böhmen und wird bisweilen auch „Wuchtel" genannt.

Wer den Hochschneeberg schon kennt (und derer gibt es tatsächlich einige), kann beim „Baumgartner" aussteigen und eine

Station Baumgartner: Der Diesel-Salamander rastet

attraktive Streckenwanderung unter die Füße nehmen: nämlich über den **Krummbachsattel** auf den 1600 Meter hohen Krummbachstein gehen und von dort über das moderne Naturfreunde-**Knofelebenhaus** (mit schöner Lagerwiese) auf spektakulärem Weg durch die „Eng“ hinunter ins Schneedörfl und nach **Reichenau** steigen, um von dort mit dem Zug via Gloggnitz und Wiener Neustadt heimzufahren. Die ganze Tour ist in rund fünf Stunden machbar und empfehlenswert!

Für alle, die weiterfahren (und das sind praktisch alle): Jetzt knackt's in den Ohren, jetzt geht's in wenigen Minuten auf 1800 Meter hinauf, der steilste Streckenabschnitt beginnt.

Nach der Steilrampe geht's über die Baumgrenze, durch zwei Kehrtunnel und schon ist man nach vierzig Minuten Fahrzeit bei der Bergstation angelangt. Man könnte den Designern der 2009 neu gebauten Station einige kritische Fragen stellen, tun wir aber nicht, sondern schauen uns um. Das alte, von außen etwas heruntergekommene **Berghaus Hochschneeberg** dient jetzt einerseits als Infostelle und Ticketschalter, andererseits kann man im ehrwürdigen, dunkel vertäfelten Speisesaal an einem Selbstbedienungsbuffet Essen und Trinken und, quasi als Konkurrenz zu den Baumgartner-

Fischerhütte am Fuß des Kaisersteins: Einkehr muss sein

buchteln, eine Portion „Schneebergkrapfen" kaufen – für alle, die großzügige Kalorienzufuhr brauchen.

Draußen weht ein kühles Lüfterl, man setzt Kopftücher und Kapuzen auf, der Tiefblick nach Puchberg und ins Wiener Becken und in die Bergwelt ringsum ist überwältigend, grade so, als säße man im Flugzeug. Die Hohe Wand, an der man vor zwei Stunden noch ehrfurchtsvoll hochgeschaut hat, sieht von hier heroben ziemlich niedrig aus.

Die Schneeberg-Rundwanderung

Die Ladung von Zugspassagieren verläuft sich rasch. Alles bereit für den Gipfelsturm? Bitte niemals ohne festes Schuhwerk, Haube und Windjacke, man ist hier nicht am Neusiedler See, auch wenn das Plateau vorerst ziemlich flach daherkommt. Karte braucht man ausnahmsweise keine, die Lage ist übersichtlich und die logische Runde folgende: Man geht auf einem sehr breiten Schotterweg Richtung **Damböckhaus** und ohne Pause gleich weiter auf das **Klosterwappen,** den mit 2076 Metern ü. d. M. einzigen und wahren Schneeberg-Gipfel. Er ist schon aufgrund des krönenden Senderungetüms nicht zu verfehlen, für das Selfie beim Gipfelkreuz daneben muss man sich anstellen. Der Marsch bis hierher ist je nach Verfassung ein- bis eineinhalb Stunden lang, das letzte Stück ist steil, und wenn man Glück hat, sieht man sogar eine echte Gämse. Das Panorama! Fünfzig Kilometer in westlicher Richtung ragt ein anderer Bergriese gen Himmel: der Ötscher. Man sieht weit, im goldenen Herbst sogar sehr weit. Kenner erkennen unter anderem Veitsch, Hochschwab, die Gesäuseberge, das Tote Gebirge, im Süden als ersten, nahen Höcker den genannten Krummbachstein. Paragleiter hängen in der Luft, Segelflugzeuge ziehen ihre Thermikkreise und sowohl im Frühling also auch im Herbst liegt hier heroben ganz echter Schnee. Vorsicht, ausrutschen kann man überall.

Nach diesem Gipfel Nummer eins geht man auf dem (sehr breiten) Gipfelgrat rund eine Viertelstunde Richtung Norden, zum **Kaiserstein** (2061 m). Bis hierher ist seinerzeit Kaiser Franz Joseph gekommen. Hier ist es ebenso schön wie am Klosterwappen, aber noch schöner ist die malerisch hingeduckte **Fischerhütte.** Da kehrt man ein, sitzt auf der Terrasse, isst gefüllte Paprika oder eine Kaspressknödelsuppe und fühlt sich als zünftiger Bergsteiger oder als zünftige Bergsteigerin.

Dritte Etappe, dritter Peak: Abstieg auf der Traktorstraße Richtung Damböckhaus. Noch bevor man es erreicht, geht man links auf dem Pfad durch das breite Latschenfeld hinauf auf den **Waxriegel** (1888 m), dank Gipfelkreuz nicht zu verfehlen. Achtzig Meter tiefer ist schon die Zahnradbahn-Bergstation, die Rettung also denkbar nah. Jetzt kann man sich getrost in die Sonne setzen, einen Schluck trinken und die Zeit bis zur (eingebuchten) Talfahrt mit der Planung weiterer, größerer, ausgedehnterer Schneeberg-Auf- und Abstiege überbrücken. Schön war's!

www.schneebergbahn.at, www.wieneralpen.at

www.schneebergland.com

4 Das Marchfeld. Eine Reise in die Frühgeschichte der Bahn

Deutsch-Wagram – Das Heizhaus in Strasshof – Ein Abstecher an die March – Valtice und Lednice – Brno

Das grenzenlos flache **Marchfeld** hat nicht unbedingt den Ruf, ein touristischer Knüller zu sein, Ausflüglermassen zieht es nicht hierher. Aber auf der weiten Fläche verstreut sind etliche Perlen zu heben und nicht zuletzt steht das Marchfeld bei Eisenbahnfreunden ganz weit oben auf der Hitliste. Dazu ist es ein gutes Land für Radfahrer*innen, den überall ungehindert angreifenden Westwind jetzt einmal ausgenommen.

Aber gehen wir an den Anfang zurück, und diesmal wirklich: Im Marchfeld erblickte die österreichische Eisenbahn das Licht der Welt. Hier fuhr am 23. November 1837 die erste Dampflokomotive mit dem Namen „Austria" auf einer echten Eisen-Bahn, und zwar vom Wiener Vorort Floridsdorf bis nach Deutsch-Wagram. Franz Carl Wiedmann, Journalist der *Wiener Allgemeinen Theaterzeitung*, war nahe dran am Geschehen:

„Das Dahingleiten des Zuges auf der schönen weiten Bahn gewährte einen imposanten Anblick. Jubelgeschrei und freudiger Zuruf erscholl ihm von allen Seiten. Man begrüßte ihn mit Freudenschüssen, Schwenken der Hüte usw. und rings zeigte sich der lebendigste Anteil an der interessanten Fahrt."

Die kleine Lokomotive war mit fünf anderen Maschinen aus England über den Hafen Triest nach Wien gebracht worden, sie stammte aus der Fabrik von Georg Stephenson, dem erfolgreichsten Pionier des Eisenbahnwesens weltweit. Sein erster Zug fuhr 1825 von Stockton nach Shildon bzw. Darlington im mittelenglischen Kohlerevier. Gleich vorneweg: Keine dieser frühen, putzigen Loks existiert noch, nicht einmal eine einzige Schraube ist erhalten. Die Maschinen wurden bald einmal zu klein, zu schwach, waren mit ihren zwei Achsen zu störanfällig und wurden rasch verschrottet. 1837 aber waren sie die Attraktion an sich. Unser Reporter durfte in einem Wagen „1. Classe" mitfahren und zeigte sich als „embedded journalist" von dessen „Eleganz und Bequemlichkeit" beeindruckt. Wiedmann schwärmt in den höchsten Tönen vom revolutionären Fahrerlebnis:

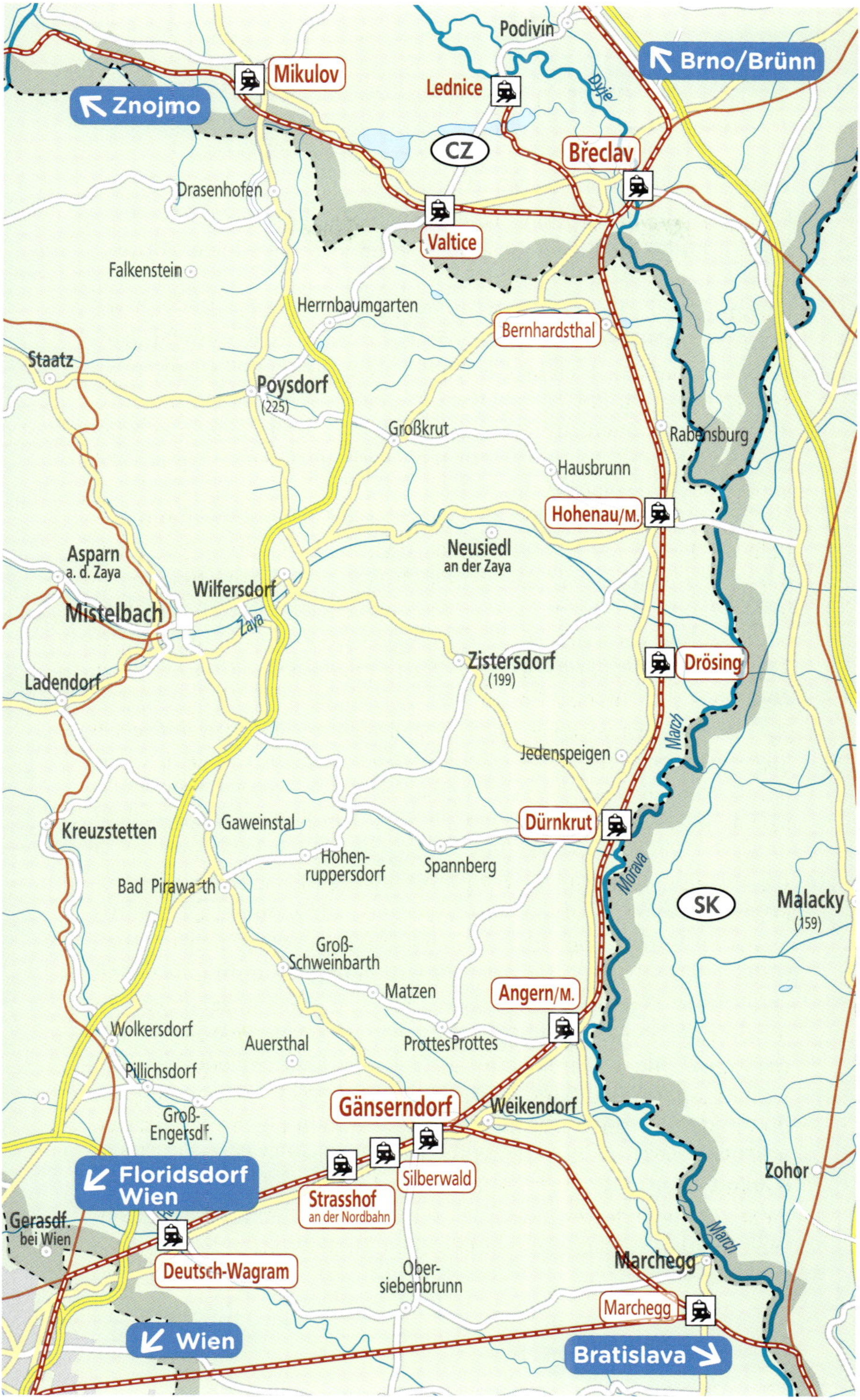
Podivín
Brno/Brünn
Mikulov
Lednice
Dyje
Znojmo
CZ
Břeclav
Drasenhofen
Valtice
Falkenstein
Herrnbaumgarten
Bernhardsthal
Staatz
Poysdorf
(225)
Großkrut
Rabensburg
Hausbrunn
Hohenau/M.
Neusiedl
an der Zaya
Asparn
a. d. Zaya
Wilfersdorf
Mistelbach
Zaya
Zistersdorf
(199)
Dürnkrut
Ladendorf
March
Jedenspeigen
Kreuzstetten
Gaweinstal
Hohen-
ruppersdorf
Spannberg
Morava
Bad Pirawarth
SK
Malacky
(159)
Groß-
Schweinbarth
Matzen
Angern/M.
Wolkersdorf
Auersthal
ProttesProttes
Pillichsdorf
Gänserndorf
Weikendorf
Groß-
Engersdf.
Floridsdorf
Wien
Silberwald
Strasshof
an der Nordbahn
Zohor
Gerasdf.
bei Wien
Deutsch-Wagram
Ober-
siebenbrunn
Marchegg
Marchegg
Wien
Bratislava
Drösing

„Die Bewegung selbst ist für den Fahrenden von der angenehmsten Art. In den bequemen Sitzen ruhend, ohne die geringste Erschütterung, so dass man während der Fahrt bequem lesen kann, gewahrt man die außerordentliche Schnelligkeit nur an dem magischen Vorübergleiten der an der Bahn stehenden Zuschauer, welche wie in einer laterna magica erscheinen und verschwinden."

Was hat sich aus jener Urgeschichte der Eisenbahnzeit noch in die Gegenwart gerettet, wie hat es damals ausgeschaut, rund um die ersten Stationen? Es gab noch keine Fotoapparate, nur zeitgenössische Stiche und Bilder und einige Bauwerke sind bis heute erhalten geblieben, und wenn auch nicht aus 1837, so doch aus der Mitte des 19. Jahrhunderts. Fahren wir also mit dem REX von Floridsdorf nach **Deutsch-Wagram**, der ersten Haltestelle nach der heutigen Stadtgrenze von Wien. Hier stehen direkt am Bahnhofsgelände drei historische, denkmalgeschützte Bauten aus der Frühzeit der „Kaiser-Ferdinands-Nordbahn". Auf der nördlichen Seite der Station befindet sich ein Gebäude aus dem Jahr 1846, die sogenannte Wasserstation. Sie gilt als das älteste erhaltene Bahngebäude Österreichs, die Bauwerke der Pferdeeisenbahn Budweis–Linz–Gmunden jetzt einmal ausgenommen. Heute dient diese **Wasserstation** als Lager.

Das schön restaurierte **Stationsgebäude** selbst stammt aus dem Jahr 1854. Es hat für den aktuellen Betrieb keine Funktion mehr, sondern beinhaltet Wohnungen und ein Vereinslokal. Neben der Station befinden sich ein steinernes Denkmal für die „Austria" und ein Fachwerkbau, genannt **„Arbeiter-Wartesaal"** oder auch „Wartesaal 3. Klasse" aus 1908. Darin eine kleine, hübsch gestaltete Schau zur Geschichte der Nordbahn, mit einem Modell des ersten Zuges, mit diversen Uniformen der frühen Eisenbahner, einem Fahrplanaushang aus 1840, bis hin zu Zuglaufschildern aus dem 20. Jahrhundert und einem nachgebauten Fahrdienstleiterraum. Auch Postkarten und Andenken gibt es hier zu kaufen. Der Kustos weiß nicht nur sehr viel, sondern auch, wie man Schulklassen begeistert. Zwei weitere Gebäude des Deutsch-Wagramer Ensembles wurden in den Achtzigerjahren des 20. Jahrhunderts leider abgetragen: ein Karbidlager und ein hölzerner Lagerschuppen.

www.erste-eisenbahn.at

In den ersten Jahren der Bahn wurden, quasi zu PR-Zwecken, viele „Vergnügungszüge" geführt. Noch im Jahr der Bahneröffnung sperrte hier ein Kaffeehaus auf. Jenes, das man heute vis-à-vis dem Bahnhof (mit einem Zug-Sgraffito auf der Fassade) sieht, hat sichtbar seit langem geschlossen. Wenn man also in **Deutsch-Wagram** einen Kaffee trinken möchte, muss man durch die Bahnhofstraße in den Ort hineingehen und bei der Schule nach links in die Kinogasse einschwenken, dort stößt man bald auf ein Gasthaus und eine Konditorei. Der Fußweg beträgt zehn Minuten. Vom Bahnhof gelangt man auf einem anderen kleinen Spaziergang zu einer weiteren Lokalität, einer Institution: dem „k.u.k. Marchfelderhof". Manche nennen ihn kitschig, aber er ist irgendwie eine Sehenswürdigkeit für sich, ein Society-Treffpunkt der besonderen Art. Es gibt hier auch ganz normale Mittagsteller.

www.marchfelderhof.at

Die erste Eisenbahnstrecke der Monarchie hatte nicht lange in Deutsch-Wagram ihre Endstelle, die Bautrupps arbeiteten fleißig weiter. Ab Frühjahr 1838 fuhren erste Züge vom ersten Wiener Nordbahnhof (nahe dem heutigen Bahnhof Praterstern) über provisorische hölzerne Donaubrücken bis nach Gänserndorf, im Juni des darauffolgenden Jahres bis nach Breclav/Lundenburg und schon im Juli 1839 konnte man dann zwischen Wien und Brünn – immerhin 144 Kilometer – per Bahn reisen. Die Fahrt dauerte rund viereinhalb Stunden, heute braucht der Railjet eine Stunde und 27 Minuten. Ziel der Nordbahngesellschaft war es, die Reichshauptstadt Wien an das oberschlesische Kohlerevier anzubinden. Aufgehalten durch einige Krisen, wurde die Verbindung nach Krakau erst 1847 fertiggestellt. Gebaut wurde die Nordbahn mit privatem Geld: Der Financier war Salomon Freiherr von Rothschild, der Baumeister Franz Xaver Riepl (1790–1857).

Das Heizhaus von Strasshof

Fährt man von Deutsch-Wagram weiter Richtung Brno, folgen nach der Haltestelle Helmahof die Stationen Strasshof-Haltestelle, **Strasshof** und **Silberwald.** Unter Eisenbahnfreunden ist der Name Strasshof hinlänglich bekannt. Dort befindet sich nämlich das berühmte **Heizhaus Strasshof,** das man am besten über die Haltestelle Silberwald und einen zehnminütigen Fußmarsch erreicht.

Das Heizhaus ist einer jener Standorte, an denen man echte, große Dampflokomotiven noch aus der Nähe bestaunen kann, sie

Ausflug nach Tschechien: Schloss Valtice/Feldsberg (li. o).
Wasserstation in Deutsch-Wagram (li. Mitte)
Bahnhof von Lednice/Eisgrub (li. u.)
Bahnstation Deutsch-Wagram, historische Illustration (li.)
Im Dampflokparadies: das Heizhaus Strasshof (u.)

berühren darf und an „Dampftagen" auch in Betrieb erleben kann. Hier wird, kann man sagen, den alten Dampfrössern noch ordentlich eingeheizt. Hierher pilgert ein stolzer Großpapa mit seinem Enkelsohn, hier versammeln sich Dampflokfreunde aus halb Europa. Es wird (an Betriebstagen) rangiert, die Drehscheibe dreht sich, Waggons werden hin- und hergefahren, Besucher dürfen in Fahrzeuge klettern. Wasserkräne, Wasserturm, Bekohlungsanlagen, Waggons in unterschiedlichen „Aufarbeitungszuständen" – das große Areal bietet neben einer Vielzahl an rauchenden Ungetümen auch Modell- und Gartenbahn, Spielplätze und andere Lustbarkeiten.

Diese Gleisanlagen sind ein kleiner Teil des riesigen, 1908 errichteten Verschiebebahnhofs Strasshof. Im Zweiten Weltkrieg wurden hier die Züge Richtung Osten zusammengestellt. Nach 1945, dem Ende des Krieges und der nationalsozialistischen Schreckensherrschaft, wandelte sich Strasshof allmählich zum größten Lokfriedhof des Landes. Sukzessive wurden über hundert der mächtigen 52er-Dampfloks hier „ausrangiert". Das Heizhaus selbst war bis zum endgültigen Ende der Dampflokära anno 1978 in Betrieb. Der Betreiber des „Museums, das fährt", der 1. Österreichische Straßenbahn- und Eisenbahnklub, führt von hier ausgehend auch Sonderfahrten mit historischen Garnituren, meist Dampflokomotiven, durch.

www.eisenbahnmuseum-heizhaus.com

Marchfeldtouren per Rad und Bahn

Wer einen Ausflug ins Marchfeld plant, namentlich nach Deutsch-Wagram oder ins Heizhaus Strasshof, sollte am besten das Rad mit einplanen und eine Strecke damit fahren. Eine gute Möglichkeit ist es, dem **Marchfeldkanal-Radweg** zu folgen. Er hat seinen Ausgangspunkt am Donauradweg nördlich von Wien, auf der Höhe von Langenzersdorf. Man kann aber auch sehr gut von der Schnellbahnstation Strebersdorf auf ihn gelangen – Kanal und Radweg kreuzen östlich des Bahnhofs. Man durchfährt entlang dieses künstlichen Wasserlaufs zuerst einmal die nördlichsten Ausläufer von Wien. Angelegt wurde der Kanal, um den Grundwasserspiegel im langsam austrocknenden Marchfeld zu heben bzw. zu stabilisieren. Ab Langenzersdorf bis Deutsch-Wagram sind es ruhige, schöne 19 Kilometer auf flachem Terrain, den Abzweiger vom Radweg zum Bahnhof bzw. Bahnmuseum Deutsch-Wagram findet man leicht. Der Radweg selbst führt weiter über Markgrafneusiedl und Leopoldsdorf, jetzt schon entlang des Rußbachs, sowie nördlich an Engelhartstetten vorbei, verlässt dann den Wasserlauf Richtung Norden und endet nach sechzig Kilometern Gesamtlänge in **Schloss Hof.** Von wo man auf Nebenstraßen nach Norden, Richtung **Marchegg Bahnhof** bzw. **Marchegg,** fährt, um von hier auf der Ostbahn nach Wien zurückzukommen.

www.marchfeldkanal.at

Eine zweite, auch nicht schlechte Radvariante, nämlich jene auf dem Radweg **„Dampfross und Drahtesel“**, führt vom **Bahnhof Stammersdorf** bzw. von der S-Bahn-Station Obersdorf über Pillichsdorf und Großengersdorf zum Heizhaus Strasshof. Natürlich kann man die beiden genannten Radwege auch miteinander verbinden.

www.dampfross-drahtresel.at

Zurück zur Nordbahn. Eine Ausflugsvariante führt direkt zur March, nach **Marchegg,** zum Naturreservat Marchauen (siehe S. 97). Eine andere Idee ist, mit dem „REX“ etwa bis **Angern an der March** zu fahren – hier kommt die Bahn dem Grenzfluss am nächsten. Es gibt nun die Möglichkeit, von hier auf dem Kamp-Thaya-March-Radweg rund 17 Kilometer nach Süden, nach Marchegg, zu fahren, dabei ist man allerdings oft weit weg vom Augebiet. Eine Variante ist es, in Angern mit der kleinen Fähre auf die slowakische Seite des Grenzflusses zu gelangen und hier nach Süden zu radeln, und zwar auf dem **Iron Curtain Trail,** jenem Radweg, der auf vielen tausend Kilometern Länge weitgehend dem Verlauf des ehemaligen „Eisernen Vorhangs“ folgt.

Um zurück nach Österreich zu kommen, muss man aber bis **Devínska Nová Ves** fahren, um von dort über die moderne, Radfahrern und Fußgängern vorbehaltene **„Brücke der Freiheit“** zurück ins österreichische Marchfeld zu gelangen. Unübersehbar thront das barocke **Schloss Hof** auf der Geländekante, eine markante „Landmark“ über den Marchniederungen und Ort zahlreicher Kulturveranstaltungen. Von hier bis zum Bahnhof Marchegg sind es vier Kilometer (siehe auch S. 97).

www.schlosshof.at

Von Devínska Nová Ves, einem von den Bewohnern von Bratislava gern besuchten Ausflugsort, gelangt man weiter auf der slowa-

Brno/Brünn: Mies van der Rohes „Villa Tugendhat"

kischen Seite nach ca. fünf Kilometern nach **Devín/Theben,** dem berühmten Felsen mit der Burgruine, zu dessen Füßen die March in die Donau mündet. Am anderen Donauufer steht der Braunsberg, zu seinen Füßen die Stadt Hainburg. Bis zur Revolution von 1989 war diese Ecke strengstes Sperrgebiet. Wie schön, dass sich diesen Zustand heute kaum mehr jemand vorstellen kann.

Die fantastischen Schlösser von Valtice und Lednice

Wir sind noch immer nicht fertig mit unseren Nordbahnausflügen. Über **Hohenau,** (wo sich die Thaya mit der March verbindet) und **Bernhardstal** gelangt man mit REX-Zügen nach **Břeclav/Lundenburg.** Gleich ist man in einer anderen Welt. Von hier sind nämlich **Schloss Lednice/Eisgrub** im neugotischen Stil und das barocke **Schloss Valtice,** im alten, einst niederösterreichischen **Feldsberg,** nur einen Katzensprung entfernt. Man erreicht das prächtige Feldsberg mit der Bahn, die von Břeclav im Stundentakt entlang der Grenze über **Mikulov/Nikolsburg** bis nach Znojmo/Znaim fährt. Von Břeclav tuckert auch noch ein uralter Dieseltriebwagen die wenigen Kilometer bis nach Lednice, allerdings ist die Frage, wie lange noch. Der Bahnhof von Lednice in roher Ziegelbauweise ist jedenfalls eine wahre Pracht. Ein Rad sollte man hier jedenfalls mit dabeihaben, um den riesigen Landschaftspark zwischen den beiden Orten bzw. Schlössern genüsslich durchkreuzen zu können. Die Schlösser waren bis zur Machtübernahme der Kommunisten 1945 liechtensteinischer Besitz, heute ist die Parklandschaft mitsamt Teichen und vielen Kunstbauten UNESCO-Weltkulturerbe. Unbedingte Empfehlung! Die Fahrt von Wien bis Břeclav dauert im REX, der jederzeit Fahrräder mitnimmt, knapp eineinhalb Stunden. Der Railjet auf seiner Reise nach Brno und Prag braucht bis Břeclav nicht einmal eine Stunde, aber für das Rad muss man da reservieren. Das oben genannte Mikulov ist eine prächtige Kleinstadt, mehr dazu auf S. 146.

www.zamek-valtice.cz, www.sued-maehren.de

Jetzt noch kurz ein Wort zu Brno/Brünn. Das ist die letzte Station, die wir hier empfehlen, jetzt ohne Rad. Eineinhalb Stunden braucht der Railjet bis in die zweitgrößte Stadt Tschechiens. Irene Hanappi, Autorin des im Falter Verlag erschienenen Reiseführers „City Walks Brünn", liefert eine umfassende Begründung, möglichst bald in die mährische Metropole zu fahren: „Viel Barock und Gotik, anspruchsvolle, moderne Architektur, schummrige Bierkeller, schöne Badeanstalten, viele Parks und Grünflächen, Theater, Kinos, Passagen, Bars, Geschäfte, einen Zoo, einen botanischen Garten, einen Flugplatz, eine Motorradrennstrecke und neuerdings auch ein Museum für Kultur und Lebensweise der Roma." Was will man mehr von einer Stadt? Vielleicht das: Der Bahnhof liegt direkt vor den Toren der Altstadt. Freunde moderner Architektur pilgern überhaupt eines einzigen Bauwerks wegen hierher: Die Villa Tugendhat des Stararchitekten Mies van der Rohe ist eine Architektur-Ikone. Ohne Voranmeldung kommt man nicht hinein, die Wartezeit kann Monate betragen.

www.gotobrno.cz, www.tugendhat.eu

5 Gutenstein und Ferdinand Raimund

**Das Piestingtal – Bad Fischau – Gutenstein –
der Raimundsitz am schönen Mariahilfberg**

So schau ich dich im Frühlingsschein,
Du mein geliebtes Gutenstein,
Und durch bedeutungsvolle Zahl
Begrüß ich Dich nun siebenmal [...]

Diese Zeilen stammen vom österreichischen Dichter und Schauspieler Ferdinand Raimund (1790–1836), Autor bekannter Volksstücke und Zaubermärchen wie „Der Bauer als Millionär", „Der Alpenkönig und der Menschenfeind" oder des Original-Zaubermärchens „Der Verschwender". Raimund machte ab 1825 gerne Urlaub in Gutenstein, das erste Mal, um sich von einer schweren Nervenkrankheit zu erholen. Die *Wiener Theaterzeitung* berichtete etwa im Jahr 1831 über den damaligen Star, dass „Herr Raimund eine kleine Reise und zwar nach Gutenstein in der Nähe des Schneebergs gemacht hat und seinen Aufenthalt in dem heitern Gebirg dazu benützen wird, ein neues Stück zu schreiben."

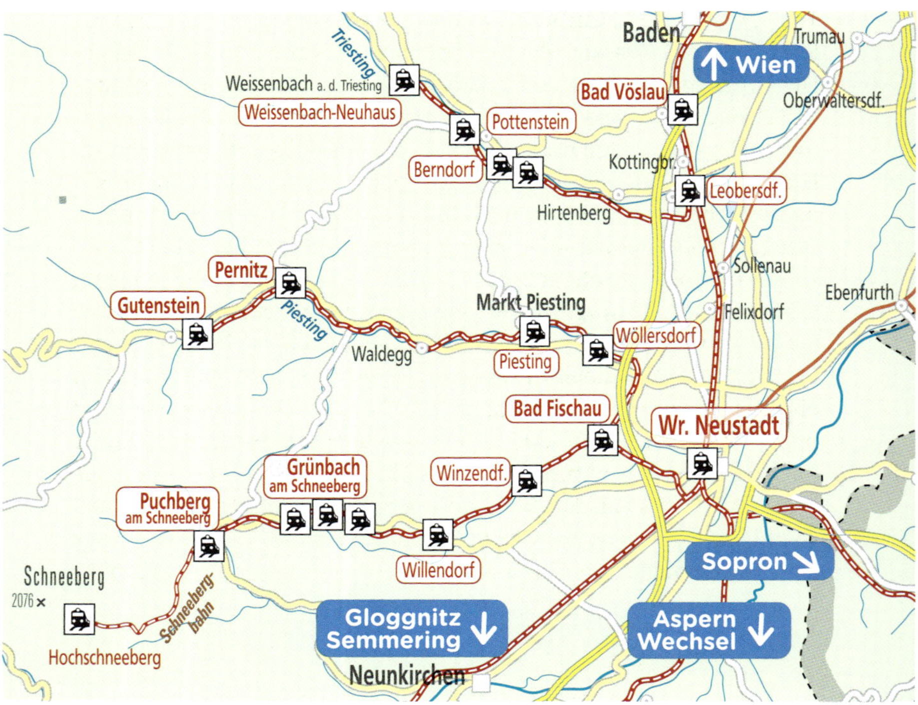

Sehr erfrischend: Thermalbad von Bad Fischau

Was also liegt näher, als auf Raimunds Spuren eine kleine Reise in das „heitere Gebirg" des Piestingtals zu machen? Speziell der Mariahilfberg, auf den Raimund besonders gern stieg, ist ein lohnendes Ausflugsziel, das auch gut per Zug erreicht werden kann. Die Bahnreise von Wien bis in den versteckten Ort fast am Ende des Tals dauert rund eineinhalb Stunden. Man steigt in Wiener Neustadt um und gelangt gleich einmal zum Bahnhof **Bad Fischau-Brunn.** Hier teilt sich die Strecke: Die eine Trasse zweigt Richtung Süden nach Puchberg am Schneeberg ab (siehe S. 39). Die andere Strecke führt ins Piestingtal und bis nach Gutenstein. Erste Station ist in unserem Fall **„Bad Fischau"** (ohne „Brunn"). Viele Fahrgäste, kaum in Wiener Neustadt umgestiegen, steigen hier auch schon wieder aus: Sie pilgern zum **Thermalbad von Bad Fischau**, für viele die wahre Perle unter Österreichs zahlreichen Thermalbädern. Freilich ist es eine Perle, die nicht alle mögen: Das Wasser ist konstant 19 Grad warm (bzw. kalt), was eine gewisse Vorselektion des Publikums nach sich zieht. Das Ambiente ist jedenfalls ein prächtiges. Das gelbgrüne Badehaus aus der Zeit der vorletzten Jahrhundertwende versetzt in Sommerfrische-Stimmung. Die Hoffnung, dass das Wasser am Nachmittag dann durch die Kraft der Sonne schon etwas über zwanzig Grad haben könnte, ist eine trügerische: Es strömt nämlich so viel kaltes Wasser aus dem Berg, dass die Becken bis zu viermal am Tag neu gefüllt werden. Was bleibt da anderes übrig, als tüchtig zu kraulen? – Das Thermalbad ist vom Bahnhof ungefähr 700 Meter entfernt, also auch für Geh-Muffel leicht zu schaffen.

www.fischauer-thermalbad.at

Für alle anderen, die lieber auf den Spuren des Dichterfürsten Raimund wandeln wollen, geht die Reise rasch weiter. Nach **Markt Piesting** ist rechter Hand ein markantes, renoviertes Industriedenkmal zu sehen: das alte Brauhaus, in dem bis 2005 das Piestinger Bier gebraut wurde. Danach zwängt sich die Bahn durch einen engen Talabschnitt, denn vom Süden reicht der Höhenzug der Hohen Wand bis hierher. Ab der **Haltestelle Oberpiesting** kann man eine Überschreitung dieses bekannten Ausflugsbergs in Angriff nehmen. Der Einstieg in den Weg ist nicht leicht zu finden. Man geht von der Station kurz nach Osten, biegt dann in die Starhemberggasse ab, der man bis zur B 21, der Gutensteiner Straße, folgt. Drüben beginnt der richtige Weg, vorerst nach Westen durch den Wald. Über den Schindergraben geht man Richtung „Einhornhöhle". Wer es bis hierher geschafft hat, findet auch über diverse Steige zur aktuellen Hauptattraktion der Hohen Wand, dem „Skywalk" hoch über dem Steinfeld bzw. dem Wiener Becken. Es gibt aber auch viele andere Aussichts- wie Einkehrpunkte auf diesem stark frequentierten Ausflugsberg. Und: Man muss auch nicht bis Grünbach gehen, kann auch vorher umdrehen und zurück ins Piestingtal, etwa nach Waldegg, absteigen.

Schon wieder wurden wir abgelenkt von unserer Fahrt, dabei geht's jetzt plötzlich durch eine besonders dramatische Kulisse bzw. an ihr vorbei: dem **Wopfinger Kalksteinbruch plus Kalkwerk.**

Wie die Wanderkarte zeigt, kann man von der Station **Miesenbach** eine Fernwanderung über die Dürre Wand zum Schneeberg antreten, da muss man aber irgendwo campen oder in einer Herberge nächtigen. Nicht so weit ist es zur Gauermannhütte und von da nach Scheuchenstein bei Miesenbach, zum **Gauermann-Museum.** Hier, in der ehemaligen Volksschule des Dorfs, sind zahlreiche Werke des hier geborenen Biedermeier-Malers Friedrich Gauermann (1807–1862) zu sehen, sein Geburtshaus liegt einen halben Kilometer entfernt, der Gauermann-Rundweg führt daran vorbei. Vom Bahnhof bis hierher sind es rund fünf Kilometer.

www.gauermannmuseum.at

Altes Pilgerziel: Wallfahrtskirche am Mariahilfberg

Wir fahren weiter auf der Bahn. Schon taucht der nächste Industriekomplex auf: die Papierfabrik im Ortsteil Ortmann von **Pernitz.** Hier wie auch in Wopfing fällt für die Bahn viel Ladung an, von Einstellung bedroht ist die Strecke keinesfalls. Am Ortsende von Pernitz fährt die Bahn durch das „Raimundviertel", das auch eine eigene Haltestelle erhalten hat. Hier befindet sich, gut versteckt, die „Raimundvilla", die der Dichter lange Jahre bewohnt hat. Parallel zur Bahn zieht jetzt der „Raimundweg" Richtung Gutenstein. Alles Raimund hier!

Endstelle Gutenstein und der Mariahilfberg

Der Diesel-Cityjet kann nicht weiter, das Tal hinein in den Ort wäre zu eng für die Bahn. Die eineinhalb Kilometer Fußmarsch entlang der Hauptstraße hinein in den Ort sind machbar; für ein kleines Stück kann man auf den „Josefinensteig" rechts der Straße ausweichen. Verstreute Gründerzeitvillen und kleine Bauernhäuser, das Waldbauernmuseum und das mächtige Schloss Hoyos gibt es hier zu sehen und alle Jahre wieder vor dessen prächtiger Kulisse auch die Raimundspiele Gutenstein. Wo nicht nur Stücke von Raimund

Der Schneeberg hüllt sich in Wolken: Blick vom „Raimundsitz"

gespielt werden, sondern z. B. auch ein Stück von Felix Mitterer mit dem Namen „Brüderlein fein", das das Leben des Dramatikers selbst in den Mittelpunkt stellt. Der Raimund-Ort hat pflichtgemäß eine **Ferdinand-Raimund-Gedenkstätte**, gleich an der Hauptstraße (Nr. 21), in dem so genannten „Oberjägerhaus", das Raimund bei seinen Gutenstein-Aufenthalten auch bewohnte.

In dieser Schau sind Raimund-Devotionalien zu sehen, Theaterzettel, das Bett, auf dem er angeblich geschlafen hat, wie auch eine Haarlocke des Dichters. Ebenso ausgestellt: der Hobel, mit dem sich der berühmte Burgschauspieler Alexander Girardi als „Valentin" drei Wochen vor seinem Tod 1918 von seinem Publikum verabschiedet hat. („Da leg ich meinen Hobel hin ... und sag der Welt ade" lautet die letzte Zeile des Hobellieds aus dem „Verschwender".)

www.gutenstein.at

Wir besteigen jetzt endgültig den **Mariahilfberg.** Der war definitiv Raimunds Lieblingsaufenthalt (wie dem Zitat zu Beginn des Kapitels unschwer zu entnehmen ist). Man erreicht den Wallfahrtsort auf gewundener Straße per Mountainbike, E-Fahrrad, per Bus (wenn grad einer fährt) oder auf einem steilen Waldweg, dem Wanderweg Nr. 231. Der geht direkt bei der Abzweigung der Straße zum Mariahilfberg von ebendieser ab. Nach einer Stunde Anstieg gelangt man auf eine kleine Hochfläche und damit zur barocken, 1721 fertiggestellten **Wallfahrtskirche** sowie dem dazugehörigen Servitenkloster. Ein Platz wie im Bilderbuch: ein offenes Gasthaus, einige (für immer?) geschlossene Andenkenbuden, die schöne Kirche und dazu ein grandioser Blick zum Schneeberg – es gibt sie noch, die echten Idyllen. Raimund liebte es schon vor 200 Jahren, hier auf einen kühlen Trunk einzukehren, man kann es ihm nicht verdenken.

Und es wird noch besser: Von der Kirche gelangt man auf der Kreuzwegpromenade in zwanzig Minuten zum heute so genannten **Raimundsitz**, der nichts anderes ist als eine aus rohen Kalksteinen zusammengelegte Bank, die sich der Erfinder des Wiener Volksstücks angeblich selbst gebaut hat. Hier hat er den König Schneeberg bestaunt, hier hat er seine Hymne „An Gutenstein" geschrieben und hier, so vermutet man, hat er sich auch Inspiration für seinen „Alpenkönig" geholt. (Bühnenanweisung 2. Aufzug, 2. Auftritt: *Wilde Felsengegend. Im Hintergrunde ein hoher praktikabler Fels, welcher von der rechten Kulisse über zwei Dritteil der Bühne bis ohngefähr zwei Schuh weit von der linken sich erstreckt und in einem steilen Abhang endigt [...]*)

Es ist keine schlechte Idee, sich auf die Reise hierher das alte, aus der Schulzeit herübergerettete Reclam-Heftchen mitzunehmen – Wo, wenn nicht hier, soll man denn bitteschön den „Alpenkönig" sonst lesen?

Der schönste Aussichtspunkt ganz in der Nähe des Raimundsitzes ist die sogenannte **Siebenväterkapelle.** Man kann von hier aus auf der dem Piestingtal zugewandten Seite den „Residenzberg" umrunden, geht unter steilen Kalkwänden, kommt zu schönen Aussichtskanzeln, um im großen Bogen wieder zur Wallfahrtskirche zurückzupilgern – es ist ein kleiner, aber lohnenswerter Spaziergang. Wer besonders vorausschauend war, hat sich schon bei seinem Eintreffen am Mariahilfberg im Vorbeigehen einen Tisch im Gasthaus reserviert – denn Nachfrage nach freien Plätzen gibt es, besonders an den Wochenenden, wahrlich genug.

www.mariahilfberg.at

Wer es eilig hat, läuft den gleichen Weg, den man heraufgekeucht ist, wieder zu Tale. Man kann aber auch eine größere Schleife über die Magdalenengrotte hinunter zur Längapiesting gehen und da den

Raimundgrab in Gutenstein: ein friedlicher Ort

letzten Kilometer auf der Fahrstraße zurück nach Gutenstein marschieren.

Noch eine Adresse für alle, die gern auf Dichterspuren wandeln und nicht genug von Raimund kriegen können: Am Friedhof von Gutenstein, schon auf der Auffahrtsstraße zum Mariahilfberg gelegen, befindet sich **Raimunds Grab.** Weil er glaubte, von einem tollwütigen Hund gebissen worden zu sein, schoss er sich, tragisch genug, in höchster Verzweiflung in den Mund, lebte aber noch fünf qualvolle Tage bis zum seinem Tod am 5. September 1836.

Uns bleibt mit Valentin, einer zentralen Figur in „Der Verschwender", die schöne Erinnerung an den Berg:

Valentin: Wie sind wir doch glücklich, wir stehn auf dem Berg,
jetzt zeigt sich der Kummer so klein wie ein Zwerg,
Und kommt er uns wirklich auch nochmal ins Haus,
der Valentin jagt ihn zum Tempel hinaus.
(Auf den Bergen sieht man, wie Senner und Sennerinnen
die Kühe von den Almen treiben und singen [...])

6 Im Arbeiter- und Arbeiterinnenparadies

Triestingtal – Krupp-Stadt Berndorf – Aufs Hocheck
(Landkarte siehe S. 39)

Diese Reise führt zur Abwechslung in eine richtige Industriestadt. Die Zugsfahrt geht per REX auf der Südbahnstrecke bis **Leobersdorf,** wo man sich einen Regionalzug Richtung Weissenbach an der Triesting schnappt und mit ihm bis **Berndorf Stadt** fährt. Bis dahin hat man schon die Haltestelle **Hirtenberg** (Patronenfabrik!) und zuletzt **Berndorf Fabrik** passiert und naturgemäß auch das dazugehörige große Werk bestaunt. Die Stadt ist der Stammsitz der Berndorf AG, der CEO heißt seit 2021 Franz Viehböck, den viele unter uns noch als bislang einzigen österreichischen Astronauten und Raumstation-Mir-Besucher kennen. Das Unternehmen agiert heute sehr erfolgreich am Weltmarkt. Es hat, wie könnte es anders sein, eine wechselvolle Geschichte, jedenfalls prägt das Werk die „single factory town" bis heute,

Margarethenkirche in Berndorf: Wahrzeichen auf dem „Krupp-Hügel"

und zwar auf ganz besondere Art und Weise. Bevor wir genauer darauf eingehen: Hier waren sehr früh, aber auch zuletzt, sehr beeindruckende Manager- bzw. Unternehmenspersönlichkeiten am Werken. Dass hier nach wie vor produziert und damit Arbeit geschaffen wird, verdankt die Stadt und mit ihr die gesamte Region maßgeblich Norbert Zimmermann. Gemeinsam mit anderen Führungskräften setzte er 1988 das erste Management-Buy-out Österreichs durch, löste den Standort aus den verstaatlichten „Vereinigten Metallwerken" heraus, organisierte die Produktion völlig neu und schaffte damit den „Turnaround" des Krisenstandorts. Hauptaktionär Zimmermann, ein Mann mit liberalem Weltbild, war lange Zeit Vorsitzender des Vorstands, machte in dieser Rolle schließlich 2021 seiner Tochter Sonja Platz. Heute gibt das Werk wieder hunderten Menschen ein gesichertes Einkommen, in Summe hat das zum Konzern angewachsene Unternehmen deutlich mehr als 2000 Beschäftigte. Um die Wende vom 19. zum 20. Jahrhundert waren es 6000 Arbeiter – das nur zum Vergleich.

www.berndorf-besteck.at

Die Krupp-Stadt Berndorf

Warum erzählen wir das alles? Weil ein anderer großer Unternehmer der Stadt Berndorf ihr bis heute gültiges Gepräge gab. Sein Name: **Arthur Krupp** (1856–1938). Mit 34 Jahren übernahm er 1890 das von seinem Onkel Alfred Krupp gegründete Werk. Arthurs Vater Hermann Krupp hatte ab 1844 die technische Leitung des rasch wachsenden Unternehmens inne, er war bereits dauerhaft von Deutschland nach Berndorf gezogen.

Der Bau der Bahnlinie war für den Aufschwung des Unternehmens essenziell. Die Strecke wurde – nicht zuletzt dank kräftiger Interventionen von Hermann Krupp – 1877 fertiggestellt, wobei der Güterverkehr von Anfang an florierte.

Die durch den Ort führende Bahnstrecke verband von allem Anfang an die Südbahn mit der Westbahn. Sie führte von Berndorf weiter nach Westen durch das Triestingtal, überquerte den nur 600 Meter hohen Gerichtsberg und lief über Hainfeld und Traisen bis nach St. Pölten. „Verkehrspapst" Hermann Knoflacher, ein früher Kämpfer für mehr Bahn und weniger Straße, schlug schon vor der Jahrtausendwende vor, diese Strecke als zusätzliche Verbindung zwischen West- und Südbahn kräftig auszubauen, geschehen ist leider das genaue Gegenteil. Die Linie wurde 2004 zur Stichbahn

Krupp-Büste im „Krupp-Tempel"

degradiert, sie endet nun zwei Stationen hinter Berndorf, in Weissenbach an der Triesting. Die Gleise über den Gerichtsberg wurden sehr eilig abgetragen. Erst ab Hainfeld gibt es dann wieder Gleise und auf ihnen Züge, die nach St. Pölten gondeln.

Wir aber sind unbeschwert von verkehrspolitischen Überlegungen mit der Bahn von Wien (oder von St. Pölten, über Wien) hierhergekommen, um diese ganz spezielle Krupp-Stadt unter die Lupe zu nehmen. Die Fahrzeit ab Wien beträgt rund eine Stunde.

Bereits der Naturstein-Bau des **Bahnhofs Berndorf Stadt** ist eine Hinterlassenschaft Hermann Krupps. Sohn Arthur war dann ab 1890 uneingeschränkt herrschender Fabriksherr. Er baute das Unternehmen wie auch die Stadt rasch und mit großer Gestik aus. Die Produktpalette der Fabrik wurde ständig ausgeweitet. Neben Besteck wurden Kochgeschirr, Patronenhülsen, Bleche, Drähte, Profile, Rohre sowie Großbehälter für die keramische Industrie erzeugt. Krupp war aber nicht nur ein exzellenter Wirtschafter, sondern auch ein kulturell interessierter Mensch. Er beteiligte sich beispielsweise am Bau des Technischen Museums in Wien. In Berndorf aber engagierte er sich auf ganz besonderer Art und Weise. Er wollte mehr als eine autarke, unabhängige, starke Produktionsstätte besitzen, sondern auch eine autarke, unabhängige, von ihm geplante und kontrollierte Stadt. Bei der Umsetzung seiner Ideen fand er in Ludwig Baumann, dem „Architekten Berndorfs“, einen kongenialen Partner. Nach den Ideen des Industriellen plante dieser Arbeiterwohnhäuser, Kirche, Theater, Industriellenvilla, Friedhof – also praktisch die ganze Stadt.

Unsere Entdeckungsreise auf den Spuren Arthur Krupps beginnt am Bahnhof. Direkt gegenüber, am anderen Ufer der Triesting, steht die **Marienkirche**, bereits 1881 im neugotischen Stil errichtet. Gleich dahinter befindet sich das stattliche **Stadttheater**, das Krupp anlässlich des fünfzigjährigen Thronjubiläums 1897/98 Kaiser Franz Josephs von den Architekten Hermann Helmer und Ferdinand Fellner erbauen ließ. Das im Ringstraßen-Stil erbaute ehemalige „Arbeitertheater“ ist bis heute lebendige Bühne und Veranstaltungsort. Zwischen Kirche und Theater steht eine **Krupp-Büste**, dahinter, im Theaterpark, ein **Krupp-Gedenkstein**. Auf der anderen Seite des Kislingerplatzes befinden sich Feuerwehr, Rathaus, Polizei und Musikschule und, für uns wichtig, das Büro der Touristeninfo. Geht man den Platz nach Nordwesten aus, passiert man den großen Parkplatz und gelangt in die Karl-Johann-Mayr-Straße. Hier erstreckt sich das von Krupp auf seine Kosten errichtete und heute unter Denkmalschutz stehende **Stadtviertel Wiedenbrunn**. Zwischen 1880 und 1916 entstanden in der Stadt sage und schreibe 260 Arbeiterwohnhäuser mit mehr als 1100 Wohnungen – der Patriarch sorgte für angemessenen Wohnraum für seine Arbeiter. Nicht bekannt ist, ob Krupp die Idee für seinen Stadtbau von den USA entlehnte. Dort, genauer in der Nähe von Chicago, baute in den 1880er-Jahren nämlich der Eisenbahn-Unternehmer George Pullman die legendäre „Pullman City“, eine Arbeits- und Wohnstadt für sich und „seine“ Fabrikarbeiter.

Zurück über den Bahnhof und die Bahnhofstraße sieht man schon die schön renovierte Fassade der ehemaligen Wurstfabrik, in dem das **krupp stadt museum** untergebracht ist – eine gute Adresse, um sich einen Überblick zum Leben der Krupps sowie über deren Stadt-Gesamtkunstwerk zu machen. Daneben ist natürlich auch eine gediegene Auswahl von feinsten Berndorf'schen Bestecken und „Tafelgeräten“ ausgestellt.

Folgt man der Bahnhofstraße noch ein kurzes Stück, gelangt man zum **Hermann-Krupp-Tempel** und über einen Promenaden-Wanderweg auf den 472 Meter hohen **Guglzipf** mit Aussichtswarte. Von hier hat man den besten Überblick über die Stadt

Stadttheater, erbaut von Hellmer und Fellner, 1898

und sieht hinüber zum **„Krupp-Hügel“** mit der markanten Kuppel der Margaretenkirche. Man steigt also wieder ab und geht über die Neugasse, die, richtig!, Kruppstraße und den Arthur-Krupp-Platz (mit Krupp-Denkmal) zum Wahrzeichen Berndorfs. Die **Margaretenkirche** ist ein ziemlich genaues Abbild der Wiener Peterskirche, man hat sie durch ein Spalier von hübschen Krupp'schen **Cottage-Häusern** erreicht. Rechts und links von der Kirche, die nach der heiligen Margarete Arthur Krupps Frau Margret gewidmet ist, befinden sich mächtige Schulgebäude, ehemals Mädchen- und Knabenschule, die auch heute noch als Unterrichtstempel dienen. Tempel sind sie wahrlich, beherbergen sie doch das vielleicht bemerkenswerteste Krupp'sche Erbe: die sogenannten **Stilklassen.** Der Fabriksherr ließ die Klassenzimmer in den seiner Meinung nach zwölf wichtigsten Stilarten, nämlich ägyptisch, dorisch, pompejanisch, maurisch, byzantinisch, romanisch, gotisch, in römischer Renaissance, Louis-quatorze, Rokoko, Barock und Empire einrichten und ausgestalten. Türen, Wände, Fußböden, Decken und auch das Mobiliar sind im jeweiligen Stil „designt“. Die kunstvolle Einrichtung sollte erzieherische Wirkung entfalten, als Ergebnis sollten gebildete, disziplinierte, geläuterte junge Arbeiter und Arbeiterinnen die Schulen

BERNDORF STADT
Seehöhe
314 Meter.
Warteraum versperrt!

verlassen. Tatsächlich gab es in Berndorf niemals Streiks oder Unruhen. Krupps erklärter Wahlspruch „Arbeit, Bildung, Friede" hat sich also offenbar in der Praxis bewährt. Schön ist, dass man die Schulen auch besichtigen darf – an den Wochenenden, wenn kein Schulbetrieb ist. Am Rande des Platzes, auch das eine Krupp'sche Idee, befindet sich das ehemalige **Krupp-Casino,** in dem einst die höheren Angestellten verkehrten.

Die Anordnung der Gebäude auf dem Krupphügel war exakt auf die Krupp'sche Villa ausgerichtet, die zur selben Zeit auf der gegenüber der Stadt liegenden Anhöhe errichtet wurde. Dieses repräsentative Gebäude existiert nicht mehr, es wurde nach dem Zweiten Weltkrieg devastiert und 1957 abgerissen.

Auf dem Weg zurück in die Unterstadt (in der ganz normales kleinstädtisches Leben herrscht) kann man noch das **Krupp-Mausoleum** in der Klostermanngasse mitnehmen, die Grabstätte des 1938 verstorbenen Patriarchen. Es ist aber nur von außen zu besichtigen.

www.kruppstadt-berndorf.at

Der Berg des Triestingtals

Berndorf ist der eine Grund, ins Triestingtal zu fahren, ein erster „Eintausender" der zweite. Über **Pottenstein** fährt die Bahn bis **Weissenbach-Neuhaus.** Von hier bietet sich ein Aufstieg (bzw. eine Auffahrt) auf das **Hocheck** an – ab dem Bahnhof sind auf dem gelben Wanderwegweiser 2 ½ Stunden Gehzeit vermerkt. Nicht vermerkt ist, dass man rund 700 Höhenmeter steigen muss. Der Weg geht zuerst noch die Triesting aufwärts, dann über Hof und Eberbach, vorbei am Mittagskogel bis hinauf zum Hocheck-Schutzhaus.

Auch eine kurvenreiche, enge Mautstraße führt bis knapp unterhalb des Gipfelbereichs.

Und diese Straße wiederum ist eine beliebte Trainings- und Bewährungsstrecke für Radfahrer. Wer mit dem Rennrad hier hinaufkurvt, braucht schon einiges an Kraft und Kondition, die Straße hat durchgehend zehn bis zwölf Prozent Steigung, ist aber aufgrund der vielen Kehren attraktiv und schön zu fahren und eine echte Challenge, wie man so sagt. Neben dem bewirtschafteten Schutzhaus gibt es auch noch die **Meyringer-Warte** – der Rundblick ist

Vom Stadttheater bis zum Bahnhof: Die Stadt Berndorf ist die Stadt der Krupps

Nebenbahntriebwagen im Gölsental, nahe St. Veit

erwartungsgemäß prächtig. Absteigen kann man auch nach Altenmarkt an der Triesting. Von da nimmt man besser den Bus zurück nach Weissenbach.

Noch ein Hinweis: Die ehemalige Bahntrasse über den Gerichtsberg hinüber ins Gölsental soll zum Radweg umfunktioniert werden, Triestingtal- und Gölsental-Radweg sollen damit zusammenwachsen. Auch der alte Eisenbahntunnel soll dann durchfahren werden können. Derzeit muss man, so man nicht auf der sehr stark befahrenen Bundesstraße radeln will, zwischen Kaumberg und Hainfeld einen saftigen Umweg über Ramsau machen – so man den Weg überhaupt findet.

Drüben, ab Hainfeld, rollt man dann wieder sehr schön am **Gölsental-Radweg,** der wie die Bahnstrecke bei Traisen ins Traisental bzw. in den **Traisental-Radweg** einmündet. Eine Idee für diese Seite des Sattels ist also, von St. Pölten einen (direkten) Zug nach Hainfeld zu nehmen und von da zurück in die niederösterreichische Landeshauptstadt zu gondeln. Die Strecke führt immer leicht bergab, ist beschaulich und nicht länger als 35 Kilometer. Da ist (ausgehend vom Ort Traisen) ein kleiner Umweg, das Traisental aufwärts ins schöne Lilienfeld, auch noch drin.

www.wienerwald.info/a-triesting-goelsental-radweg

7 Ein Spaziergang von Mödling nach Baden

Mödling und seine Künstler – Die Wanderung über den Anninger – Südbahnwein – Die Welt-Kurstadt Baden bei Wien

Kaum hat die Bahnfahrt begonnen, ist sie auch schon wieder zu Ende. Jacke ausziehen lohnt sich für die Viertelstunde hierher nach Mödling gar nicht, die kurze Reise aber sehr wohl. Denn eh man sich's versieht, ist man auch schon draußen aus der großen Stadt, viel schneller als mit jedem SUV. Die Railjets auf dem Weg nach Graz und Klagenfurt halten natürlich nicht hier, sehr wohl aber REX-Züge und die Schnellbahn. Der Bahnhof wurde bereits 1841 im Zuge des Baus der Südbahn errichtet, von jener Zeit ist heute freilich nichts mehr zu erahnen. Wer aber einen echten Bahnhof aus jener fernen „Biedermeierzeit" sehen möchte, muss ins gar nicht ferne **Laxenburg** hinüberschauen: Von Mödling bis Laxenburg wurde bereits anno 1845 eine Stichbahn gebaut, der dazugehörige Bahnhof 1847 eröffnet – und der steht heute noch. Er wird zweckentfremdet als Restaurant mit dem klingenden Namen „Kaiserbahnhof" genutzt. Das Gebäude ist einer der ältesten erhaltenen Bahnhöfe Österreichs, wenngleich natürlich nur mehr die äußere Hülle existiert, und die auch nicht ganz unverändert. Der **Laxenburger Bahnhof** sah einst viele Fahrgäste, darunter viel Prominenz. Sogar der Hofzug des Kaiserhauses fuhr bis hierher. Der Personenverkehr wurde 1932, die Zeiten hatten sich bekanntlich geändert, eingestellt, die Schienen wurden abgetragen.

Laxenburg hat, nebenbei bemerkt, neben dem Kaiserbahnhof noch zwei tatsächlich existierende Bahnhöfe. Jener an der **Aspangbahn** dämmert mitsamt der dazugehörigen Strecke einer sehr unsicheren Zukunft entgegen. Jener an der so genannten **Pottendorfer Linie**, einer der wichtigen Einpendlerachsen nach Wien, ist dagegen neu adaptiert, heißt aber nicht Laxenburg, sondern „Achau" und ist vom Ort gut zwei Kilometer entfernt.

www.derkaiserbahnhof.at

Doch jetzt wieder zurück nach **Mödling.** Viele Großstädter denken, wenn sie den Namen hören, zuerst einmal an „Südstadt" und an

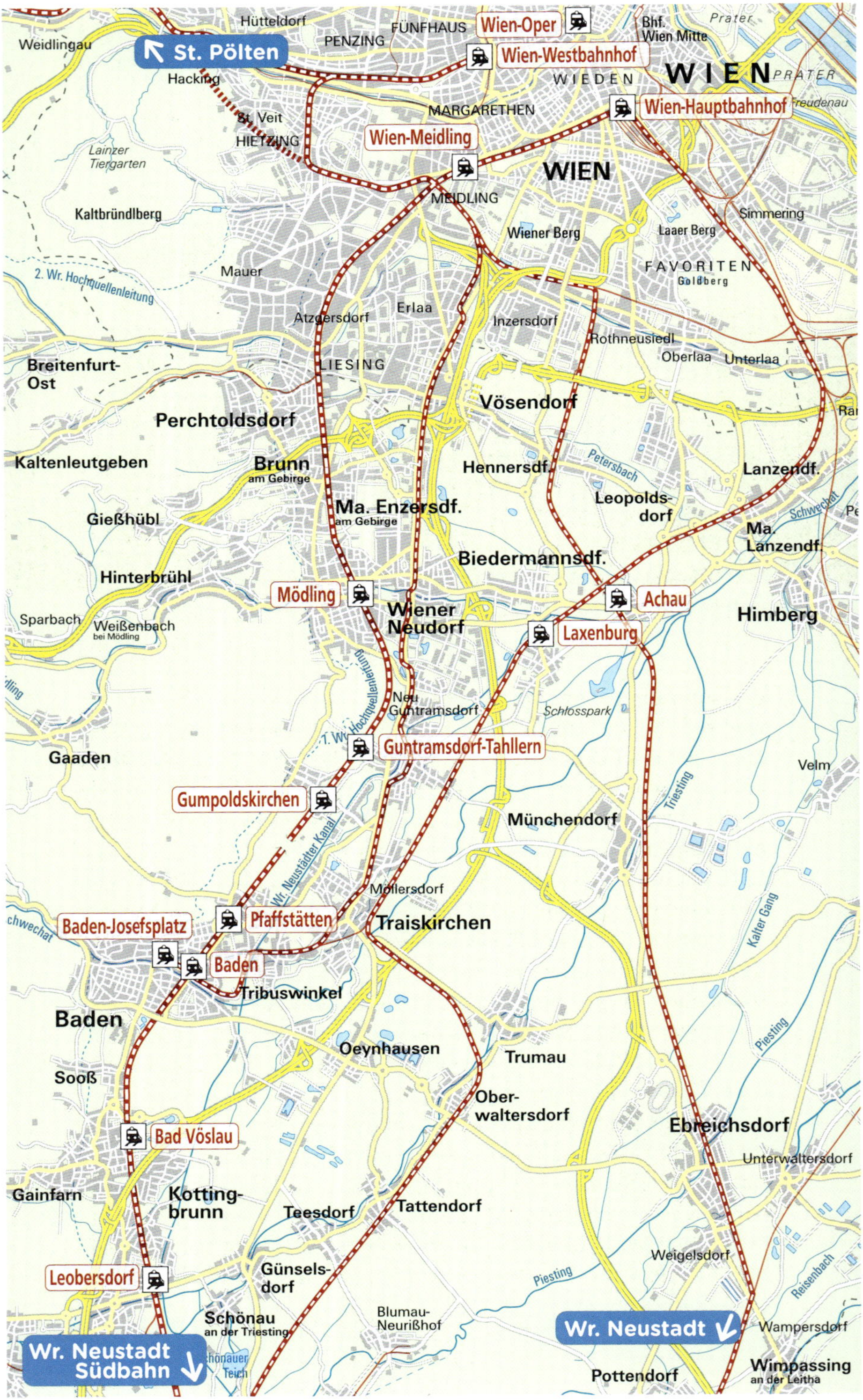

St. Pölten
Wien-Oper
Wien-Westbahnhof
Wien-Hauptbahnhof
Wien-Meidling
WIEN
Hütteldorf
FÜNFHAUS
PENZING
Bhf. Wien Mitte
Prater
PRATER
WIEDEN
MARGARETHEN
Weidlingau
Hacking
St. Veit
HIETZING
Lainzer Tiergarten
MEIDLING
Kaltbründlberg
Wiener Berg
Laaer Berg
Simmering
FAVORITEN
Goldberg
2. Wr. Hochquellenleitung
Mauer
Erlaa
Atzgersdorf
Inzersdorf
Rothneusiedl
Oberlaa
Unterlaa
LIESING
Breitenfurt-Ost
Perchtoldsdorf
Vösendorf
Kaltenleutgeben
Brunn am Gebirge
Hennersdf.
Petersbach
Lanzendf.
Leopoldsdorf
Gießhübl
Ma. Enzersdf. am Gebirge
Schwechat
Ma. Lanzendf.
Biedermannsdf.
Hinterbrühl
Mödling
Wiener Neudorf
Achau
Himberg
Sparbach
Weißenbach bei Mödling
Laxenburg
Neu Guntramsdorf
Schlosspark
1. Wr. Hochquellenleitung
Guntramsdorf-Tahllern
Gaaden
Velm
Gumpoldskirchen
Triesting
Münchendorf
Wr. Neustädter Kanal
Möllersdorf
Kalter Gang
Baden-Josefsplatz
Pfaffstätten
Traiskirchen
Schwechat
Baden
Tribuswinkel
Baden
Piesting
Oeynhausen
Trumau
Sooß
Ober-waltersdorf
Ebreichsdorf
Bad Vöslau
Unterwaltersdorf
Gainfarn
Kottingbrunn
Teesdorf
Tattendorf
Weigelsdorf
Leobersdorf
Günselsdorf
Piesting
Reisenbach
Blumau-Neurißhof
Schönau an der Triesting
Wr. Neustadt
Wampersdorf
Wr. Neustadt Südbahn
Schönauer Teich
Pottendorf
Wimpassing an der Leitha

Laxenburg: der „Kaiserbahnhof", heute ein Restaurant

das suburbanisierte Umfeld im Wiener Becken. Im Dritten Reich war die 20.000-Einwohner-Stadt eingemeindeter Teil von Wien, doch heute ist die Bezirkshauptstadt fest in Niederösterreich verankert. Bevor wir uns auf Wanderschaft begeben, schauen wir kurz in die Stadt selbst. Verlässt man den Bahnhof, führt rechter Hand die Hauptstraße ins Zentrum hinein. Auf dem schönen Gründerzeithaus in der Hauptstraße 44 prangt der Schriftzug „Drachhof". Hier lebte und arbeitete der Schriftsteller Albert Drach (1902–1995); das Haus ist ein erster Verweis darauf, dass sich in der Stadt viele Künstler niederließen. Anton Wildgans (1881–1932) hatte hier sein Haus, auch Franz Theodor Csokor (1885–1969) war Mödlinger. Der Komponist Arnold Schönberg (1874–1951) wohnte einige Jahre hier – er konnte sich die Wiener Wohnung nicht mehr leisten. Anton Webern folgte seinem Lehrer nach.

Mödling war schon zu Anfang des 19. Jahrhunderts bei der Wiener Gesellschaft beliebt; besonders zog es die Schickeria von damals in die „göttliche Briel", wie Ludwig van Beethoven (1770–1827) die Hinterbrühl nannte, also jenes Tal, das direkt ab der Stadt nach Westen zieht und ein frühes Mekka für Naturschwärmer und Spaziergänger war. Ludwig van Beethoven kam bereits

Immer im Blick: die Othmarskirche in Mödling

Wilhelmswarte: kleiner Turm, großer Ausblick

1799 das erste Mal nach Mödling, dann wieder in den Jahren 1818 bis 1820, und wohnte unter anderem im sogenannten **Hafnerhaus** in der Hauptstraße 79. In diesem Renaissancebau aus der ersten Hälfte des 16. Jahrhunderts befindet sich die Mödlinger Beethoven-Gedenkstätte, eine wichtige Adresse für Beethoven-Pilger. Das Haus ist schon allein wegen seines schönen Innenhofs mit den umlaufenden Pawlatschen einen Besuch wert. Ein Raum ist so gestaltet, als hätte der große Komponist das Zimmer gerade nur für wenige Minuten verlassen.

In Mödling entstanden elf Walzer, diverse Menuette, Ländler und Teile der „Missa solemnis". Die elf „Mödlinger Tänze" schrieb er für Musikanten, die im Gasthaus zu den zwei Raben in der Vorderbrühl auftraten.

Hauptstraße 79, Tel. 02236/24 15, www.museum-moedling.at

Nach dem Marsch durch die Hauptstraße gelangt man in die Fußgängerzone, übrigens eine der ersten Österreichs. Im unübersehbar mächtigen Alten Rathaus befindet sich eine Touristeninformation, hier kann man sich Info-Material mitsamt Rundgangsempfehlungen besorgen.

Ein paar Minuten weiter, und man steht quasi am Rand des Wienerwalds, direkt bei der alles überragenden Pfarrkirche St. Othmar. Von der Terrasse hat man bereits einen ersten, schönen Blick ins Wiener Becken. Auf eben dieser Terrasse befindet sich auch die ehemals als Karner genutzte romanische Pantaleonskapelle aus dem frühen 13. Jahrhundert.

Man kann sich mit einem Stadtbummel in Mödling begnügen, sollte aber doch zumindest ein Stück in den von Fürst Liechtenstein angelegten Jubiläumspark oberhalb der Pfarrkirche St. Othmar hinaufsteigen. Die Spazierwege beginnen gleich hinter der Kirche und sind gut ausgeschildert. Sofort ist man in einer anderen Welt. Schwarzer Turm, Ruine Pfefferbüchsel, im Norden das so genannte „Amphitheater", in der Ferne das Schloss Liechtenstein, dazu Wald, Wiesen, Föhren, herrliche Aussicht, gepflegte Promenadenwege, frische Luft – ideal für ganz normale, unaufgeregte Spaziergänge. Die Jause hat man mitgebracht, der Nachmittag vergeht viel zu schnell.

www.burgliechtenstein.eu, www.moedling.at

Der Marsch über den Anninger

Wer weiter eindringen möchte in das Reich des Wienerwalds, bitte sehr, hier ein konkreter Wandertipp: nämlich der Marsch von Mödling über den Kalkstock des Anninger bis in die Kur- und Kaiserstadt Baden.

Der **Anninger** ist eines der beliebtesten Ausflugsziele vor den Toren Wiens. Auf seinen breiten Pfaden sind auch viele Mountainbiker unterwegs. Es gibt eine Vielzahl an Möglichkeiten, verschiedene Aufstiegs- und Abstiegsrouten miteinander zu verbinden, und ebenso viele Möglichkeiten, sich zu verlaufen. An seinen nach Osten abfallenden Hängen wird seit jeher Wein gepflanzt – der „Gumpoldskirchner" ist eine wohlbekannte „Trademark".

Mächtig steht der 765 Meter hohe Berg über der Ebene des Wiener Beckens. Der Aufstieg beginnt mitten in Mödling, er führt über die „Goldene Stiege". Man verlässt das Stadtzentrum Richtung Süden auf der Neusiedler Straße, an der großen Kreuzung führt nun der steile Weg Richtung Berg bis zum Pkw-Parkplatz. Am besten, man folgt von hier dem Beethoven-Spazierweg nach Süden, passiert den Richardhof, um dann über den von Gumpoldskirchen heraufziehenden Kalenderweg zum **Anningerhaus** hochzusteigen. Von hier sind es nur mehr ein paar Minuten zur neu errichteten **Jubiläumswarte** bzw. zur **Wilhelmswarte.** Letztere, ein denkmalgeschützter runder Steinbau, liegt am höchsten Punkt des Anninger, ist selbst gar nicht hoch, aber hoch genug, um die Baumwipfel zu überragen und damit den Blick zum Schneeberg bzw. in die Weiten des Wiener Beckens bis hinauf nach Wien zu ermöglichen. Wir stehen mitten im Wienerwald – ein vielbesungenes Naturjuwel, das sich mit insgesamt 105.000 Hektar über 51 niederösterreichische Gemeinden und sieben Wiener Bezirke erstreckt. Als nördlichster Teil des Alpenbogens reicht er von der Donau (Cobenzl, Greifenstein) bis zum Triestingtal.

Josef Schöffel (1832–1910), dessen Name in Mödling und auch in Wien allgegenwärtig ist, gilt als Retter dieses großen, von wertvollen Laubwäldern bestandenen und Ende des 19. Jahrhunderts von Abholzung und Zersiedelung bedrohten Gebiets. 1905 beschloss der Wiener Gemeinderat auf Druck Schöffels den Schutz des Wald- und Wiesengürtels. Seit 2005 ist der Wienerwald „Biospärenpark" und eines der wichtigsten Naherholungsgebiete der Bundeshauptstadt.

Von der Wilhelmswarte geht man nun auf einem immer schöner werdenden Weg bergab nach Süden, Richtung Baden. In der hübschen **Rudolf-Proksch-Hütte** kann man auf eine Suppe und ein kleines Bier einkehren und dann zügig über den „Tut gut!"-Wanderweg und die Einödhöhlen hinunter zur Straße Richtung Pfaffstätten gehen, um dann nach rechts über die Weinberge sanft nach Baden zu gelangen.

www.prokschhuette.com

Ein Hinweis noch für Bahnhistoriker: Der Anninger ist der erste Berg Österreichs, der untertunnelt wurde. Südbahnfahrer kennen das: Zwischen Mödling und Baden, genauer zwischen Gumpoldskirchen und Pfaffstätten, saust der Zug für zwei, drei Sekunden durch den Berg. Was uns heute kaum mehr berührt, war zur Zeit der Erbauung Anlass für Aufregung. In Johann Nestroys 1844 entstandener Posse „Eisenbahnheiraten oder Wien/Neustadt/Brünn" entspinnt sich ein Dialog zwischen Ignaz, Peter und der „Frau Zaschlhuberin", in dem über neuartige Bauwerke wie eben diesen Tunnel diskutiert wird.

IGNAZ: Tunnel ist eine unterirdische Bahn, die man durch ganze Berge grabt.
FRAU ZASCHLHUBERIN (zu Peter): Wenn Sie einmal den schauerlichen Tunnel bei Gumpoldskirchen werden passiert haben –
IGNAZ: Das ist was Außerordentliches. Ein Tunnel, wo einer notwendig is, das is nix, was sein muss, muss halt sein, aber da hab'n sie mühsam vier Schuh' Weingartengrund auf einen Schwibogen aufg'schottert, um nur unterirdisch fahren zu können, das ist a Riesenwerk.

Zurück zur Anninger-Überschreitung. Je nachdem, wie oft man sich verläuft, muss man inklusive Rast fünf Stunden veranschlagen. Und dann kommt noch die Besichtigung von Baden – was naturgemäß einige Zeit in Anspruch nimmt. Wobei man für Baden eigentlich einen ganzen Besuchstag einkalkulieren sollte.

Baden in Baden

Baden bei Wien: ein Kurort, wie er im Buche steht, und wer noch nicht da war, sollte herkommen, zu Fuß auf dem Beethoven-Spazierweg von Mödling oder aber mit der Bahn. Die Fahrt von Wien heraus ist fast so kurz wie jene nach Mödling.

Baden, sozusagen Inbegriff von Kurort, hat Höhen und Tiefen erlebt, war zeitweise arg aus der Mode, wurde in den vergange-

Zweifellos eine Pracht: Kaiserstadt Baden, Stadttheater

Baden in Baden: Kurzweck und reines Vergnügen

nen Jahrzehnten aber wieder sehr beliebt, vor allem bei Besuchern aus Russland. Die warmen Schwefelquellen bilden seit jeher die wirtschaftliche Grundlage der 30.000-Einwohner-Stadt.

Machen wir's kurz: Einer der wichtigsten Kurgäste war Kaiser Franz I., der von 1803 bis 1834 jeden Sommer hier verbrachte. Der Ort wurde im Vormärz kaiserliche Sommerresidenz, Adel und Bourgeoisie sowie die Künstler-„Szene" kamen auf den Schwefelgeschmack.

Kommt man am stolzen, neu adaptierten Bahnhof an, quert man den Arthur-Schnitzler-Park, verlässt ihn linker Hand durch die Bahngasse und stößt nach wenigen Minuten auf die **Wassergasse,** die, bereits verkehrsberuhigt, mitten ins Zentrum, auf den **Hauptplatz** mit der mächtigen Dreifaltigkeitssäule, führt. Rechter Hand befindet sich das **Kaiserhaus,** in dem einst, jawohl, Kaiser Franz I. tatsächlich logierte, im Vordergrund das **Rathaus,** gestaltet vom Architekten Josef Georg Kornhäusel (1782–1860). Der Meister des Klassizismus baute auch die Empirehäuser in der Theresiengasse Nr. 8 und 10 sowie das zweigeschoßige Haus Theaterplatz 1, er baute das Bad über der Engelsquelle und das Grand Hotel Sauerhof und gestaltete somit das biedermeierliche Stadtbild entscheidend mit. In der links abführenden Rathausgasse befindet sich das **Beethovenhaus** – wie jenes in Mödling besuchenswert, wenn man gern auf den Spuren von Künstlern wandelt.

Man geht weiter Richtung Kaiser-Franz-Ring, wo sich unübersehbar das **Casino Baden** befindet. Ein Spaziergang durch den **Kurpark** ist praktisch unvermeidlich, **Beethoven-** wie **Mozarttempel** sind zwei „Highlights" in diesem in die Hänge des Wienerwalds überführenden Grünraum. Apropos Mozart: der war auch in Baden zu Gast, vor allem deshalb, um seine hier kurende Frau Konstanze zu besuchen. Er spielte selbst auf der Orgel der Pfarrkirche St. Stephan, dirigierte anno 1791 im Gotteshaus auch seine B-Dur-Messe, Köchelverzeichnis 275.

Baden ist stolz auf eine Reihe weiterer prominenter Kurgäste und Besucher. Hierher kamen – neben Mozart und Beethoven – etwa die Operettenkomponisten Karl Millöcker, Carl Zeller und der „Walzerfürst" Carl Michael Ziehrer, auch Franz Grillparzer, Autor von „König Ottokars Glück und Ende", kurte hier. Die Burgschauspielerin Katharina Schratt (1855–1940) wurde in Baden geboren, ihre Beziehung zu Kaiser Franz Joseph war Gegenstand vieler Legenden. Etliche Filme, Romane bzw. Biografien erzählen davon.

Natürlich stehen in Baden, das sich zu den „Great Spa Towns of Europe“ zählen darf, Bäder im Zentrum des Interesses. Das **Frauenbad** existiert zwar nicht mehr als solches, hat aber eine sehr lange Geschichte als Schwefelbad – angeblich wurde bereits von den Römern die Heilkraft seiner Quellen erkannt und geschätzt. Der Bau beinhaltet heute das **Arnulf-Rainer-Museum.** Es ist schon erstaunlich: Mehr als vier Millionen Liter schwefelhaltiges Thermalwasser sprudelt nach wie vor Tag für Tag mit 32 bis 36 Grad Celsius aus 14 natürlichen Quellen. Im Rahmen einer Stadtführung kann man in der Ursprungsquelle, der **Römerquelle,** noch heute den unter einer Glaskuppel geschützten Spalt sehen, aus dem das warme Wasser an die Oberfläche tritt. Tagesgäste können im riesigen, insgesamt 42.000 Quadratmeter großen **Thermalstrandbad** den mit 3700 Quadratmetern größten Sandstrand Österreichs benützen. Neben zwei Fünfzig-Meter-Becken gibt es auch zwei Schwefelbecken. Die Art-déco-Fassade des Badgebäudes ist denkmalgeschützt. Im Winter steht ein Besuch der **Römertherme** auf dem Programm. Unter dem, Achtung, Superlativ!, größten freihängenden Glasdach Europas planscht und sauniert es sich dementsprechend fein. Wer in ein Hamam gehen will, bitte sehr: Das **Franzensbad,** ein ehemaliges Armenbad, fühlt sich wohl in dieser neuen Rolle. Im historischen **Leopoldsbad** aus 1812, auch „Heiligenkreuzer Bad“ genannt, befindet sich heute die Tourismusinfostelle – eine wenn schon nicht heilsame, so doch nützliche Adresse.

www.tourismus.baden.at

Die Reise mit der Badner Bahn

Wer Zeit und Lust hat, kann direkt im Stadtzentrum, am Josefsplatz, in die **Badner Bahn** steigen und mit ihr zurück nach Wien fahren. Die gut einstündige Reise ist deutlich länger als jene mit der ÖBB, dafür aber bequem (von Stadtmitte zu Stadtmitte) und hat auch ihre Reize. Man lernt den Süden Wiens, das Weichbild der Stadt, sozusagen aus nächster Nähe und zur Abwechslung nicht aus der Autoperspektive kennen. Zuerst gondelt man noch durch ein bisschen Grün, dann wird's suburban und schließlich sehr urban. Die Strecke ist 27 Kilometer lang, verläuft mehr oder wenige parallel zur **Bundesstraße 17** bzw. **Triester Straße,** die auch mehrmals gekreuzt wird. Die „Lokalbahn Wien–Baden“, wie sie korrekt heißt, ist kein Expresszug, aber sie erfüllt als „Nahversorger“ eine wichtige Aufgabe sowohl für Pendler als auch für uns Ausflügler. So kann man mit ihr ab Wien ganz

Mit der Badner Bahn geht es direkt von der Wiener Oper in die Kurstadt

locker einen Ausflug in die **Shopping City Süd** unternehmen, einfach so, zum Schaufensterbummeln … Von Baden bis Wien-Meidling fährt sie auf einem eigenen Gleiskörper, ab Meidling dann auf den Straßenbahngleisen durch die Wiedner Hauptstraße über den Karlsplatz bis direkt vor die Staatsoper: Wer die täglichen Staus auf der Südeinfahrt Wiens kennt, für den klingt eine Stunde Fahrzeit bis praktisch mitten auf die Kärntner Straße dann gar nicht mehr so fürchterlich lang.

www.wlb.at

Rad- und Weinausflüge ab Baden

Von Baden führt das **Helenental** in den Wienerwald hinein, der **Helenental-Radweg** führt nach Heiligenkreuz zum berühmten Stift. Auch Mayerling ist per Rad gut zu erreichen. Für alle, die am liebsten eben fahren, gibt es ab Baden etliche Möglichkeiten, zurück nach Wien zu radeln, zum Beispiel entlang des Wiener Neustädter Kanals. Über Guntramsdorf, Biedermannsdorf und Vösendorf gelangt man unter der S 1 nach Inzersdorf und im Zickzackkurs über den Laaer Berg durch Favoriten schließlich ins Innere Wiens. Nicht immer ist es ganz leicht, der Route zu folgen. Eleganter und wohl auch schöner (aber auch etwas länger) ist es, den Wiener Neustädter Kanal entlang noch ein paar Kilometer nach Süden bis vor Leobersdorf zu radeln und von hier auf den so genannten **Triestingau-Rad-**

weg Richtung Wien einzuschwenken. Der führt ganz friedlich immer die Triesting entlang, dann weiter über Himberg nach Schwechat, von wo man (wieder elegant) sehr gut hinunter nach Kaiserebersdorf und über den Alberner Hafen direkt beim Kraftwerk Freudenau ans Donauufer und wiederum sehr elegant sowohl am Ufer als auch auf der Donauinsel zurück in die Stadtmitte gelangt.

Nur fünf Kilometer südlich von Baden liegt ein weiterer Kurort: **Bad Vöslau.** Heute vor allem bekannt für das gleichnamige Mineralwasser, war es zumindest bis zum Ersten Weltkrieg ebenfalls eine gesuchte Adresse, stand jedoch immer im Schatten des großen Baden. Für uns gilt: Der Ort ist per Bahn ebenso leicht zu erreichen wie Baden und sein historisches Bad eine Wohltat, nicht nur, was das körperliche Befinden betrifft. Das **Thermal-Freibad** wurde vom Architekten Theophil Hansen konzipiert, hier ist fast noch alles so, wie es um die Jahrhundertwende war. Schöne Villen gibt es so wie in Baden genug, Gedenktafeln, die an prominente Kurgäste erinnern, ebenfalls.

www.thermalbad-voeslau.at

An den Hängen des Anningerstocks wächst Wein. Die „Thermenregion" ist eines der acht niederösterreichischen Weinbaugebiete, hier gedeihen unter anderem die andernorts praktisch ausgestorbenen Rebsorten Rotgipfler und Zierfandler, daneben auch Rotwein. Die bekannten Weinorte liegen alle an der Südbahnstrecke aufgefädelt – von Süden nach Norden sind das Bad Vöslau, Sooß, Baden, Pfaffstätten, Gumpoldskirchen und, als nördlichster Vorposten, Thallern. Beginnen wir bei Letzterem: Man erreicht das **Freigut Thallern** sehr praktisch über einen eigenen Bahnhof – nämlich „Guntramsdorf-Thallern". Man sieht das malerisch am Hang geklebte Ensemble bereits vom Zug aus, von der S-Bahn-Station ist man in fünf Minuten da. Das Weingut gehört den Zisterziensern von Heiligenkreuz und ist eines der ältesten des Landes. Seit 1141 wird hier ohne Unterbrechung Wein gekeltert. Klostergasthaus, Gebietsvinothek, anschließend ein Verdauungsspaziergang auf dem Weingartenweg hinüber ins nahe **Gumpoldskirchen,** das für seine zahlreichen Heurigenlokale berühmt ist – es sitzt sich extrem entspannt, wenn man nicht ständig an Promillegrenzen denken muss. Die letzte Schnellbahn fährt um null Uhr 21 heim nach Wien, das sollte reichen. Übrigens: Den Heurigenkalender findet man auf der Internet-Gemeindeseite.

www.freigut-thallern.at, www.gumpoldskirchen.at

www.thermenregion-wienerwald.at

8 Wiener Melange

Der Hauptbahnhof – der Westbahnhof – Otto Wagners Stadtbahn – das Technische Museum – die Liliputbahn und ein Modellbahn-Königreich im Prater

Wien hat einen **Hauptbahnhof.** Das ist keine Sensation, aber auch keine Kleinigkeit. Denn seit Anbeginn des Bahnbaus ab 1837 gab es Kopfbahnhöfe der unterschiedlichsten Bahnlinien. Nordbahnhof, Nordwestbahnhof, Westbahnhof, Südbahnhof, Ostbahnhof, dazu noch Franz-Josefs-Bahnhof und einige Bahnhöfe mehr, an die heute nur mehr Straßennamen erinnern. Wir wollen hier nicht zu tief in die Geschichte der Wiener Bahnhöfe eindringen, sondern nur festhalten: Die meisten Wien-Besucher, die mit dem Zug anreisen, steigen am **Hauptbahnhof** aus. Sicher, viele Pendler verlassen auch schon in Wien-Meidling den Zug, aber der Hauptbahnhof ist nun mal der Dreh- und Angelpunkt des Wiener und des ostösterreichischen Bahnnetzes. Er ist keine Sehenswürdigkeit im engeren Sinn,

Wien Hauptbahnhof: seit 2010 Mittelpunkt eines neuen Stadtteils

aber er funktioniert. Gebaut wurde er auf dem Areal des ehemaligen Süd- und Ostbahnhofs, die Vollinbetriebnahme erfolgte Ende 2015 – Wien hatte zum ersten Mal überhaupt einen einzigen Hauptbahnhof und nicht fünf verschiedene. An den alten Südbahnhof erinnert nur noch ein aus 1873 stammender steinerner Löwe, der im Inneren der Halle beim Gürtelportal postiert wurde. Markant ist das schwungvolle, breit ausladende Rautendach. Rund um den Bahnhof entstand rasch ein völlig neuer Stadtteil. Die ÖBB baute ihre Zentrale direkt an den Hauptbahnhof dran – der jeweilige CEO blickt von ganz oben hinab auf seine schönen Züge.

Der **Westbahnhof**, lange Jahre wichtigster Fernverkehrsbahnhof der Bundeshauptstadt, ist heute zum Regionalbahnhof degradiert. Hier, am Kreuzungspunkt der Mariahilfer Straße mit dem Gürtel, haben die Schnellbahnzüge, die auf der alten Wienerwaldstrecke über Hütteldorf in die Stadt kommen, ihre Endstelle, ebenso wie die Züge der privaten Westbahn, die zwischen Salzburg und Wien pendeln. Auch Sonderzüge und manche ÖBB-Wochenend-Züge haben hier ihren Ausgangspunkt.

Der Westbahnhof war und ist ein Symbol der Fünfzigerjahre, des Wiederaufbaus nach dem Zweiten Weltkrieg. Er wurde auf dem Areal des zerstörten alten Westbahnhofs errichtet und 1954 eröffnet. Seine unter Denkmalschutz stehende, auf zwei Ebenen angelegte Halle wurde generalsaniert und 2010 wieder in Betrieb genommen – ein sehenswertes Stück Nachkriegs-Österreich. Das Areal um diesen Bahnhof wurde dagegen ziemlich brachial verbaut, links und rechts, eng am Bahnhof, wuchsen achtgeschoßige Ungetüme in den Himmel und stellen nun das einst freistehende Bahnhofsgebäude im wahrsten Sinne in den Schatten.

Der Westbahnhof liegt an zwei U-Bahn-Linien, und zwar an der U3 und der U6. Letztere verläuft zu einem guten Teil auf der Trasse der alten Stadtbahn.

Diese wurde um 1901 fertiggestellt und ist eine herausragende architektonische wie städtebauliche Leistung der Kaiserzeit, ein „Gesamtkunstwerk" des großen Architekten Otto Wagner (1841–1918). Viele der Stationsgebäude sind in ihrer ursprünglichen Form und Funktion erhalten und markante „Eyecatcher".

Wien Westbahnhof, Denkmal der Fünfzigerjahre-Moderne (hist. Foto)

Wien-Rundfahrt mit der Stadtbahn

Die U6 steigt ab der Station Längenfeldgasse aus dem Wiental in einem großen Bogen über die Wientalbrücke zur **Station Gumpendorfer Straße** empor. Diese Haltestelle ragt hoch über das Niveau des Gürtels hinaus, ein Monumentalbau, so wie viele andere Stationen auf dieser ehemaligen **„Gürtellinie"**. Die Fahrt auf der Strecke ist eine stadtgeografische Exkursion. Bis auf den kurzen unterirdischen Abschnitt beim Westbahnhof fährt man hoch über Straßenniveau, hoch über der dichten, gründerzeitlichen Stadtkulisse. Auf dem in der Gründungsphase errichteten dunkelroten Ziegel-Backstein-Damm fahren heute die Züge der U6; dieser innerstädtische Bahndamm gilt bis heute als das längste geschlossene Bauwerk Wiens. In den laut Wikipedia existierenden 473 denkmalgeschützten **Stadtbahnbögen** sind zum Teil trendige Lokale eingezogen. Loop, Chelsea, Rhiz sind in der „Szene" nach wie vor klingende Namen, sie haben schon vor der Jahrtausendwende die Aufwertung der ehemals wenig attraktiven Gürtelzone eingeleitet. Manche Bögen dienen als Lagerräume, andere als Werkstatt, Garage oder Geschäftslokal.

Am Gürtel fährt also die U-Bahn, in der man zu Stoßzeiten schwer einen Sitzplatz findet. Der Gürtel ist aber auch eine der meistbefahrenen Straßen Österreichs, Staus sind alltäglich. Weiter Richtung Spittelau schwebt die Hochbahn dicht an Küchen- und Wohnzimmerfenstern vorbei, etliche große Wiener Gemeindebauten wurden in der Zwischenkriegszeit hier hochgezogen.

In der dreigeschoßigen Station **Spittelau** (mit Blick auf das von Friedensreich Hundertwasser gestaltete Fernwärmewerk Spittelau) endet die U6-Fahrt auf der alten Stadtbahntrasse, die Linie führt ab da auf einer Neubaustrecke über Donaukanal und Donau hinüber nach Floridsdorf. Man steigt hier auf die Franz-Josefs-Bahn ins Waldviertel und nach Krems um, ebenso in die U4, die ehemalige Wientallinie der Stadtbahn. Eine Station nördlich der Spittelau befindet sich die Endstation der U4, **Heiligenstadt.** Das war das größte der Otto-Wagner-Stadtbahnbauwerke, das Empfangsgebäude wurde aber im Zweiten Weltkrieg zerstört. Direkt vor den Toren der Station erstreckt sich die einen halben Kilometer lange Fassade des **Karl-Marx-Hofes,** des größten Gemeindebaus aus der Zeit des Roten Wien. Ein paar Schritte nur, und schon befindet man sich im zentralen Hof des symbolträchtigen Gebäudes. Drei Minuten vom Bahnhof entfernt, in der Halteraugasse 7, befindet sich der Eingang

Einem Tempel gleich: Stadtbahnstation Währinger Straße

zum Museum „Waschsalon“, in dem die Geschichte dieser Epoche ansprechend erzählt wird.

www.dasrotewien-waschsalon.at

Otto Wagner verstand seine in Summe 38 Kilometer lange Stadtbahn auch als Gegenentwurf zum Stilmix der Ringstraßenbauten. In der Bauphase waren bis zu 14.000 Arbeiter beschäftigt. Während die Wiener Straßenbahn schon 1897 auf elektrischen Betrieb umgestellt wurde, fuhr die Stadtbahn bis nach dem Ersten Weltkrieg, konkret bis 1925, mit Dampfloks. Das deshalb, weil Oberleitungen als leicht zerstörbar galten, die Stadtbahn aber auch stets militärisch-strategische Aufgaben hatte.

Die **Wientallinie** – heute U4 – verläuft stadteinwärts vorerst parallel zum Donaukanal und schwenkt nach der Station **Schwedenplatz** über den Wienfluss in das Wiental ein. Auf dieser Linie baute Wagner einen anderen Stationstyp als auf der Gürtellinie: Über die eigentlichen Haltestellen unter Straßenniveau wurden Pavillons gesetzt. Eine der schönsten dieser Haltestellen ist die **Station Stadtpark.** Sie ist praktisch vollständig aus der Bauzeit erhalten; die enge Verbindung der Stadtbahn mit der Wienflussregulierung ist besonders gut sichtbar. Aussteigen, anschauen, im nahen Stadtpark lustwandeln und dann in einem der Lokale neben der Station auf einen Drink einkehren, dafür sollte Zeit sein. Für die ornamentale Ausschmückung vieler Stationsgebäude zeichnet übrigens ein anderer Designer und Architekt mit verantwortlich: Joseph Maria Olbrich (1867–1908), von dem auch das Gebäude der **Wiener Secession** an der linken Wienzeile stammt. Die beiden heute erhaltenen Stadtbahn-Pavillons am Karlplatz tragen ebenfalls unübersehbar Olbrichs Handschrift. In einem ist heute ein Café, im anderen eine Außenstelle des Wien Museums einquartiert.

Weiter das Wiental aufwärts passiert man nach dem Verkehrsknoten Karlsplatz die **Station Kettenbrückengasse**, das Tor zum **Naschmarkt** und zum Flohmarkt. Direkt bei der Station, an der linken Wienzeile, befindet sich das berühmte **Majolikahaus** mit seiner Jugendstilfassade von 1899, ebenfalls ein Otto-Wagner-Bauwerk.

Die Fahrt geht weiter, man passiert die ebenfalls schön restaurierte Station **Schönbrunn.** Von hier gelangt man auf einem kurzen Spaziergang nicht nur zum gleichnamigen Schloss, sondern, nördlich der Station, durch den Auer-Welsbach-Park zum Technischen Museum (s. u.).

Nahe der **Station Hietzing** befindet sich ein Stadtbahn-Kleinod: der **Hofpavillon.** Man muss aus der Station raus und entlang der stark befahrenen Stadteinfahrt (der „rechten Wienzeile") ein paar Schritte stadteinwärts gehen, kann aber diese eigens für Kaiser Franz Joseph errichtete Haltestelle mit eigener Rampe zur Auffahrt des kaiserlichen Fuhrwerks auch nur aus der Ferne betrachten: Der „Pavillon des k.u.k. Allerhöchsten Hofes" nahe dem Schloss Schönbrunn sollte die Aufmerksamkeit des Kaiserhauses auf Wagner und seine Bauten lenken. Alles in allem sind nur zwei kaiserliche Benützungen überliefert, nämlich 1899, als die erste Teilstrecke der Stadtbahn eröffnet wurde, und danach am 12. April 1902. Der Hofpavillon ist heute Teil des Wien Museums und mitsamt seinem wertvollen Jugendstil-Interieur an Wochenenden zu besichtigen. Öffnungszeiten nachsehen!

www.wien.info.at, www.wienmuseum.at

Die letzte Station der Wientalstrecke Richtung Westen ist **Hütteldorf.** Hier, nahe der Stadtgrenze, kann man in die Schnellbahn und

Technisches Museum: E-Lok der Mittenwaldbahn aus 1912

in die REX-Züge Richtung St. Pölten umsteigen – und damit zur Abwechslung wieder einmal die alte, mitten durch den Wienerwald führende Westbahnstrecke befahren.

Große Lokomotiven, kleine Züge

Eine große Adresse in Wien ist das **Technische Museum.** Man erreicht das am Ende der äußeren Mariahilfer Straße gelegene mächtige Bauwerk über die U4-Station Schönbrunn und einen kurzen Spaziergang durch den Auer-Welsbach-Park. Klar, dass hier eisenbahnhistorisch besonders wertvolle Exponate zu sehen sind, zwar nicht in Bewegung, dafür auf Hochglanz poliert. In historischer Abfolge: Der aus dem Jahr 1841 stammende originale Personenwagen Nr. 4 der Pferdeeisenbahn Linz–Budweis mit dem Namen „Hannibal". Ein echtes Fossil, die aus 1841 stammende „Ajax", einst auf der Kaiser-Ferdinands-Nordbahn eingesetzt, sowie die älteste in Österreich gebaute Lokomotive, die „Steinbrück" aus 1848. Sie wurde speziell für die steile Semmeringstrecke konstruiert. Markant ist ihr großer Funkenfänger-Rauchfang, der bald den Spitznamen „Semmeringstanizel" trug. Die Lok schaut übrigens aus, als stamme sie aus dem amerikanischen Wilden Westen. Man könnte meinen, Lokführer Buster Keaton wäre in der 1926 entstandenen legendären Stummfilmkomödie „Der General“ mit ihr durch die Wirrnisse des US-Bürgerkriegs gedampft.

Auch eine ganz frühe Elektrolok steht in der Halle: die 1912 für die Tiroler Mittenwaldbahn gebaute „1060“. Sie ist zur Hälfte aufgeschnitten, so dass man einen Blick auf ihr Innenleben werfen kann.

Einen großen, wenn nicht den größten Platz in der (insgesamt überschaubaren) Sammlung hat die „12.10“ (ausgesprochen: Zwölfzehner), Geburtsjahr 1936. Mit 138 Tonnen Gesamtgewicht und 22,6 Meter Länge ist sie die größte und schwerste Dampflok, die je in Österreich gebaut wurde. Sie war bis 150 km/h schnell, zu ihrer Zeit rekordverdächtig. Die 12.10 zog Personenschnellzüge auf der Westbahn. Auf Ebene 4 des Museums mit dem Generalthema „Mobilität“ sind weitere Bahnexponate zu sehen, zum Beispiel etliche Modelle von Lokomotiven bzw. Zügen.

www.technischesmuseum.at

Es ist ein großer Sprung vom Lokomotivriesen zur Miniaturmodellbahn bzw. einer Wiener Institution, der Liliputbahn. Zuerst die Modellbahn: In den Nullerjahren entstand in der Speicherstadt Hamburg eine riesige Modellbahnwelt, sie wurde im Handumdrehen ein Publikumsmagnet. Wien zog spät, aber doch nach: Im sogenannten **„Königreich der Eisenbahnen“** im Wiener Prater wurde eine 270 Quadratmeter große Modellbahnanlage aufgebaut, in der prominente Teile der Stadt Wien nachgebildet sind. Es gibt darüber hinaus Automodellbahnen sowie Virtual-Reality-Entertainment. Es gibt den Plan, berühmte heimische Bahnstrecken wie den Semmering oder die Wachaubahn nachzubauen. Man findet dieses Miniatur-Königreich in der „Straße des 1. Mai“, Prater Nr. 119, auf halbem Weg zwischen Schweizerhaus und Wirtschaftsuni.

Um eine Bahn kommt man in Wien auf gar keinen Fall herum: um die **Liliputbahn.** Trotz unzähliger anderer spektakulärer Belustigungen kommt die seit 1928 in Betrieb stehende Praterattraktion niemals aus der Mode. Ihre Spurweite beträgt 381 Millimeter, die Strecke ist vier Kilometer lang und führt vom Wurstelprater weitgehend parallel zur Prater-Hauptallee über die Station „Rotunde“ zur Endstation „Stadion“ und wieder retour. Eine Runde dauert ungefähr zwanzig Minuten. Man kann aber auch nur in eine

Pratervergnügen: das „Königreich der Eisenbahnen"

Richtung fahren oder bei der Station Schweizerhaus-Luftburg aussteigen, um sich nach der brausenden Fahrt durch den Prater mit einer Stelze zu stärken. Wem die Geisterbahn zu gruselig, die Hochschaubahn zu hoch und alle anderen Fahrvergnügungen zu wild sind, der steigt in die Liliputbahn und freut sich des Lebens. Freut sich, dass im Prater wieder die Bäume blühn und sich das Riesenrad noch immer dreht. An Wochentagen ziehen Dielselloks die offenen Wagen, am Sonntag wird sogar eine extrasüße Mini-Dampflok vorgespannt. Man findet den Liliputbahnhof nahe der Hauptallee, unweit vom Riesenrad.

www.koenigreich-der-eisenbahnen.at, www.liliputbahn.com

9 Alle Wege führen nach Bratislava

Petronell-Carnuntum – Hainburg und der Braunsberg – Bratislava-Petržalka – Marchegg und seine Störche – Stadtbummel in Bratislava

Auf geht's, in den Nahen Osten! Wir nähern uns der Wien am nächsten liegenden EU-Hauptstadt. Bratislava – früher auch als „Preßburg" bekannt, ist nur sechzig Kilometer entfernt, man erreicht es auf verschiedenen Wegen. Zuerst probieren wir es auf jener Route, die einst die Pressburger Bahn befuhr. Heute geht's auf diesem Schienenweg aber nur mehr bis kurz vor die Grenze, nach Wolfsthal. An der Strecke liegen der Flughafen Schwechat, die Römerstadt Carnuntum, der Kurort Bad Deutsch-Altenburg, Hainburg sowie der Braunsberg, ein gutes Wander-Ausflugsziel. Heute fährt auf der Trasse die S7 vulgo „Flughafen-Schnellbahn".

Die 1914 eröffnete Pressburger Bahn verband einst die beiden Stadtzentren von Wien und Pressburg. In weniger als einer Stunde war man von „Wien Mitte" im Herzen Pressburgs, das damals zu Ungarn gehörte. Die Eröffnungsfeierlichkeiten wurden vom österreichischen Autor und *Fackel*-Herausgeber Karl Kraus mit beißender Ironie kommentiert. Unter anderem bemerkt er, dass der österreichische Eisenbahnminister drei Reden hielt, *„eine bei der Abfahrt des Zuges, eine an der Grenze und eine beim Ziel. Das ist viel"*; der Text endet mit dem Zitat einer Pressemeldung, dass am Tag nach der Eröffnung bei der Sophienbrücke der Starkstromleitungsdraht der elektrischen Bahn Wien–Preßburg gerissen sei. *„Infolge dieses Zwischenfalles musste der Verkehr auf der Strecke eingestellt werden. Das ist bedauerlich."*

Bedauerlich ist, dass die Strecke hinüber nach Bratislava wohl niemals mehr aufgesperrt werden wird. Die Gleise auf österreichischer Seite wurden in den Achtzigerjahren abgetragen, die Grundstücke verkauft. Für uns Ausflügler ist die Rumpfstrecke dennoch gut brauchbar. Erste Möglichkeit für einen Ausflug ist die rekonstruierte **Römerstadt Carnuntum**, erreichbar über die Haltestelle **Petronell-Carnuntum.** In Fahrtrichtung rechts hat man schon längst das **„Heidentor"** erblickt, ehemals ein Triumphbogen und besterhaltenes römisches Bauwerk Österreichs. Ziemlich genau einen Kilometer geht man von der Station bis zum Zentrum der rekonstruierten Römersiedlung. Das **Museum Carnuntinum** und das

Amphitheater der alten Zivilstadt befinden sich ebenfalls in Gehentfernung.

Als temporäres Winterlager begonnen, wuchs Carnuntum zwischen dem ersten und vierten Jahrhundert n. Chr. zu einer Stadt mit 50.000 Einwohnern. Die Ausmaße der Siedlung wie des Militärlagers waren beachtlich. Die Stadt lag strategisch wichtig an der Donau, dem „Limes“ des Römischen Reichs und der Bernsteinstraße, einer Nord-Süd-Handelsroute. 171 bis 173 lebte Kaiser Marc Aurel hier, um einen Feldzug gegen die Markomannen und Quaden zu führen, die Carnuntum überrannt hatten. Die Angreifer konnten tatsächlich wieder über die Donau zurück nach Norden gedrängt werden. Im **Kurpark von Bad Deutsch-Altenburg,** direkt an der Donau, steht ein Denkmal, das an Marc Aurel und seine Überquerung der Donau erinnern soll. Die Hochblüte erlebte Carnuntum erst nach der Zeit Marc Aurels. Insgesamt kann man hier gut und gern einen Tag auf römischen Spuren wandeln.

Wer ein Rad mithat, ist wie fast immer im Vorteil. Bei Deutsch-Altenburg gelangt man auf der einzigen Donaubrücke östlich von Wien in die Stopfenreuther Au und auf den Donauradweg nach (und von) Wien.

www.carnuntum.at

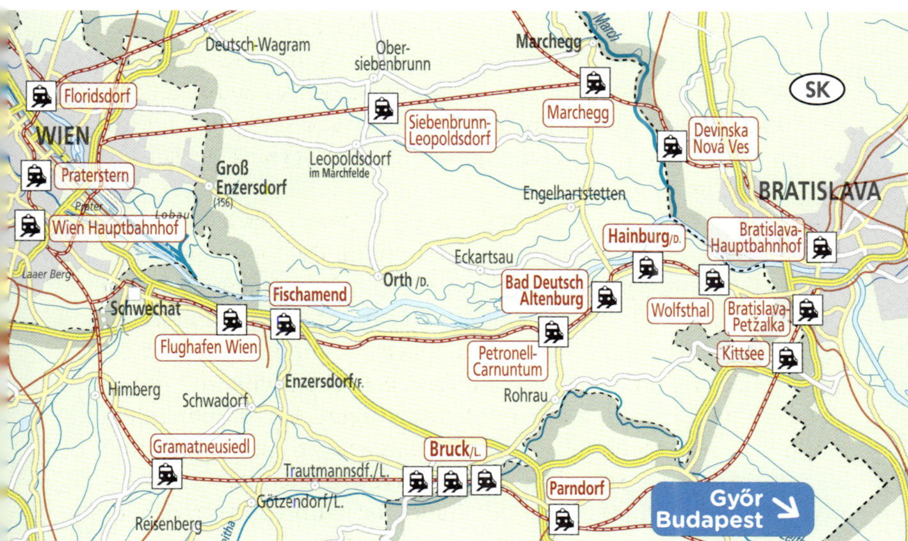

Hainburg und der Braunsberg

Nur wenige Minuten weiter mit dem Zug ist man über Bad Deutsch-Altenburg schon in **Hainburg** angelangt, einer Stadt mit drei Haltestellen, nämlich: Kulturfabrik, Personenbahnhof und Ungartor. Für eine kurze Stadtbesichtigung ist der „Personenbahnhof" am geeignetsten, auch für einen hier empfohlenen Spaziergang auf den **Braunsberg**, den Hausberg Hainburgs. Der in mehrerlei Hinsicht bemerkenswert ist, gehört er geologisch doch schon zu den nördlich der Donau ansteigenden Kleinen Karpaten. Er bildet gemeinsam mit seinem nördlichen Visavis, dem Thebener Kogel, die Hainburger Pforte (auch „Ungarische Pforte" genannt) und ist so etwas wie ein geologisches Bindeglied zwischen Alpen- und Karpatenbogen. Er ist aber, und das macht ihn letzten Endes so interessant, auch ein bemerkenswerter Aussichtsberg. Natürlich sieht man die Donau mitsamt den begleitenden Donauauen, man sieht, wie die Donau den Berg um neunzig Grad umkurvt, man sieht im Norden die Marchmündung mit dem Thebener Felsen und natürlich die Kulisse von Bratislava, bis 1989 eher schwer erreichbar, heute eine offene Stadt.

Man kann mit dem Renn- oder Tourenrad, dem E- oder Mountainbike auf der Straße zum Gipfelplateau gelangen, aber auch per pedes. Und zwar auf einem Rundwanderweg, der direkt unter der Bahnstation an der Donaupromenade beginnt, flussabwärts durch Auwald verläuft und dann zur **Ruine Röthelstein** hochschwenkt, einer ehemaligen Raubritterburg. Man umrundet von da an quasi den Berg, um ihn schließlich von der Südseite zu bezwingen. Am 346 Meter hohen Plateau befand sich im zweiten vorchristlichen Jahrhundert eine keltische Siedlung, Wachturm und Palisadenzaun wurden nachgebaut.

www.donau.com

Nochmals zurück zur Bahn: Die Fahrt von Hainburg zur Endstelle nach **Wolfsthal** kann man sich sparen, es sei denn, man hat ein Rad dabei und will weiter nach Bratislava. Der Radweg führt durch den Ort, bis zur Grenze sind es nur noch wenige Kilometer. Die Weiterfahrt am Radweg am rechten Donauufer entlang und schließlich über die Donaubrücke mitten hinein ins Zentrum der slowakischen Hauptstadt ist problemlos.

Die erste Möglichkeit, nach Bratislava zu gelangen, führt uns nicht ins Zentrum, sondern in den südlich der Donau gelegenen,

Braunsberg bei Hainburg: Turm im „keltischen Stil"

touristisch uninteressanten Stadtteil **Petržalka.** Die Anreise erfolgt per Ostbahn, die Strecke nach Petržalka zweigt nach Parndorf ab. Letzter Ort vor der Grenze ist **Kittsee.** Der ist vor allem für Regionalforscher interessant: Bis zum Fall des Eisernen Vorhangs bzw. darüber hinaus war das Dorf eine sterbende Gemeinde direkt an der geschlossenen Grenze zur ČSSR. Heute ist Kittsee, zum Markt erhoben, die am stärksten wachsende Gemeinde des Burgenlands, ja sogar des ganzen Bundesgebiets, und zwar dank der offenen Grenze und vieler Zuzügler aus der Slowakei, die sich die teuren Grundstückspreise in Bratislava nicht mehr leisten können bzw. wollen. Der Ort ist stolz auf die umliegenden Marillengärten mit in Summe rund 35.000 Bäumen und nennt sich auch „größte Marillenanbaugemeinde Österreichs". Ebenfalls bemerkenswert, dass die Gemeinde ein eigenes (burgenländisches!) Krankenhaus innerhalb seiner Gemeindegrenzen hat. Im Angesicht des deutlich gestiegenen Images des Ortes übersiedelt das Rathaus der 3000-plus-Einwohner-Gemeinde demnächst ins **Barockschloss Kittsee** mit seinem ansehnlichen Park. Im Schloss finden ab zu Kulturveranstaltungen statt.

Marchegg-Bahnhof, Marchegg und Bratislava

Für Ausflügler und Touristen die attraktivere Möglichkeit, nach Bratislava zu gelangen, ist die Fahrt durch das Marchfeld, da landet man nämlich am Hauptbahnhof **Bratislava hlavná stanica,** kurz „Bratislava hl.st.". Immer diese Destination wählen, wenn man ins Zentrum der slowakischen Hauptstadt will! Die Reise verläuft diesmal nördlich der Donau, ab Wien-Stadlau auf kerzengerader Strecke, und die Fahrt bietet wirklich keine besonderen Attraktionen außer die eines weiten Horizonts. Der Grenzbahnhof ist **Marchegg-Bahnhof,** vom Ort **Marchegg** selbst gut vier Kilometer entfernt. *„Es ist ein seltsames, allerdings manchmal durch die Verhältnisse bedingter Brauch, eine Station dorthin zu bauen, wo weit und breit kein Ort zu sehen ist"*, bemerkte schon der Dichter Franz Nabl (1883–1974) und könnte damit gerade Marchegg gemeint haben. Es gibt auch die Variante, ab Wien über Gänserndorf mit der S1 nach Marchegg-Bahnhof zu reisen, das nur zur Ergänzung, aber dadurch wird der Weg in die Stadt auch nicht kürzer. Fahrradfahrer*innen sind hier wie fast überall im Vorteil. Bleiben wir also kurz in Marchegg.

Das **Schloss Marchegg** wurde generalsaniert und beherbergte 2022 die Niederösterreichische Landesausstellung mit dem Titel „Marchfeld Geheimnisse – Mensch. Kultur. Natur.“.

Die unmittelbar an die Stadt angrenzenden **March-Thaya-Auen** gelten mit ihren 60.000 Hektar naturbelassenem Gebiet als eine „Schatzkammer der Artenvielfalt“, sogar der Seeadler nistet hier. Bekannt ist Marchegg aber als „Storchenstadt“ und für die „größte auf Bäumen nistende Weißstorchkolonie Mitteleuropas“. Es ist eine große Show: Jedes Jahr aufs Neue (und zwar Mitte März) fliegen bis zu fünfzig Hochzeitspaare ein, die hier ihren Nachwuchs aufziehen – und sich Mitte August wieder auf den Interkontinentalflug zurück ins südliche Afrika begeben. Man kann die Störche besuchen. Direkt in Marchegg beginnen Wanderwege in die Au bzw. ins WWF-Naturreservat Marchauen. Den Vögeln beim Starten, Landen und Segeln zuzuschauen ist nicht nur für Ornithologen reizvoll. Im Ort selbst befindet sich das Storchenhaus, in dem eine Schau zu diesem eleganten Zugvogel untergebracht ist.

www.marchegg.at, www.weinviertel.at, www.wwf.at

Vom Zugvogel zurück in den Zug. Flott geht's ab Marchegg-Bahnhof über die Marchbrücke hinein nach **Devínska Nová Ves,** zu Deutsch Theben-Neudorf, bereits ein Stadtteil von Bratislava. Hier befindet sich ein großes VW-Autowerk, ein wichtiges Unternehmen für Bratislava und die ganze Slowakei. Wer als Ziel seiner Reise das mächtige **Schloss Hof** auf der österreichischen Seite im Auge hat, fährt (möglichst mit Rad!) am besten auch bis Devínska Nová Ves. Denn von hier gibt's eine Fußgänger- und Radfahrerbrücke, deren Verlängerung eben zu diesem Marchfeldschloss führt.

Wer auf dem **Donauradweg** von Wien nach Bratislava unterwegs ist, kann auch über Schloss Hof fahren – diese Variante ist länger als jene über Hainburg, aber auch interessanter. Der Weg führt nach der langen Fahrt in den Donauauen bei Stopfenreuth nach Norden ab. Über Engelhartstetten kommt man nach Schloss Hof. Und von da über die besagte Radüberführung „Brücke des Friedens“ in die Slowakei. Wo man auf einem Radweg bzw. einer Nebenstraße zuerst die March entlangfährt und dann zur Mündung der March in die Donau unter dem Thebener Felsen gelangt. Man muss aufpassen, dass man am Stadtrand von Bratislava den Radweg nicht verliert, schauen, dass man möglichst bald ans Ufer der Donau

„Brücke des Friedens" über die March, im Hintergrund Schloss Hof (li. o.)
Blick über die Hainburger Donauauen (o.)
Bratislava: Die SNP-Brücke mit „Ufo" (ganz li.)
Schloss Marchegg, Detail (li.)

gelangt, von wo es dann schnurgerade und ohne Autos ins Zentrum hineingeht.

Doch halt: Wir sind ja mit der Bahn unterwegs. Der Zug fährt nördlich des Thebener Kogels (514 m) direkt zum Hauptbahnhof der slowakischen Hauptstadt. Der platzt schon aus allen Nähten. Etliche internationale Züge gehen von hier ab, vor allem Richtung Osten. Nach Wien und von Wien geht's stündlich, die Fahrt dauert etwas länger als sechzig Minuten. Sobald die Strecke durchgehend elektrifiziert ist, möglicherweise nochmals weniger.

Man kann **Bratislava** von seinem Hauptbahnhof ausgehend gut erwandern. Am Bahnhof gibt es eine Touristeninformationsstelle, die ist gut für erste Infos und Pläne. Hinunter bis zur Donau sind es in normalem Gehtempo nicht mehr als dreißig Minuten, diverse Stopps, Umwege und Besichtigungen in der Stadt natürlich nicht eingerechnet. Der große Altstadtbezirk ist weitgehend autofrei, ein Vergnügen, darin zu bummeln bzw. zu essen und zu trinken. Ein Spaziergang auf den Burgberg bzw. zur knapp hundert Meter über Donauniveau gelegenen Burg bietet einen schönen Überblick über die Stadtlandschaft der mittlerweile mehr als 600.000 Einwohner zählenden Metropole. Und die Heimfahrt? Tritt man am besten mit dem Twin City Liner an, dem schnellen Katamaran, der die beiden „Twin Cities" Wien und Bratislava miteinander verbindet. In Bratislava liegt die Abfahrtsstelle direkt am Donaustrand in der Stadtmitte, in Wien ebenfalls im Zentrum, am Schwedenplatz, am Ufer des Donaukanals, in einem futuristischen, einem Schiffsrumpf nachempfundenen Bauwerk. Wenn man so will, hat das schnittige Schnellboot die Rolle der alten Pressburger Bahn übernommen.

www.visitbratislava.com, www.twincityliner.com

10 Kleine Klösterrundfahrt

Stift Klosterneuburg – Strandbad Kritzendorf – Tulln – Stift Göttweig – Eine Nebenbahn zwischen zwei Hauptstädten – Stift Herzogenburg – St. Pölten

Kennen Sie den? Will ein Mann mit der Bahn von Klosterneuburg nach Peking reisen und verlangt am Bahnhof von Klosterneuburg nach der Fahrkarte. (Der Witz stammt aus jener Zeit, in der es auch an kleineren Bahnhöfen besetzte Fahrkartenschalter gegeben hat.) Natürlich war der Schalterbeamte heillos überfordert. Fahrkarte wohin? Nach Peking? Sie wollen mich wohl auf den Arm nehmen? – Wie mühevoll unser Reisender (in den Sechzigerjahren des vorigen Jahrhunderts) zu seinen Tickets und damit nach Peking gekommen ist, können wir hier nur andeuten, über die Fahrt ist nichts bekannt. Nach einigen Tagen in der Hauptstadt der Volksrepublik China geht unser Weltreisender in den Hauptbahnhof von Peking und verlangt eine Fahrkarte zurück nach Klosterneuburg. Der Beamte zieht die Augenbrauen hoch und stellt eine kurze Gegenfrage: „Klostelneubu'g-Kie'ling ode' Klostelneubu'g-Weidling?" – Aus heutiger Sicht ist interessant, dass man schon vor fünfzig Jahren ahnte, welches Potenzial im damals noch ziemlich rückständigen China steckt. Versucht man übrigens heute, in der ÖBB-App ein Ticket nach Peking zu buchen, ist man nach wie vor auf verlorenem Posten. Die Maschine schlägt „Pekna" vor, auch „Pukinmäki", „Pucking" steht ebenfalls auf der Liste und, am nächsten dran, „Penking bei Hargelsberg". Nur nach Peking selbt gibt's keine Karten, zumindest nicht in der ÖBB-App, obwohl diese interessante Bahnreise theoretisch wie praktisch machbar ist, zumindest in Friedenszeiten.

Wir aber fahren ohnedies nicht nach China, sondern vom Wiener Franz-Josefs-Bahnhof, von der Station Spittelau oder Wien-Heiligenstadt mit der früher so genannten **Donauuferbahn** aus der Stadt hinaus. Dieses Donauufer sieht man genau dort zum ersten Mal, wo der Donaukanal von der Donau hinein in die Stadt abzweigt. Man sieht auf der rechten Seite des Zugs sitzend das Nussdorfer Wehr, die Schemerlbrücke mit ihren mächtigen Säulen und bronzenen Löwen oben drauf sowie das Verwaltungsgebäude. Wie unschwer zu erahnen, alles nach Plänen Otto Wagners gebaut.

Anmerkung zwischendurch: Wir besuchen auf dieser Reise einige „große“ Adressen, wo jede für sich allein schon Stoff für einen ordentlichen Ausflug hergibt. Sie sind nur aus Platzgründen zu einer einzigen Rundreise zusammengefasst.

Was man auf der ersten kurzen Etappe noch sieht:

Die Schiffsanlagestelle Nussdorf ist meist mit etlichen Kreuzfahrtschiffen zugeparkt, und nach dem Kuchelauer Hafen geht's schon hinein nach Klosterneuburg, zuerst Weidling, dann **Klosterneuburg-Kierling,** das näher zum Zentrum bzw. zum Stift liegt. Man hat vom Zugfenster aus noch den kurzen Blick auf die prächtige Ostfassade genossen, ist an den enormen Grundmauern des Stifts entlanggefahren. Von der Station geht man dann rund zehn Minuten bis zum Portal, nähert sich dem Komplex von der Stadtseite über die „Hundskehle“ und den gut beschilderten Fußweg. Im **Stift Klosterneuburg** leben rund 45 Augustiner-Chorherren, sie hegen und pflegen das historische, spirituelle und ökonomische Erbe. Klosterneuburg ist eine Gründung des Babenbergers Leopold III. Er baute es an jener Stelle, so sagt es die „Schleierlegende“, an der er den verlorenen Schleier seiner Frau Agnes wiederfand. 1133 übergab er das Kloster an die Augustiner-Chorherren. In der Schatzkammer befindet sich neben dem „Siebenarmigen Leuchter der Agnes“ auch der „Verduner Altar“ aus dem Jahr 1181. Ursprünglich eine Kanzelverkleidung aus Emailtafeln, wurden die bildlichen Darstellungen aus dem Alten und Neuen Testament nach einem Großbrand 1330 zum Altar umgestaltet – es handelt sich um einen der wertvollsten mittelalterlichen Kunstschätze überhaupt. In der barock überformten Klosteranlage finden sich Spuren aus Romanik, Gotik, auch des Historismus. Rund 100.000 Besucher kommen pro Jahr hierher. Bekannt ist Klosterneuburg auch für sein Hundert-Hektar-Weingut, mit 900 Jahren Geschichte das angeblich älteste Österreichs, jedenfalls eines der größten. Reicher Immobilien- und Waldbesitz kommt dazu. 200 Mitarbeiter erwirtschaften rund dreißig Millionen Euro Jahresumsatz – das nur zur Illustration, dass ein Kloster auch ein durchaus mächtiger Wirtschaftsfaktor ist.

www.stift-klosterneuburg.at

Bevor wir zu unserem Hauptziel, dem Stift Göttweig, kommen, noch einige Naherholungshinweise. Gleich die zweite Haltestelle hinter Klosterneuburg-Kierling ist **Kritzendorf.** Der Ort ist bekannt

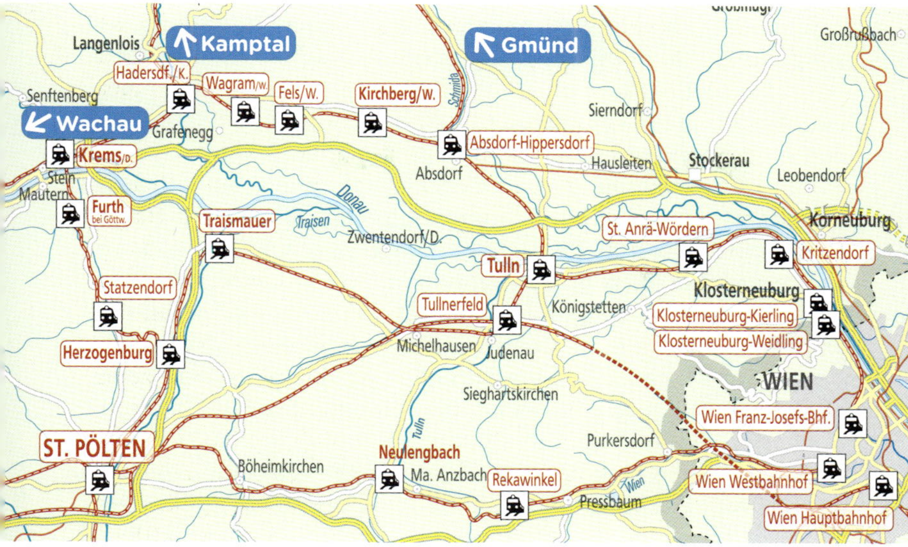

für das alte **Strombad** an der Donau und seine Stelzenhaus-Siedlung. Von der Bahnstation geht man rund zehn Minuten zum Donaustrand. Wo man, eine gewisse Temperaturunempfindlichkeit vorausgesetzt, sich sogar ein Stück donauabwärts treiben lassen kann. Übrigens kann man auch im Strandbad Klosterneuburg in der Donau baden und/oder auf der vorgelagerten „Pionierinsel" einen schönen Tag verbringen.

Bei der Weiterfahrt mit dem Zug Richtung Tulln geht es am Rand des steilen Wienerwald-Abbruchs entlang. Am Hang sind viele mehr oder weniger ansehnliche Villen angeklebt, auf der Donauseite eine lange Reihe von Garten- bzw. Stelzenhäusern aufgepflanzt, die darauf hinweisen, dass die Donau noch immer alle paar Jahre „übergeht".

In der Zwischenkriegszeit und auch nach dem Zweiten Weltkrieg brachten „Bäderzüge" die Städter an die frische Luft und ans frische Donauwasser. Eine beliebte Anlaufstelle für Wasser- und Badefreunde ist auch heute noch der gut mit der Bahn zu erreichende Donaualtarm Greifenstein. Die Station heißt **Greifenstein-Altenberg.** Mit genügend Grünflächen und Infrastruktur, im Sommer wurlt es hier ordentlich, aber das ist eben so in einem schönen Freibad. Über einen schmalen Damm gelangt man direkt an die Donau bzw. zum Kraftwerk Greifenstein und über dessen Staumauer ans nördliche Donauufer – das ist vor allem für Radfahrer interessant. Wie überhaupt noch einmal drauf hingewiesen wird, dass man entlang der Donau immer gut daran tut, eine Strecke mit der Bahn, die andere mit dem Rad zu fahren – das Vergnügen ist ein doppeltes.

Hebt man in **Greifenstein** seinen Blick, sieht man hoch oben die **Burg Greifenstein,** die sich in Privatbesitz befindet und somit nicht zu besichtigen ist. Möglich ist es hingegen, auf den Tempelberg zur **Tempelbergwarte** aufzusteigen. Man erreicht den Platz in ungefähr einer Stunde, indem man ein Stück vom Bahnhof donauabwärts geht, dann über die Josef-Strauch-Gasse und den Klotzbergsteig steil bergan steigt und der gelben Markierung folgt. Für Geografen interessant: Wir befinden uns hier am nördlichsten Punkt der Alpen.

Wir fahren weiter mit der Bahn nach Westen. Jetzt öffnet sich die Perspektive, der Zug rollt durchs **Tullner Feld.** Vorbei am Fliegerhorst Langenlebarn ist man auch schon in **Tulln.** Am Bahnhof Tulln ist eine kurze Gedenkminute angebracht: Genau hier wurde anno 1890 der Maler Egon Schiele geboren. Sein Vater war Bahnhofsvorstand und Egon ein typisches Eisenbahnerkind; seine ersten Kritzeleien bildeten Züge ab. Man kann im Bahnhof die zum kleinen Museum umgestaltete ehemalige Wohnung der Familie Schiele besuchen, was man sich keinesfalls entgehen lassen sollte, ebenso wenig wie den Besuch des Egon-Schiele-Museums im ehemaligen Stadtgefängnis von Tulln, direkt an der Donaulände. An der Donaupromenade promeniert die Tullner Schickeria, auf der Donaubühne ist oft was los, ein altes DDSG-Dampfschiff liegt vor Anker. Wer einen längeren Spaziergang machen möchte, kann dem Egon-Schiele-Weg folgen, er hat seinen Ausgangspunkt am Bahnhof.

www.schiele-geburtshaus.at, www.schiele-museum.at

Stift Göttweig und der Predigtstuhl

Die weitere Reise führt über die Donaubrücke, dann via **Absdorf-Hippersdorf** und am **Wagram** entlang (Kirchberg am Wagram, Fels am Wagram, Wagram-Grafenegg) über Hadersdorf am Kamp nach Krems an der Donau.

Schloss Grafenegg liegt, von der Bahn aus schon gut sichtbar, rund eine halbe Stunde Gehzeit von der **Station Wagram-**

Grafenegg entfernt. Allerdings geht man entlang einer befahrenen Straße, und das muss man erst einmal wollen.

Wir steigen am Bahnhof Krems (zu Krems an der Donau mehr ab S. 127 f.) rasch um in den Zug Richtung St. Pölten. Die Universitätsstadt Krems ist mit der Landeshauptstadt St. Pölten per Dieselzug verbunden und immer noch pendeln hier zum Teil die alten 5047-Nebenbahntriebwägen mit Plumpsklo und ohne Klimaanlage hin und her. Aber: immerhin, sie fahren. Und sind meist gut besetzt. In einer eleganten Kurve verlässt der Triebwagen den Bahnhof, donnert über die Stahlgitterbrücke ans südliche Donauufer. Das mächtige Stift Göttweig thront bereits unübersehbar auf der Bergkuppe im Süden. Man verlässt den Zug in der Bedarfshaltestelle **Furth-Göttweig,** direkt am Fuß des Göttweiger Bergs. Achtung: Aussteigeknopf rechtzeitig drücken!

Kurz die Stufen hinunter, über die Straße und schon beginnt der steile Weg bergauf. Durch Laubmischwald erkämpft man sich, gut geleitet von Wegweisern, in einer halben Stunde den Gipfelsieg und steht schließlich, die Nordfassade im Rücken, hoch über dem Donautal. Man sieht Krems, Stein und den Wachaueingang und kommt zu dem Schluss, dass die Benediktiner immer schon die schönstmöglichen Plätze für ihre Klöster ausgesucht haben. Gegründet wurde das Stift 1083 vom Bischof Altmann von Passau. Man geht durch die Pforte ins Innere und folgt dem Wegweiser zum Stiftshof bzw. zur Stiftskirche. Auf dem Weg dorthin sieht man großformatige Fotos und Texte zum Thema „Klosterleben“. Die meisten Gebäudeteile im gesamten Bau stammen aus dem 18. Jahrhundert, die Pläne geliefert hat der kaiserliche Hofarchitekt Johann Lucas von Hildebrandt. Göttweig wurde als Teil des UNESCO-Weltkulturerbes im vergangenen Jahrzehnt gründlich renoviert und strahlt nun in neuer barocker Frische. Nur per Führung gelangt man in den Kaisertrakt, kann die monumentale „Kaiserstiege“ beschreiten und das Deckenfresko von Paul Troger aus dem Jahr 1739 bestaunen.

Verlässt man den Stiftshof durch den „Hinterausgang“ Richtung Süden kann man, als gute Alternative, nach Klein-Wien und zum Landgasthof Schickh absteigen. Über die schöne, gotische St.-Blasius-Kirche geht man auf einem Waldweg Richtung Süden bis zur Station **Paudorf.** Von ganz oben bis hierher braucht man eine gute Stunde und hat nun das gute Gefühl, nicht nur Kultur besichtigt, sondern auch eine kleine persönliche Wallfahrt unternommen zu haben.

Stift Klosterneuburg, Reiseziel vor den Toren Wiens (ganz li.)

Greifenstein: Idylle am Donaualtarm (li.)

Bahnhof Tulln: Hier lebte der junge Egon Schiele (li. Mitte)

Gleise bei Kleinwien, am Fuß des Göttweiger Bergs (li. u.)

Stift Göttweig: volle Pracht am Berggipfel (u.)

Eine lohnende Variante ist, vor dem Abstieg noch auf dem gut beschilderten Weg zum **Predigtstuhl** zu gehen. Das ist der dem „Göttweiger“ südlich vorgelagerte Berghügel. Man sieht hier Fundamente einer ersten Kirche und vor allem hat man einen fantastischen Blick zurück auf das Stift.

www.stiftgoettweig.at

Stift Herzogenburg

Wir setzen die Fahrt per Zug von Paudorf Richtung Süden, Richtung St. Pölten, fort. Die vielen Gleise von Statzendorf sind für die unscheinbare Siedlung eindeutig viel zu viele. Sie kommen daher, dass hier in der Nähe nach dem Zweiten Weltkrieg Braunkohle abgebaut und auf diesem Bahnhof verladen wurde. Man sollte jetzt kurz aus dem Fenster schauen, sich möglicherweise sogar ans offene Fenster stellen (das geht hier noch). Denn nun schwingt sich das Zügle in zwei, drei eleganten Kurven vom Fladnitztal hinauf auf eine Anhöhe und ebenso elegant in den nächsten Minuten wieder hinunter ins Traisental. Und schon taucht das nächste Stift, nämlich Herzogenburg, auf. Weil man den imposanten Turm schon von weitem gesehen hat, steigt man aus, und zwar in **Herzogenburg-Wielandsthal.** Über Schulgasse und Schillerring gelangt man zum Rathausplatz und weiter zum Stift. Es ist, verglichen mit Klosterneuburg und Göttweig, sicher weniger bekannt, aber ebenfalls ein barockes Gesamtkunstwerk.

www.stift-herzogenburg.at

Am **Bahnhof Herzogenburg** (Richtung St. Pölten) mündet unsere Kremser Strecke in die von Tulln kommende Linie. Jetzt zischt der Triebwagen in wenigen Minuten hinein nach St. Pölten. Am Hauptbahnhof kann man dann alle 15 Minuten einen Zug nach Wien besteigen. Oder aber aus dem Bahnhof hinaus- und direkt vis-à-vis in die Fußgängerzone hineingehen. Ein Rundgang durch die **Altstadt von St. Pölten** ist eine positive Überraschung. Die barocke Landeshauptstadt, einst liebevoll auch „St. Pröllten“ (in Anspielung auf den ehemaligen Landeshauptmann Erwin Pröll) genannt, zeigt sich aufgeräumt. Kremser Gasse, Domplatz, Dom (St. Pölten ist bekanntlich Bischofsitz), Rathausplatz, überall ist es schön zu gehen und zu rasten. Das neue Regierungs- bzw. Landhausviertel direkt an der Trai-

Augustiner-Chorherrenstift Herzogenburg, Aussicht vom Nordtor

sen ist dagegen weniger überzeugend, wenngleich auch namhafte Architekten bei der Errichtung eingebunden waren. Der Stadtteil wurde im Zuge der Ernennung St. Pöltens zur Landeshauptstadt 1986 völlig neu hochgezogen. Markante neue Wahrzeichen, wenn man so will, sind das attraktive Festspielhaus und der Klangturm.

www.st-poelten.at

11 Die drei Hauptstädte des Burgenlands

Neusiedl am See – Um den See – Esterházy-Stadt Eisenstadt – Sopron und ein Abstecher nach Győr

Wer zum See will, sollte das Rad mit im Reisegepäck haben. Zu Fuß vom Bahnhof **Neusiedl am See** bis zum Strand des „Meeres der Wiener" geht man fast eine Stunde, auch vom **Bahnhof Neusiedl Stadt** sind's noch zwei Kilometer bis zur Mole West, und es ist auch nicht der schönste Fußmarsch. Mit dem Rad aber ist man am Neusiedler See König bzw. Königin.

Die Fahrt ab Wien Hbf. verläuft zuerst sehr flott auf der Ostbahn. In **Parndorf** zweigt die Garnitur von der Hauptstrecke ab und kurvt die letzten paar Kilometer nun deutlich gemächlicher hinunter zum Bahnhof Neusiedl. Der, wie gesagt, weit außerhalb der ziemlich in die Breite gehenden Stadt liegt. Nur eine Dreiviertelstunde dauert die Bahnreise bis hierher, nicht schlecht.

Seeumrundung per Rad – und Bahn

Das Anschlussprogramm ist ein Klassiker, das sollte jeder Staatsbürger, jede Staatsbürgerin einmal gemacht haben: die Neusiedler-See-Umrundung per Rad. In welche Richtung, das bleibt jedem selbst überlassen. In **Podersdorf,** schon auf der Seewinkelseite, ist man dem See am nächsten, der Schilfgürtel ist hier unterbrochen. Dann durch die Lacken des Seewinkels über die Grenze nach Fertőd, wo man **Schloss Esterházy** wenn schon nicht besuchen, so doch von außen bestaunen kann. Das ungarische Versailles wurde ab 1763 vom einfachen Jagd- zum barocken Lustschloss umgebaut. Schon geht's Richtung Westen und durch – Überraschung – hügeliges Terrain hinüber ins schöne **Mörbisch,** wo das Seebad wieder zwei Kilometer außerhalb des Orts im Schilfgürtel liegt. Die Freistadt **Rust** (samt Störchen) ist ebenfalls ein Pflichtbesuch, auch hier ist das Bad weit draußen im Schilf. Auf der Weiterfahrt Richtung Norden und Neusiedl fährt man nie am Wasser entlang, man sieht den See nirgendwo. Schön ist's trotzdem. Genießer teilen die mit Abstechern rund 120 Kilometer lange Tour auf zwei Tage auf. Oder kürzen ab, fahren mit der Fähre von Illmitz (im Seewinkel) auf kurzem Weg nach Mörbisch.

Die zweite Möglichkeit, den See zu umrunden, ist jene per Bahn. Oh doch, das geht! Geraten ist diese Variante jedoch nur hartgesottenen Eisenbahnern. Man kann von Neusiedl am See mit der Seewinkel-Bahn über Frauenkirchen, St. Andrä am Zicksee, Wallern und Pamhagen durch die schier endlosen Äcker des Seewinkels gondeln, der Zug fährt hinüber bis ins ungarische **Fertőszentmiklós.** Hier muss man aus- und umsteigen, in einen Zug, der von Győr kommt und nach **Sopron** fährt. Weiter geht's über

Wulkaprodersdorf (umsteigen!) und nun endlich über Eisenstadt am Ostrand des Leithagebirges zurück nach Neusiedl. Die Fahrt ist nett, aber auch da ist der See praktisch nirgendwo sichtbar. Allerdings kommt man auf dieser exzessiven Runde gleich neben Neusiedl (der geheimen Hauptstadt) auch durch die zwei anderen Hauptstädte des Burgenlands, nämlich Eisenstadt (die richtige Hauptstadt) und Sopron (die ungarisch-burgenländische Hauptstadt).

Sopron

Das frühere Ödenburg ist ein seltsames Zwitterwesen: halb Ungarn, halb Österreich. Zwar darf man das so nicht sagen und die Boomjahre rund um die „Ostöffnung" anno 1989 sind auch schon längst vorbei, aber noch immer spricht man hier gern deutsch. Und, ja, man findet auch heute noch genug Cafés und Gasthäuser, in denen man „Somlauer Nockerl" serviert bekommt; noch immer isst man hier billiger als im nahen Österreich. Abgesehen vom günstigen Essen und Trinken, von billigen Friseuren und Zahnärzten ist Sopron aber auch ganz einfach schön. Die Stadt, die nach Ende des Ersten Weltkriegs tatsächlich Hauptstadt des neu gegründeten Burgenlands werden sollte (was durch eine umstrittene Volksabstimmung in Ödenburg verhindert wurde), ist eine der ältesten Städte Ungarns. Vom Bahnhof Sopron geht man in zehn Minuten ins Stadtzentrum mit seinen schmalen Straßen und Gassen, alles fein herausgeputzt. Der runde „Feuerturm" am Nordrand der Altstadt ist das markante Wahrzeichen, gleich nebenan stehen stolze Häuser, ja fast schon kleine Paläste, mittelalterliche und barocke Patrizierhäuser. Man bewundert das Jugendstiltheater, umrundet die Altstadt sowie die Reste der ehemaligen Stadtmauer. Stadtplan und freundliche Auskünfte gibt's in der Touristeninformation, einen Steinwurf vom mächtigen Rathaus entfernt, in der Szent György u. 2.

www.visitsopron.com

Die Anreise nach Sopron muss man nicht so wie oben beschrieben mühevoll über den Seewinkel bewerkstelligen. Es gibt viele direkte Züge ab Wien Hbf., geführt von der Raaber Bahn (RÖEE) bzw. der „Győr–Sopron–Ebenfurti-Vasút" (GySEV); in siebzig Minuten ist man da, ÖBB-Fahrkarten sind gültig. Der Bahnhof der Stadt ist auch das Betriebszentrum dieser Bahngesellschaft, die neben Personen auch viele Güter befördert. Auch über Wiener Neustadt und die so genannte Mattersburger Bahn gelangt man nach Sopron, die Reise ist etwas länger als die direkte Anfahrt, aber für Feinschmecker möglicherweise interessanter. Diese Linie durchquert Sopron nämlich nur, um gleich wieder aus Ungarn hinaus- und ins mittelburgenländische **Deutschkreuz** zu gelangen. Das ist der einzige Ort, der im „Blaufränkischland" überhaupt noch von Zügen angesteuert wird. Ob die paar Schienenkilometer weiter nach Neckenmarkt/Horitschon und Lackenbach, ja möglicherweise hinunter bis nach Oberpullendorf jemals wieder aktiviert werden, steht in den Sternen.

Die Esterházy-Stadt

Jetzt aber zur richtigen, einzigen und aktuellen Hauptstadt des Burgenlands: **Eisenstadt.** Lange Zeit belächelt und reichlich mit Burgenländerwitzen bedacht, hat sich die mit rund 15.000 Einwohnern mit Abstand kleinste Landeshauptstadt Österreichs mitsamt dem umgebenden Land durchaus emanzipiert. Erst 1925 wurde sie Hauptstadt, was anfangs eine Notlösung war, weil, siehe oben, eigentlich Ödenburg für diese Rolle vorgesehen gewesen war.

Das Wahrzeichen der Stadt ist das mächtige, schön renovierte Schloss Esterházy. Eisenstadt ist die Stadt des Fürsten. Man sitzt auf der Terrasse am Platz vor dem Schloss, trinkt einen Kaffee, isst womöglich eine Eszterházyschnitte und ist sich bald sicher, dass man diesen Ort bislang unterschätzt hat. Spätestens auf diesem Platz, am „Schlossquartier Eisenstadt" wird auch klar, wer neben Bürgermeister und Landeshauptmann hier das Sagen hat: die „Esterhazy Betriebe". Schlosskonzerte im Haydnsaal, Feste, Ausstellungen, zeitgenössische Kunst, Jazz, das Leben in der Stadt (und im ganzen Land) wird maßgeblich von diesem burgenländischen Leitbetrieb mitbestimmt. Und von Joseph Haydn. Allein ihm zu Ehren lohnt ein Besuch. Der Haydnsaal im Schloss ist eine wahre Pracht, der weitläufige Schlossgarten mit Orangerie ebenso. Und natürlich ist auch das um 1747 fertiggestellte ehemalige Wohnhaus des weltbekannten Komponisten in der Haydngasse eine Pilgerstätte für Haydn-Verehrer.

www.eszterhazy.at, www.eisenstadt-leithaland.at

Es gibt freilich einen Ort in Eisenstadt, wo man nicht auf den Gedanken käme, in einer Landeshauptstadt zu sein: der Bahnhof. Er

SÖRBÁR

Haydnsaal, Schloss Esterházy, Eisenstadt (li. o.)
Storchenstadt Rust (li. Mitte)
Malerwinkel in Sopron (li. u.)
Bahnhof Sopron, Zug der Raaber Bahn (li.)
Schilfgürtel am Neusiedler See (u.)

Győr: schöne Altstadt, große Synagoge

ist, sagen wir es klar und deutlich, unterdimensioniert und wenig reizvoll. Aber immerhin funktioniert er. Und vor allem gibt es, quasi zum Trost, eine kleine Restauration direkt im Stationsgebäude, man sitzt direkt am Bahnsteig. Ein Cola und heiße Würstel gehen sich bis zur Abfahrt in die Bundeshauptstadt gerade noch aus.

Es gibt (über Wulkaprodersdorf) direkte Züge nach Wien, die Fahrzeit beträgt rund siebzig Minuten und könnte durch einen Streckenneubau bis Müllendorf deutlich reduziert werden. Aber bis es so weit ist, wird noch viel Wasser aus dem Neusiedler See verdunsten. Vom Bahnhof bis zum Schloss sind es etwa 15 Gehminuten.

Eine Draufgabe: Győr

Natürlich kann man ab Wien auch nur für einen Tag schnell nach Budapest und wieder zurück railjetten, aber wir begnügen uns hier mit dem halben Weg. Da gibt es nämlich eine äußerst besuchenswerte Stadt: **Győr** (dt. Raab).

Reservierung ist dringend empfohlen, die Züge nach Budapest (und damit nach Győr) sind nicht selten bummvoll. Der Zug durcheilt auf meist kerzengerader Bahn die kleine ungarische Tiefebene, im Nu ist man da.

Győr liegt an der Mündung der Raab in die „kleine Donau", die „Mosoni-Duna", ein Nebenarm der richtigen Donau, die einige Kilometer nördlich von Győr dem Donauknie entgegenströmt.

Győr macht es den Bahnreisenden leicht. Noch am Bahnhof in der Info erhält man einen einfachen Stadtplan. Die „Fuzo" beginnt gleich rechts vom Bahnhofsportal, hinter dem riesigen Rathaus. Die Straßen rund um den zentralen Széchenyi-Platz sind nett zum Flanieren, der Platz selbst ist voll mit Restaurants und Cafés. Forint sollte man sich freilich spätestens am Bankomaten oder in einer Wechselstube besorgen, mit Euro zu zahlen ist hier im Gegensatz zu Sopron schwierig. Zu Ehren des Erfinders der Sodaflasche, eines Bürgers der Stadt, wurde in der Fußgängerzone sogar ein Sodaflaschen-Brunnen errichtet. Das bemerkenswerteste Gebäude in Győr ist aber wohl die restaurierte **Synagoge,** die heute als Konzert- und Veranstaltungssaal dient. Das imposante, aus 1870 stammende Bauwerk liegt etwas außerhalb der Altstadt und verweist auf die große jüdische Gemeinde, die es hier bis zum Zweiten Weltkrieg gab. Man erreicht den schön restaurierten Tempel, indem man von der Altstadt über die sogenannte Rado-Insel ein paar hundert Meter Richtung Westen marschiert. Eine Besichtigung des Inneren ist möglich.

Győr, auch das ist erwähnenswert, hat ein Thermalbad. Das jodhaltige Wasser kommt mit 67 Grad Celsius aus der Tiefe, es gibt natürlich eine entsprechende Bade-Kur-Infrastruktur.

Ansonsten gilt für Győr das Gleiche wie für Sopron: Man isst und trinkt und kauft etwas billiger als in Österreich ein, lässt es sich einen Tag lang gutgehen. Wer Abwechslung liebt, fährt mit dem Intercity über Sopron zurück nach Wien (Fahrzeit Győr–Sopron: eine Stunde). Das macht man aber wirklich nur, wenn man in Sopron noch schnell zum Friseur will.

www.hellogyor.hu

12 Die Donau abwärts

Von Passau nach Linz – Linzer Lokalbahn – Pöstlingbergbahn – Die Reste der Donauuferbahn – Grein – Melk – Wachaubahn und Wachau – Krems und Stein

Wie man es anlegt, es ist in jedem Fall eine Reise wert: Mit dem Zug nach Passau zu fahren. Die Bahnstrecke zweigt in Wels von der Westbahn ab und führt durch das Innviertel in die schöne deutsche Grenzstadt, in der bekanntlich Ilz, Inn und Donau zusammenfließen. Viele kennen Passau nur als Einstiegsort in den **Donauradweg** – ein Versäumnis. Der alte Bischofssitz ist auch ganz ohne Rad einen Besuch wert. In zweieinviertel Stunden ab Wien ist man da, die Reise mit dem deutschen ICE eine angenehme.

www.passau.de

Die rund 330 Kilometer lange Radtour donauabwärts bis Wien ist die bekannteste Radstrecke Europas. Die Passage der Schlögener Schlinge, rund vierzig Kilometer nach Passau, ist einer von vielen Höhepunkten der Tour.

Die Bahn taucht entlang der langen Rad-Strecke einige Male auf, sie bietet Radfahrer*innen „Abkürzer". So kann man etwa 75 Kilometer nach Passau bzw. fünf Kilometer hinter **Aschach,** wo die Donau aus dem Engtal ins flache **Eferdinger Becken** übertritt, das Donauufer verlassen und nach Eferding abbiegen, um hier in die „Lilo", die Linzer Lokalbahn, zu steigen. Mit ihr kann man samt Rad zurück bis zum Linzer Hauptbahnhof fahren. Diese ins oberösterreichische Schnellbahnsystem integrierte Bahn kurvt gemächlich, ausgehend von der „Stahlstadt", über Eferding durch die Provinz bis nach **Peuerbach.** Interessant ist die Bahn vor allem für Radfahrer*innen, die diese weitgehend uneroberte Ecke Oberösterreichs kennenlernen wollen. In der Haltestelle **Niederspaching** (man sieht weit und breit keinen Ort) steht dann ein uralter Elektrotriebwagen, mit dem man ganz ohne Museumsbahn-Zuschlag bis zur Wien–Passauer Hauptstrecke nach **Neumarkt-Kallham** hinuntergondeln kann. Nein, hier gibt es keine schrillen Erlebniswelten, keine spitzen Berge und keine glänzenden Seen. Trotzdem oder gerade deshalb: schön. Im einzigen Wagen sitzen drei Leute. Schon macht man sich Sorgen, dass es dieses einsame Bähnchen bald nicht mehr geben könnte.

Zurück an die Donau. Der Radweg – wir sind in **Ottensheim** über das Donaukraftwerk ans linke Ufer gewechselt – führt nun parallel zur stark befahrenen Straße nach Linz hinein. Wer sich diese Stadteinfahrt sparen möchte, kann in Ottensheim in die **Mühlkreisbahn** steigen. Mit der kommt man zwar nur bis Urfahr (und nicht über die Donau zum Hauptbahnhof), aber immerhin! In die andere Richtung fährt die Mühlkreisbahn bis nach **Aigen-Schlägl**, in den nordöstlichsten Winkel des Mühlviertels.

Es bleibt in **Linz-Urfahr** nichts anderes übrig, als über die Donau zu radeln (oder zu gehen). Links das Ars-Elektronica-Center, auf der Stadtseite das Kunstmuseum Lentos. Gleich nach der Brücke stellen wir unser Rad am Hauptplatz ab und steigen in die **Pöstlingbergbahn.** Die Fahrt mit dieser straßenbahnähnlichen Garnitur sollte man sich als Liebhaber des schönen Ausblicks nicht entgehen lassen. Sie ist eine der steilsten Adhäsionsbahnen der Welt. 255 Meter Höhenunterschied, maximale Steigung 105 Promille, seit 1898 in Betrieb, die historische Talstation mit eigenem Pöstlingbergbahn-

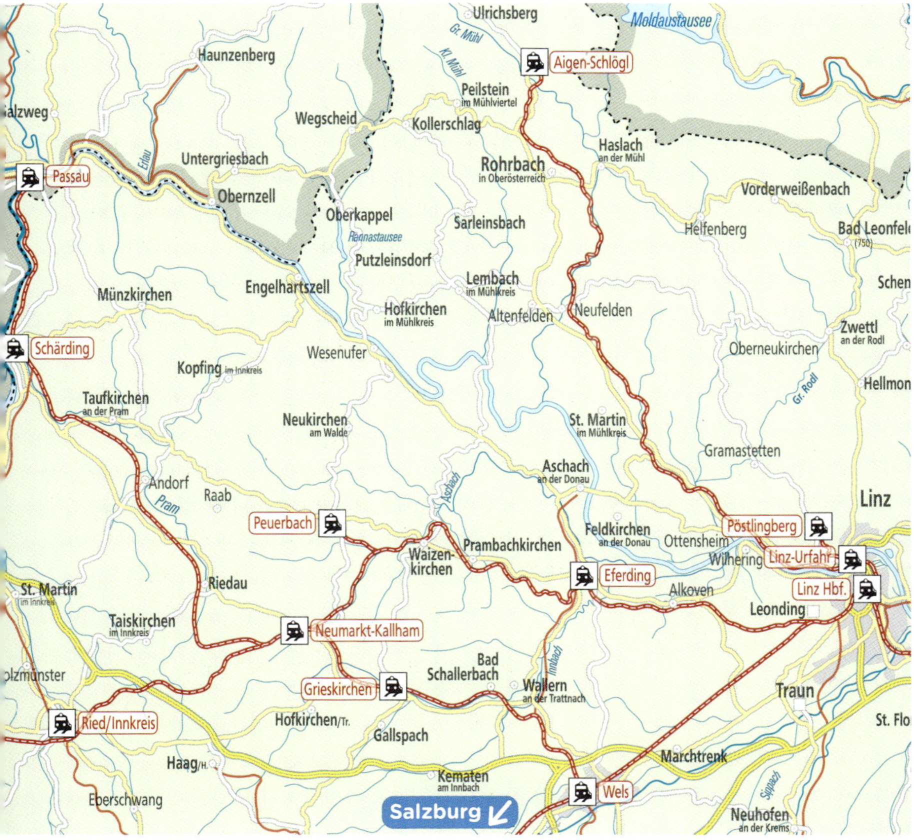

museum, die Fahrt vorbei an der futuristischen Fassade der Anton-Bruckner-Privatuni und am Zoo, schließlich der leicht errungene Gipfelsieg: Von nirgendwo ist der Blick auf Linz (und das Stahlwerk der Voestalpine im Osten) schöner als von hier. Ein Besuch der Wallfahrtskirche zu den Sieben Schmerzen Mariä, dann noch als Kontrastprogramm eine Fahrt mit der Grottenbahn – netter kann ein Kurzausflug hinaus aus der Stadt der Klangwolke gar nicht sein.

www.poestlingbergbahn.at

Ab Linz donauabwärts radelnd gibt es mehrere Möglichkeiten, „Bahnabkürzer“ zu nehmen. Nämlich erstens ab dem Hauptbahnhof Linz über Steyregg nach **St. Georgen an der Gusen.** Hier, einige Kilometer abseits des Donauufers, kann man sich dann wieder in den Donauradweg „einfädeln“ – eine gute Variante, um die leidige Stadtausfahrt zu umfahren.

Zweitens kann man ab Linz Hbf. auf der Westbahn bis **St. Valentin** fahren und hier in den Zug nach Grein umsteigen. Diese Strecke führt in großem Bogen von St. Valentin über die Donau vor-

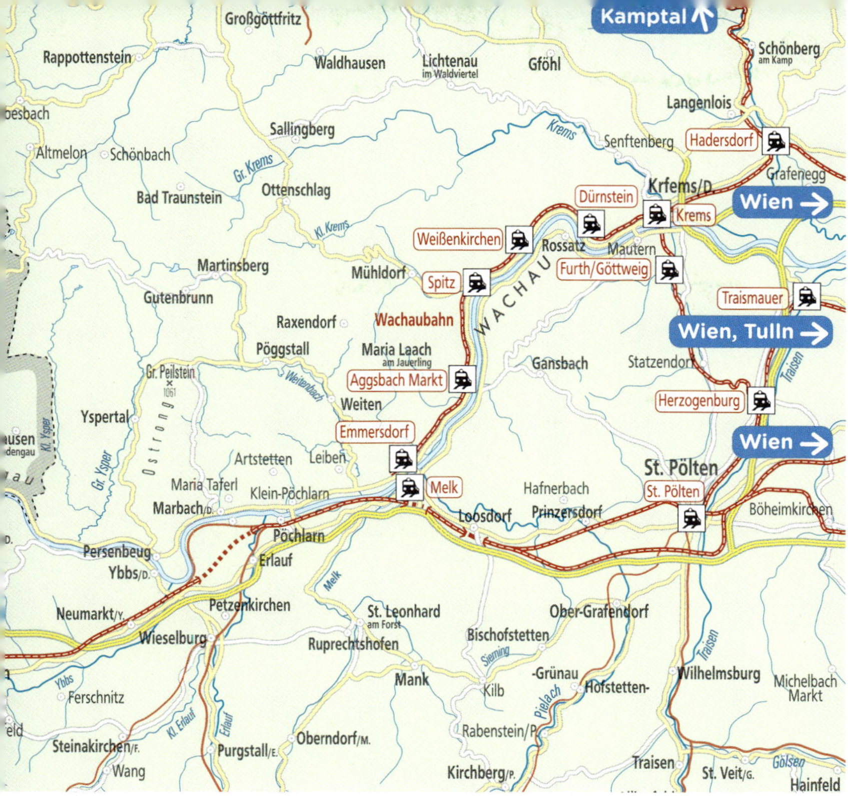

erst nach **Mauthausen**, auf dessen Gemeindegebiet das NS-Konzentrationslager Mauthausen lag. Heute befindet sich auf dem Gelände die **KZ-Gedenkstätte**. Vom Bahnhof bis dorthin sind es rund vier Kilometer.

www.mauthausen-memorial.org

Die „Donauuferbahn" fährt nun im flachen Machland weiter über Schwertberg und Perg nach Norden, um dann bei Dornach wieder zurück zur Donau zu finden. Die letzten fünf Kilometer bis Grein-Bad Kreuzen und **Grein-Stadt** fährt der Zug direkt am Ufer entlang.

Das historische Städtchen **Grein**, am Eingang des einst gefürchteten Strudengaus, ist (egal ob mit Zug oder Rad) ein Pflichtbesuch. Historischer Marktplatz, Schloss Greinburg mit Schifffahrtsmuseum, das aus 1791 stammende älteste weltliche Theater (eine Perle!), Gaststätten auch direkt an der Donau, Rad- und Personenfähre, Donaurundfahrten, Aussichtsplätze: Hier überlegt man, eine Nacht zu bleiben.

Wachaubahn: Fährt nur in der Touristensaison (ganz li.)
Weißenkirchen, Wehrkirche (li.)
Ganz ohne Motorkraft: Rollfähre bei Spitz (li. u.)
Schlögener Donauschlinge (u.)

Bis hierher und nicht weiter geht es mit der Bahn. Es ist eine traurige Geschichte, dass die Donauuferbahn, die einst durchgängig von St. Valentin über Grein und Persenbeug bis hinunter nach Krems befahren wurde, nunmehr ein Torso ist. Auf den fünfzig Kilometern von Grein bis Emmersdorf, vis-à-vis von Melk, gibt es keine Züge mehr, die Schienen wurden zum Teil herausgerissen. Ewig schade.

www.grein.info

Die legendäre Wachau

Es gibt noch eine Variante, per Bahn ab Linz einen Donau-Radweg-Abkürzer zu nehmen: Nämlich per Westbahn nach Ybbs-Persenbeug oder gleich weiter nach Melk zu fahren. Dann versäumt man zwar die schöne Radfahrt am Südufer des Strudengaus, ist dafür aber fit für das, was noch kommt: nämlich die Passage durch die vielbesungene Wachau.

Fangen wir in **Melk** an. Man erreicht die Stadt mit dem berühmten Stift per Bahn von zwei Seiten: einerseits per Westbahn. Der Bahnhof liegt oberhalb der Stadt, man spaziert, immer im Angesicht des mächtigen Stifts, bergab durch die von Villen gesäumte Bahnhofstraße über den Kirchenplatz zum Hauptplatz. Flaniert durch die enge Sterngasse, die von von spätmittelalterlichen bzw. barocken Häusern flankiert wird. Und über allem thront das auf einem Granitfelsen erbaute Benediktinerkloster, wie es prächtiger kaum eines gibt. Stift Melk, von Jakob Prandtauer in den Jahren 1702 bis 1746 errichtet, ist Weltkulturerbe. Hier sollte man gewesen sein, auch in der Stiftskirche und in den Prunkräumen. Allein schon der Stiftspark mit dem Gartenpavillon ist prachtvoll. In der Touristeninfostelle in der Kremser Straße, zwischen Donaualtarm und Hauptplatz, erhält man Stadtplan und Rundgangsvorschläge.

Das Stift liegt nicht direkt an der Donau, sondern an einem Altarm; zur Schiffstation der Linienschiffe gelangt man, indem man die „Nibelungenlände“, also die Straße am Altarm, wenige Schritte flussabwärts geht. Die Kreuzfahrtschiffe hingegen legen draußen am richtigen Donauufer an, das man über die St.-Leopold-Brücke durch die Rollfährenstraße erreicht. Direkt neben der Brücke ist eine Aussichtsplattform, von der man die Stiftsfassade optimal fotografieren kann.

www.stiftmelk.at

An der Kreuzung Nibelungenlände/Kremser Straße halten auch die Autobusse, die über die Melker Donaubrücke hinüber ans nördliche, linke Ufer nach **Emmersdorf** fahren. Das ist insofern wichtig, als von dort die **Wachaubahn** abfährt – über Aggsbach Markt, Spitz, Weißenkirchen und Dürnstein nach Krems. Diese Strecke wird als Touristenbahn von März bis Ende November von der NÖVOG betrieben. Achtung, das Klimaticket gilt hier nicht. Eine Fahrt mit ihr ist praktisch und wunderbar. Praktisch, weil man eine Richtung zu Fuß, per Rad oder per Schiff zurücklegen kann, die andere eben per Zug. Und wunderbar deshalb, weil die Bahntrasse deutlich höher als die Straße liegt und dadurch der Blick auf den Strom ein freier ist. Die Bahn fährt oft knapp am Hang, durch kleine Orte, der Blick aus dem Fenster eröffnet ganz neue Wachau-Perspektiven. Sie fährt durch Wein- und vorbei an Marillengärten. Man hat nirgendwo Parkplatzsorgen und vor allem darf man bei einem Wachau-Heurigen oder einer Gaststätte einkehren und ohne Bedenken auch ein drittes Achtel trinken.

www.wachaubahn.at

Von West nach Ost, flussabwärts, durcheilt man von der Endstelle Emmersdorf mit seinem großen Bahnviadukt (die Schienen darauf sind bereits abgetragen), Grimsing, Aggsbach Markt, Willendorf, bekannt als Fundort der „Venus von Willendorf“, einer rund 25.000 Jahre alten Frauenstatuette aus Kalksandstein. Man passiert Schwallenbach, unterfährt in einem zwölf Meter kurzen Tunnel die sogenannte Teufelsmauer und kommt nach **Spitz**, den letzten bzw. ersten Weinort im Tal. Rollfähre, Schiffstation, Tausend-Eimer-Berg, Wehrkirche, Schifffahrtsmuseum, enge Gassen, der „Einstieg“ für Jauerling-Bezwingungen zu Fuß, per Rennrad oder Mountainbike, hier ist echt was los. In den seligen Sechzigerjahren wurde im Ort der legendäre „Mariandl“-Film mit Conny Froboess, Peter Weck, Rudolf Prack, Waltraud Haas und dem alle Register seines Könnens ziehenden Hans Moser gedreht: Das Hotel Mariandl gibt es heute noch in der Realität, den Film auf Youtube.

www.spitz-wachau.com

Von Melk oder Spitz nach Krems mit dem Rad zu fahren ist ein Klassiker. Es ist aber auch herrlich, etwa ab Spitz zu Fuß auf dem

Ein Bild wie eine Postkarte: das Städtchen Dürnstein

sogenannten **„Welterbesteig“** an den Hängen der Wachauberge zu wandern. Der Abschnitt von Spitz nach St. Michael bzw. weiter nach Weißenkirchen ist besonders attraktiv – obwohl, schön ist es hier überall. Da man Seitentäler ausgeht bzw. zu ihnen absteigt, ist die Fußwegstrecke um ein Vielfaches länger als der direkte Weg unten am Strom, das muss einkalkuliert werden. Zu Fuß hoch oben über der Wachau, da wimmelt es gar nicht mehr vor Touristen, die Tiefblicke auf das Donautal bleiben lange im Gedächtnis.

www.welterbesteig.at

Die Wehrkirche von St. Michael, dann Wösendorf-Joching und schon ist man in **Weißenkirchen**, dessen gotische Wehrkirche besonders schön inmitten des Ortes thront; Teisenhoferhof, Marillenblüte, Weinlese, Rollfähre, Bergstraße auf den Seiberer, an der man den raschen Übergang vom Weinland am Strom hinauf ins deutlich kühlere Waldviertel gut erleben kann: Die größte Weinbaugemeinde der Wachau zieht an den Hängen der Wachau weit ins Waldviertel hinauf. Ein Spaziergang durch den Ort bis ganz nach oben lohnt die Mühe mit fabelhaften Ausblicken.

www.weissenkirchen-wachau.at

Dürnstein ist die nächste Haltestelle der Wachaubahn. Die enge Hauptstraße des winzigen Städtchens ist in der Hauptreisezeit mehr als dicht bevölkert, mit dem Rad kommt man da gar nicht mehr durch. Viele Häuser stammen aus dem 16. bis 18. Jahrhundert. Weltberühmt der blau gefärbelte Turm von Stift Dürnstein und, auf steilem Weg zu ergehen, die malerische **Kuenringer-Ruine Dürnstein.** Auf der, so geht die Sage, der Sänger Blondel seinen hier gefangen gehaltenen König, Richard Löwenherz, gefunden und letztendlich auch befreit haben soll. Von hier erreicht man auch die immerhin 350 Höhenmeter über der Donau gelegene **Fesslhütte,** ein beliebtes Wanderziel. Der Dürnsteiner **Klettergarten** hat einen guten Ruf und der Welterbesteig, genauer die Passage bis nach Stein und Krems, ist wiederum ein „Klassiker". Der **Bahnhof Dürnstein-Oberloiben** liegt wenige hundert Meter außerhalb der Stadtmauern Richtung Osten, der Fußweg ist nicht länger als zehn Minuten. Vom Bahnhof Richtung Loiben bzw. Krems liegt das repräsentative Gebäude der Winzergenossenschaft „Domäne Wachau" mit einer anständigen Vinothek. Eine Flasche passt sicher in den Rucksack!

www.domaene-wachau.at

Eine Städtereise nach Krems und Stein

Wenn man mit dem Zug aus der Wachau in Richtung Krems unterwegs ist, hält dieser vor seiner Endstelle am Bahnhof Krems nochmals in **Stein-Mautern.** Stein und Krems sind zusammengewachsen und doch jeweils ganz eigene Schatzkisten. **Krems und Stein,** diese Doppelstadt, ist auch ganz ohne Wachau ein herrliches Ziel einer kurzen Bahnreise ab Wien. Die ÖBB-Züge hierher (meist Doppelstock-Garnituren, sogenannte „Dostos") starten in Wien am Franz-Josefs-Bahnhof/Spittelau/Heiligenstadt und sind in ziemlich genau einer Stunde da. Die grau-goldenen Triebwägen der Wachaubahn fahren direkt vom Bahnhof Krems ab. Aber nochmals: Auf der Wachaubahn gilt das Klimaticket, gelten ÖBB-Tickets grundsätzlich nicht.

Vom Bahnhof Krems in die Fußgängerzone „Landstraße" sind es gerade einmal fünf Minuten Wegstrecke. Die Fuzo ist die wichtigste Achse der Stadt, es gibt viele Geschäfte und auch etliche Cafés. An ihrem Westende befindet sich das Wahrzeichen von Krems, das **Steiner Tor,** das letzte erhaltene, im 15. Jahrhundert errichtete Stadttor. Ein Spaziergang muss auf den **Hohen Markt** führen, einem alten Siedlungsplatz, von dem sich die Stadt einst nach

West wie Ost ausdehnte. Hier in der „Oberstadt“ befindet sich die **Gozzoburg,** ein Stadtpalais aus dem 13. Jahrhundert. Ebenfalls am Berg: das **Piaristengymnasium** mit dem ehemaligen Piaristenkloster, dazu beherrschend die **Piaristenkirche,** die älteste Kirche der Stadt mit Altarbildern von Martin Johann Schmidt, genannt „Kremser Schmidt“ (1718–1801). Von hier heroben hat man einen schönen Blick über die Stadt. Im Süden ist Stift Göttweig unübersehbar.

Über die gedeckte **Piaristenstiege** gelangt man hinunter zur **Stadtpfarrkirche.** Weiters interessant: die Dominikanerkirche, in der heute das **museumkrems** beheimatet ist. Ein neues Zentrum der Stadt entwickelte sich auf der sogenannten **„Kunstmeile“** bzw. am Welterbeplatz zehn Gehminuten westlich des Steiner Tors. Hier befinden sich die 2019 fertiggestellte raumschiffähnliche Landesgalerie Niederösterreich, die Kunsthalle und das Karikaturenmuseum. Direkt neben der Kunsthalle bzw. dahinter liegt mitten im dicht verbauten Gebiet die **Justizanstalt Stein.** Richtung Westen gelangt man durch das **Kremser Tor** in die Steiner Landstraße und damit in die wunderbare **Altstadt von Stein.** Lange von Verfall bedroht, sind nun viele der Häuser saniert, werden auch als Wohnraum für die Studenten und Studentinnen der **Donauuni** und der Karl-Landsteiner-Privatuniversität nachgefragt. Minoritenkirche, Pfarrkirche hl. Nikolaus und vor allem die am Hang über der Altstadt gelegene profanisierte **Frauenbergkirche** mit ihrem hohen, signifikanten Turm geben Stein eine unverwechselbare „Skyline“. In der langen Landstraße finden sich alte Wohnhäuser, zum Teil mit mittelalterlichem Kern. Im **„Salzstadl“** (an der Donauseite), einem ehemaligen großen Salzlager, finden bisweilen (Jazz-)Konzerte statt. Im reich dekorierten „Mazettihaus“ Ecke Landstraße/Schürerplatz verbrachte Ludwig Ritter von Köchel, der Verfasser des „Köchelverzeichnisses“, zu Beginn des 19. Jahrhunderts seine Kinder- und Jugendjahre. Ganz am Westende schließt das Linzer Tor die Steiner Landstraße gegen Westen hin ab. Unmittelbar davor, im Haus Nummer 122, lebte und arbeitete lange Jahre der „Kremser Schmidt“. Zurück am Welterbeplatz mit seinem Museumsquartier gelangt man über zwei Kreisverkehre zur **Schiffstation Krems-Stein,** zur Donaupromenade und zu einem jederzeit gestürmten Ausflugslokal mit Donaublick, genannt „Wellenspiel“. Aber auch Landesgalerie und Kunsthalle haben schöne Cafés.

www.krems.info, www.kunstmeile.at

13 Weinviertel, du schönes

Sonderzug nach Ernstbrunn – Die Leiser Berge – Nitsch in Mistelbach – Um die Staatzer Klippe – Laa an der Thaya

Es ist ein weites Land, man kann sich in ihm völlig verlieren. Viel Feld, wenig Wald, auch überraschend wenig Wein, aber viel Gegend; und wer glaubt, dass das Weinviertel vorwiegend Flachland ist, hat sich getäuscht. Ein welliges Hügelland, abwechslungsreich und manchmal, aber das überrascht vor allem die Radfahrer, richtig steil. Früher war das ganze „Viertel unter dem Manhartsberg" mit einem Netz von Schienensträngen durchzogen, heute sind es Schienenstrahlen, die von Wien in das Weinviertel führen. Im Westen zieht die Franz-Josefs-Bahn – bis Eggenburg – durch das stille Viertel. Der nächste Strahl führt über Hollabrunn nach Retz (und weiter nach Znojmo/Znaim, siehe S. 145). Die nächste Linie führt über Mistelbach nach Laa an der Thaya, und schließlich geht es auch noch über Deutsch-Wagram und Hohenau in das kleine Bernhardstal in die Nordostecke des Weinviertels bzw. Österreichs. Auf dieser Nordbahnstrecke fahren auch Railjets über Břeclav nach Brno/Brünn und Prag (siehe S. 55).

Damit die Verwirrung noch größer wird, fügen wir noch eine weitere Linie ein: jene, die bei **Korneuburg** in den Norden abzweigt und bis Ernstbrunn am Fuß der **Leiser Berge** führt, eine bewaldete Hügelkette, die bis knapp 500 Meter Seehöhe ansteigt und deren oberste Kuppen durch zwei weithin sichtbare Radarkuppeln am „Buschberg" bzw. „Steinmandl" gekrönt werden.

Das Gebiet um die Leiser Berge ist schon vor Jahren zum „Naturpark" ernannt worden. Die genannte Eisenbahn fährt zwar schon seit gut dreißig Jahren nicht mehr im Regelbetrieb hierher, aber es gibt Sonderzüge, und die funktionieren prächtig. Sie werden von der privaten „Regiobahn" direkt ab Wien Praterstern geführt. Eine alte Diesellok zieht eine Garnitur ebenfalls alter Vierachswaggons. Ab Korneuburg verläuft die insgesamt rund zweistündige Fahrt beschaulich, aber niemals langweilig. Das Service an Bord dieses properen Vergnügungszuges ist vorbildlich. Gleich nach der Abfahrt fährt eine Dame mit dem Buffetwagerl durch die Waggons des „Nostalgieexpress Weinviertel", Kaffee und Mehlspeisen gehen weg wie die, naja, warmen Semmeln. Nach Zustiegen in Floridsdorf und Korneuburg sind gut 200 Passagiere an Bord. Gelächter, eifri-

Znojmo
Drasenhofen
Hevlín
Laa a. d. Thaya
(183)
Falkenstein
Staatz
Staatz
Enzersdorf bei Staatz
Hadres
Haugsdorf
Mailberg
Großharras
Stronsdf.
Poysdorf
Wullersdf.
Asparn a. d. Zaya
Wilfersdorf
Mistelbach
Weinviertelraisine
Zaya
Lokalbahn (Sonderzüge)
Hollabrunn
Ladendorf
Ernstbrunn
Neubau-Kreuzstetten
Großmugl
Göllersdorf
Wetzleinsdorf
Kreuzstetten
Niederkreuzstetten
Lokalbahn
Großrußbach
Bad Pirawarth
Nieder-hollabrunn
Sierndorf
Absdorf-Hippersdorf
Harmannsdf.
Wolkersdorf
Leobendorf
Pillichsdorf
Stetten
Stockerau
Groß-Engersdf.
Korneuburg
Rußbach
Nordbahn
Langenzersdorf
Gerasdf. bei Wien
Königstetten
Klosterneuburg
Deutsch-Wagram
Floridsdorf
WIEN
Groß Enzersdorf
Praterstern
Purkersdorf
Prater
Lobau
Wien
Wien Hauptbahnhof
Pressbaum

ges Geplauder, frisch verliebte Wandersleute studieren die Wanderkarte. Hinter Korneuburg sieht man die Burg Kreuzenstein und allmählich schaukelt der Zug hinein in die frische Landluft. Drei Hippie-Girls freuen sich über die Pferde, die draußen in der Koppel herumstolzieren, und sind sowieso voll gut drauf. So ähnlich könnte es, denkt man sich, auch in der Frühzeit der Eisenbahn hergegangen sein, als die Bahngesellschaften auf ihren neu gebauten Strecken zu Werbezwecken „Vergnügungszüge" führten. Johann Strauß Sohn hat dieser Art von Volksbelustigung bereits 1864 in seiner Schnellpolka „Vergnügungszug" ein musikalisches Denkmal gesetzt.

Hinter **Mollmannsdorf** erklimmt der Zug in ordentlichen Schleifen die ersten Weinviertler Hügel. Man sieht zurück bis zur Donau, der Zug quietscht und kreischt sich durch hundert Kurven. Bald schon sieht man in der Ferne die Wallfahrtskirche von **Karnabrunn,** bald auch die Radarkuppeln des Buschbergs. Im Zug verkauft der Schaffner diverse Anschlussprogramme, teilt Prospekte aus, erklärt den Gästen, was sie ab Ernstbrunn alles tun und lassen können. So geht Ausflug!

Der Ort **Simonsfeld,** letzte Station vor Ernstbrunn, ist Alternativenergiefachleuten wohlbekannt: Die beiden hier hoch aufragenden Windräder waren das erste Projekt der Windkraft Simonsfeld AG und produzieren seit 1998 sauberen Strom.

Ernstbrunn, alles aussteigen. Mindestens fünfzig Räder werden ausgeladen, alles bestorganisiert. Drei Naturparkbusse warten mit laufendem Motor. Wer sie noch nicht im Buffetwagen ergattert hat, findet auch hier die Freizeitkarte Leiser Berge, die eine gute Orientierung über Anschluss- und Ausflugsmöglichkeiten bietet. Im Kurzdurchlauf: Ab Bahnhof Ernstbrunn kann man die **Aussichtswarte am Oberleiser Berg** erwandern. Man kann per pedes weiter zur **Buschberghütte** gehen sowie das **Schloss Ernstbrunn** bewundern. Man kann und darf und soll hier radeln: Die Mountainbike-Arena bietet Trails unterschiedlicher Schwierigkeitsgrade, alle gut markiert. Nicht nur für Lehrerinnen und Lehrer ist das **Schulmuseum Michelstetten** am Nordrand des Naturparks sehenswert. Mit dem Renn- oder Tourenrad steht einem sowieso das gesamte Weinviertel zur Verfügung, leicht bergauf, leicht bergab, Kurve links, Kurve rechts, herrlich. Und für Railrodder gibt's ebenfalls viel zu entdecken. Das jetzt etwas genauer:

Rund einen Kilometer hinter Ernstbrunn, immer die Gleise entlang und auch gut beschildert, befindet sich die Einstiegsstel-

Mistelbach, Rathaus (li. o.)
Das Weinviertel, ein Radsport-Land (o.)
Sonderzug nach Ernstbrunn (ganz li.)
Mit der Draisine auf Schiene (li.)

le für die **Weinvierteldraisine.** Da, wo früher einmal Güter- und Personenzüge nach Asparn an der Zaya gezuckelt sind, darf man jetzt per Fahrraddraisine fahren, zwei Fahrer und zwei Passagiere sind pro Wägelchen erlaubt. Es geht bergauf bis zur **Draisinenalm Grafensulz,** wo es an Betriebstagen Gelegenheit zu einer Zwischenmahlzeit gibt. Danach rollt man bergab nach Asparn. Für die gesamte Strecke muss man rund zwei Stunden Fahrzeit rechnen. Bahnfahrrad, ein ökologisch doppelt korrektes Vergnügen! Wer möchte und noch Kraft dazu hat, kann ab Nachmittag in die Gegenrichtung zurück nach Ernstbrunn strampeln.

Im **Bahnhof Asparn** ist wieder Bahnbetrieb: Von hier fährt ein kleiner Zug aus alten Motordraisinen (samt offenem Panoramaanhänger) bis in die Shopping City von Mistelbach (Haltestelle „Interspar"). Beim Interspar ist Schluss mit der Fahrt im „Schienentaxi", weil die Schienen hinein in den Lokalbahnhof Mistelbach beim Neubau der kreuzenden Straße abgebaut wurden. Das Draisinentaxi aber fährt von hier nicht nur zurück nach Asparn, sondern auch weiter bergauf bis zur „Draisinenalm" Grafensulz. Von wo man dann endlich mit der Rad-Draisine zurück nach Ernstbrunn fahren darf.

Wer schon einmal da ist: In **Asparn an der Zaya** kommt man praktisch nicht am Erlebnismuseum MAMUZ im Schloss vorbei, in dem es vorwiegend um die Ur- und Frühgeschichte geht; bei historischen Festen im Freigelände sind (fast) echte Kelten und Hunnen zu bestaunen. Bekannt ist hier aber auch der **Filmhof Wein4tel.** Aufgebaut von Monika Langthaler und Michael Rosenberg ist dieser schön revitalisierte Gutshof kulturelles Zentrum des nördlichen Weinviertels. Der Fußweg vom Bahnhof Asparn hinein in den Ort ist kurz und schmerzlos, einen Kaffee im Kulturhof sollte man sich jedenfalls gönnen.

www.regiobahn.at, www.leiserberge.com
www.weinvierteldraisine.at, www.schienentaxi.at
www.mamuz.at, www.wildpark-ernstbrunn.at, www.filmhof.at

Nach Mistelbach zu Hermann Nitsch

Wir sind ja schon kurz in den Außenbezirken von Mistelbach gewesen, jetzt aber geht's direkt hinein in die Stadt. Die Fahrzeit ab Hauptbahnhof Wien beträgt mit dem REX rund eine Stunde, mit

Das Werk bleibt: nitsch museum Mistelbach

der Schnellbahn, die an jeder Haltestelle hält, fährt man etwas länger. Bis **Wolkersdorf** verläuft die Fahrt kerzengerade, danach windet sich die Bahn durch die schöne Gegend. Man passiert nach der Haltestelle Schleinbach die Einfahrt ins Kreuttal und passiert kurz darauf das hübsche **Niederkreuzstetten,** seit dem Sommer 2021 ein Wallfahrtsort für Rennradfahrer: Anna Kiesenhofer, Österreichs Straßen-Olympiasiegerin und Sportlerin des Jahres 2021, stammt von hier.

Zu Mistelbach gleich vorneweg ein Hinweis: Die Stadt hat zwei Bahnhöfe: jenen, an dem alle Züge von und nach Wien halten. und den Lokalbahnhof, der vom Hauptbahnhof rund zehn Minuten zu Fuß entfernt ist. Hier halten keine regulären Züge mehr, dafür sind umso mehr alte Waggons, Triebwägen und Loks abgestellt, ein bemerkenswerter Anblick für Freunde des morbiden Charmes. Der Verein Neue Landesbahn hat hier sein Hauptquartier aufgeschlagen; er betreibt die Museumsbahnstrecke durch das flache Zayatal Richtung Osten bis nach Hohenau an der March. Es gibt Sonderfahrten, auch mit Dampf. Standesgemäß essen kann man ganz nahe beim Lokalbahnhof, im Restaurant Diesner in der Landesbahnstraße 2. Eine Empfehlung.

www.landesbahn.at, www.restaurant-diesner.com

Wer Mistelbach erobern will, sollte vor allem eines tun: sich auf einen zwanzigminütigen Fußmarsch durch den Ort begeben und das **nitsch museum** besuchen. Wechselnde Ausstellungen, aber immer das Werk des im Frühjahr 2022 verstorbenen Aktionskünstlers Hermann Nitsch im Mittelpunkt, ist es allein schon die Bahnreise wert. Dazu dann noch ein erweiterter Spaziergang auf dem vom Museum abführenden Dionysosweg, und der Tag hat ein schönes, abgerundetes Programm. Der Spaziergang ist eine Schnupperreise durch die Weinviertler Kulturlandschaft, garniert mit diversen Spiel-, Erlebnis- und Aussichtspunkten, Schweinestall, Himmelsliege, Weinviertelfries, Naschobstbereich und vielem mehr.

www.dionysosweg.at, www.nitschmuseum.at

www.mistelbach.at

Um die Staatzer Klippe nach Laa an der Thaya

Eine eigene, herausragende Qualität hat die Weiterfahrt von Mistelbach nach Laa an der Thaya. Der Grund dafür ist die **Staatzer Klippe.** Dieser Mugel steht groß und mächtig lange im Bild. Der Zug umfährt ihn von Süden kommend in einer breiten Schleife. Was für ein Anblick! Man kann diese aus dem flachen Umland rund hundert Meter hoch aufragende Kalkzacke von allen Seiten bewundern. Gekrönt wird der Felsen von einer Burgruine, die auch noch bestiegen und besichtigt werden kann. Um nach **Staatz,** den kleinen Ort am Fuß der Klippe bzw. auf die Spitze der Klippe, zu gelangen, steigt man am besten an der Station **Enzersdorf bei Staatz** aus – sie liegt dem Ort näher als die Haltestelle Staatz. Mit einem Rad ist man optimal gerüstet, zu Fuß spaziert man eine halbe Stunde neben der Straße, bis man dort und oben ist. Proviant sollte man sicherheitshalber mit dabei haben, nicht immer hat ein Heuriger geöffnet. Die Gemeinde beweist übrigens Humor und heißt Besucher auf ihrer Internetseite bei ihrem „Staatzbesuch“ herzlich willkommen.

www.staatzerberg.wordpress.com, www.staatz.at

Wer will, macht sich von Enzersdorf oder von Staatz auf in einen rund drei Kilometer östlich gelegenen Ort mit dem schönen Namen **Ameis.** Hier gibt es mit der sogenannten „Loamgstett'n“ eines der schönsten Kellergassenensembles des Weinviertels. Bei klarem Wetter sieht man im Osten auch schon die nächste Kalkklippe, den Galgenberg bei Falkenstein.

„Staatzbesuch“: An der Staatzer Klippe kommt keiner vorbei

Es ist eine herbe, fast fremd anmutende Szenerie, die sich hier im landwirtschaftlich intensivst genutzten nördlichen Weinviertel auftut. Was uns nicht davon abhält, zu guter Letzt in den Endbahnhof **Laa an der Thaya** zu fahren. Die ehemalige Verbindung hinüber ins Mährische, nach Hevlín und Hrušovany, ist seit Jahrzehnten tot. In die Grenzstadt Laa fährt man heute vorwiegend der Therme wegen. Hier einen Tag zu verbringen, tunlichst nicht am Wochenende, vorwiegend in der kühlen, kalten, nebeligen Jahreszeit, das hat schon was. Vom Bahnhof ist man über die Thermenallee in fünf Minuten dort. Wer mit dem Rad angereist ist und nun auf den Retourzug nach Wien wartet, der findet in der Restauration gleich hinter dem Bahnhof ein brauchbares Warteplatzerl. Die Fleischlaberl mit Erdäpfelpüree schlagen jeden Burger mit Pommes um Längen. Noch ein Hinweis: Das mit Laa „an der Thaya“ ist so eine Sache. Man muss schon hinaus aus der Stadt und hinüber auf die andere Seite der Grenze, um etwas von dem schmalen Flüsschen zu erspähen.

www.laa.at, www.therme-laa.at

14 Die große Runde in den Norden

Die Nordwestbahn – Retz und sein herrlicher Hauptplatz – Der Reblaus Express nach Drosendorf – Stippvisiten in Znojmo/Znaim und Mikulov/Nikolsburg

Alle Stunden kann man nach Retz fahren, die Reise von Wien Hauptbahnhof dauert eine Stunde, zweiundzwanzig Minuten und wenn man am Praterstern einsteigt, ist die Fahrt um zehn Minuten kürzer. Es geht über Korneuburg und Stockerau durchs Weinviertel und auch durch den Bezirkshauptort Hollabrunn. Man fährt auf den Gleisen der ehemaligen Nordwestbahn, deren einstige Bedeutung man zum Beispiel am imposanten Bahnhofsgebäude von **Zellerndorf** erkennt: Es steht allein auf weiter Flur, hier war einmal ein Eisenbahnknotenpunkt. Doch verknotet wird hier schon längere Zeit nichts mehr: Die Gleise hinüber nach Westen, nach Sigmundsherberg an der Franz-Josefs-Bahn, sind funktionslos und von Gestrüpp überwuchert. Und der Ast nach Osten, durchs flache Pulkautal bis nach Laa an der Thaya, wird nur mehr sporadisch von Güter- oder Sonderzügen befahren.

Immerhin hat sich das Bahnhofsrestaurant in Zellerndorf über die Jahre gerettet. Im Ort kann man gut in den **Radweg** hinüber nach **Laa an der Thaya** einsteigen. Diese Route führt im Zickzack durch kleine Dörfer und nette Kellergassen, man streift stellenweise auch an der Grenze zu Tschechien an. Die Markierungen Richtung Laa sind vielfältig und oft verwirrend, aber irgendwie kommt man doch immer ans Ziel. Eine Hilfestellung: In Zellerndorf sucht und findet man den Weg hinter der Kirche (mit Karner) und folgt nun stur ostwärts fahrend den Radwegschildern mit der Nummer 81 bis zum **Schloss Seefeld.** Ab hier fährt man zuerst bergauf bis knapp vor der Grenze und dann wieder ostwärts, nun dem Kamp-Thaya-March-(KTM-)Weg folgend bis nach Laa. Von wo man wieder stündlich zurück nach Wien fahren kann (siehe S. 137).

Auf der **Nordwestbahn** (also der Linie nach Retz und Znaim) fuhren einst Züge via Iglau/Jihlava nach Prag. Ausgangspunkt in Wien war der heute nicht mehr existente Nordwestbahnhof in der Brigittenau. Er war einer der großen Ankunftsplätze der Immigranten aus den „Kronländern", seine im historisierenden Stil erbaute riesige Halle hatte eine wechselvolle Geschichte. Wer eine Vorstellung vom Bahnhofsflair anno 1875 bekommen will: Verewigt hat den Bahnhof der Wiener Maler Karl Karger (1848–1913) mit seinem Bild „Der Nordwestbahnhof in Wien". Es gehört dem Belvedere. Zu betrachten ist das Gemälde derzeit allerdings nur im Internet und als Kunstdruck.

Bereits 1923 wurde der Nordwestbahnhof für den Personenverkehr geschlossen und zum „Schneepalast" mit eingebauter Ski- und Rodelbahn umgewandelt. In der NS-Zeit wurden darin die Propagandaausstellungen „Der ewige Jude" und „Entartete Kunst" gezeigt – unter anderem mit Bildern von Oskar Kokoschka. In der Halle sprachen Göring, Göbbels und Adolf Hitler vor tausenden Parteigängern. Im Zweiten Weltkrieg wurde das Gebäude nahezu vollkommen zerstört, die letzten Reste dann 1959 demontiert. Der Frachtenbahnhof aber blieb bis nach der Jahrtausendwende ein wichtiger Güterumschlagplatz und fungierte auch als Containerterminal. Erst in den Jahren nach 2000 wurde das zum Großteil

„Ankunft eines Zuges am Nordwestbahnhof in Wien", Gemälde von Karl Karger, 1875

brachliegende Nordwestbahn-Areal von der Stadtplanung entdeckt, es sollen hier bald große Wohnsiedlungen entstehen.

Ende des Exkurses, wir sind wieder in der Gegenwart und auch schon in **Retz** angekommen. Zehn Minuten Fußweg, und man steht auf einem der größten Plätze, die man landauf, landab findet. Er war Filmkulisse für die TV-Serie „Julia – Eine ungewöhnliche Frau" mit Christiane Hörbiger in der Titelrolle. Leider gibt's noch immer zu viele Autos, die da herumstehen, aber man will ja nicht klagen: Der freistehende, 53 Meter hohe **Rathausturm** in der Mitte des Platzes ist ein Hingucker ersten Ranges und seine Besteigung erlaubt.

Das bekannte **Verderberhaus** an der Nordfront im venezianischen Renaissancestil, viele Barock- und Biedermeierhäuser reihum, einige auch mit Gaststätten und Schanigärten – hier bleibt man gern länger. Attraktionen gibt es in der 4400-Einwohner-Stadt genug: Den **Retzer Erlebniskeller** unter der Altstadt beispielsweise. Seine Kellerröhren sind in Summe zwanzig Kilometer lang und mit Führung zu besichtigen. Empfehlenswert ist auch der Besuch des **Fahrradmuseums** am Schlossplatz, ganz nahe am Hauptplatz. Die Sammlung ist gut sortiert und schön präsentiert.

Zu guter Letzt: Die **Windmühle** ist seit jeher ein Besuchermagnet. Sie liegt auf einer Anhöhe außerhalb der Stadt und vor allem:

Sie ist funktionsfähig, ein technikgeschichtliches Gustostückerl. Vom Hauptplatz bis auf den Standort Kalvarienberg ist es nur einen Kilometer zu Fuß, diesen Spaziergang muss man einfach machen, er ist ausgeschildert.

Retz liegt inmitten von Weingärten und am Fuß des Manhartsbergs, damit direkt an der Grenze von Wein- und Waldviertel; Ausflugs-, Wander- und Radfahrgelegenheiten gibt es hier ohne Ende.

www.retz.gv.at, www.fahrradmuseum.at

Mit dem Zug nach Drosendorf

Nicht nur Bahnfreunden sehr angeraten sei die Weiterreise nach Drosendorf mit der Museumsbahn **Reblaus Express.** Los geht's direkt vom Bahnhof Retz. Der meist mit einer roten 2043er-Diesellok bespannte Zug fährt gleich nach Retz den steilen **Manhartsberg** hinauf, lässt die letzten Weingärten hinter sich und fährt alsbald durch dichten Wald. Angehängt sind grüne Zweiachswaggons mit offenen Plattformen, ein Heurigenwagen und ein Güterwagen, in dem Räder gratis mitgenommen werden. Viele Ausflügler packen das Rad in den Zug, um von Drosendorf vorwiegend bergab zurück nach Retz zu rollen. Doch vorerst noch ein paar Worte zur Strecke selbst. Die streift nämlich den **Nationalpark Thayatal** mit der kleinsten Stadt Österreichs, **Hardegg,** direkt und sehr schön an der Thaya gelegen. Der Fluss bildet die heute offene Grenze, über eine schmale Brücke gelangt man in den tschechischen Teil des Nationalparks. Eine Wanderung im Nationalpark lässt sich gut von der Station **Niederfladnitz** bzw. von **Pleißing-Waschbach** aus starten, Hardegg ist von beiden Haltestellen freilich jeweils ungefähr sechs Kilometer entfernt. Das „Anglerparadies" **Hessendorf** hat eine eigene neue Haltestelle bekommen. Von der Station **Langau** sind es rund drei Kilometer zum Badesee Langau, einer ehemaligen Braunkohlegrube. Für Radfahrer am Rückweg nach Retz ideal zu erreichen! Bei der Weiterfahrt sieht man das Prämonstratenserstift **Geras,** ebenfalls ein gesuchtes Ausflugsziel mit einem Badeteich am Ortsrand.

Endstelle nach vierzig Kilometern abwechslungsreicher Fahrt ist **Drosendorf.** Nicht nur, weil Franz Grillparzer das alte Städtchen im Drama „König Ottokars Glück und Ende" verewigt hat, sollte man es besuchen. Gegründet im Jahr 1200, thront es stolz auf einer Felskuppe über der Thaya. Die 1,7 Kilometer lange **Stadtmauer** ist mitsamt ihren Türmen, Gräben und Toren fast vollstän-

Der „Reblausexpress“
fährt von Retz nach
Drosendorf (o.)
Radmuseum in Retz
(re. o.)
Schloss Drosendorf
(re. Mitte)
Retz: Windmühle,
ein Blickfang (re.)
Retz Hauptplatz: Vintage-
Radveranstaltung
„In velo veritas“ (ganz re.)

PANZER

VERDERBERHAUS

Hardegg im Nationalpark Thayatal: per Zug und Rad gut erreichbar

Znojmo/Znaim: Der REX hat hier Endstation

dig erhalten geblieben. Der Weg außenherum um die Stadt ist nett, ebenso der Blick hinauf zum **Schloss.** So wie vor hunderten Jahren kann man auch heute das Stadtinnere praktisch nur an zwei Stellen betreten bzw. befahren: durch die enge Horner Straße, an der einst das Horner Tor stand, und im Westen durch das **Raabser Tor.** Den Reiz der Stadt macht die harmonisch-geschlossene Verbauung des Hauptplatzes aus; er wird von schlichten Renaissance-, Barock- und Biedermeierfassaden umkränzt. Wer eine oder zwei Nächte bleibt, soll unbedingt eine Thaya-Wanderung unternehmen, das kleine Flüsschen windet sich reiz- und mühevoll im tiefen Tal durchs Gelände. Gut ausgeschilderte Wege gibt es genug, der „Studentensteig" darf auch von älteren Semestern betreten werden. Weitere Wandervorschläge gibt es auf den Internetseiten der Stadt.

www.reblausexpress.at, www.drosendorf.at

Auf Kurzbesuch in Znaim und Nikolsburg

Zurück in Retz, von wo sich eine Stippvisite in **Znojmo/Znaim** regelrecht aufdrängt. Schließlich will man ja wissen, wie die Stadt aussieht, die den Znaimer Gurken ihren Namen gab! Nun, auch Znaim liegt (so wie Drosendorf) hoch über der Thaya, die hier ihre letzten Kilometer im „Gebirge" fließt. Östlich von Znaim verwandelt sie sich bald in ein träges Flachlandgewässer.

Znaim selbst hat rund 34.000 Einwohner und gibt sich urban, zumindest im Vergleich zum nahen Retz. Mit dem Zug ist es ein Katzensprung hinüber, die REX-Züge von Wien haben ihre Endstelle hier in Znojmo. Zu Fuß sind es vom beachtlich großen Bahnhof rund zehn Minuten in die Stadtmitte. Achtung: Wer mit dem Rad von Retz nach Znaim fahren will, sollte tunlichst auf der Straße bleiben. Ab der Grenze zu Tschechien führt der ausgeschilderte Radweg nämlich auf einem sehr anspruchsvollen Mountainbike-Pfad zur Thaya hinunter und auch wieder fürchterlich steil bergan. – **Znaim** ist eine Stadt mit bewegter Geschichte, die in den letzten 150 Jahren mehrfach ihre Staatszugehörigkeit wechselte bzw. wechseln musste. Nach dem Ende des Ersten Weltkriegs und dem Zerfall der Donaumonarchie 1918 wurde die damals zweisprachige Kommune der neuen Tschechoslowakei einverleibt, der Anteil der deutschen Bevölkerung sank rasch von 85 auf 39 Prozent. Hitler gliederte die Stadt dann an den Gau Niederdonau des Deutschen Reichs an, die meisten Tschechen und Juden flohen nach dem Einmarsch der deutschen Truppen. Nach 1945 wurde Znaim Znojmo und Teil der ČSSR. Jetzt mussten im Gegenzug die meisten deutschsprechenden „Südmährer" die Stadt verlassen bzw. flohen vor den Gewalttaten der Revolutionsgardisten und Nationalisten. Nur rund 200 von ihnen konnten bleiben. Die Grenze zu Österreich wurde 1948 hermetisch abgeriegelt. Nach 1989 gehörte Znojmo zur ČSFR, nach der Trennung von der Slowakei ist sie nun Teil Tschechiens und der EU. Man sollte diese Geschichte der wechselseitigen Vertreibungen und Verfolgungen zumindest im Kopf haben, wenn man hier als ahnungsloser österreichischer Tourist herumspaziert.

Der riesengroße **Hauptplatz** wird von einem Kaufhaus-Implantat aus der Zeit des realen Sozialismus beherrscht. An seiner Stelle stand bis 1945 das Rathaus, das allerdings zu Kriegsende zerstört wurde. Ansonsten: Alles gut. Der Platz wird vom immerhin achtzig Meter hohen, stehen gebliebenen **Rathausturm** aus dem Jahr 1445 mit seinem markanten fünfspitzigen Giebel überragt. Wertvollstes historisches Baudenkmal ist die **romanische Rotunde** der heiligen Katharina mit ihren reichen romanischen Fresken. Wichtig auch noch der **Dom** des heiligen Nikolaus, das alles überragende Kirchenbauwerk der Stadt. Dorthin und zur angrenzenden Wenzelskapelle muss man schon deswegen unbedingt, um den Ausblick ins Thayatal zu sehen. Auch ein technisches Baudenkmal ist bestaunenswert: die hohe **Thayabrücke** der Nordwestbahn, errichtet anno 1871, also vor mehr als 150 Jahren. Aus Österreich kommend fährt man kurz vor der Einfahrt in den Bahnhof von Znaim drüber, der Anblick ist immer noch beeindruckend.

Wer genügend Zeit hat, wählt von Znaim eine andere Route für die Retourfahrt nach Wien. Es braust von hier nämlich ein kleiner Zug vorwiegend parallel zur österreichischen Grenze durch das flache Südmähren gen Osten nach **Mikulov/Nikolsburg**, das würdig an die Geschichte seiner jüdischen Gemeinde erinnert. Der jüdische Friedhof ist einer der größten ganz Tschechiens, der Weg dorthin führt an der gut erhaltenen, für Besucher geöffneten Synagoge und alten jüdischen Bürgerhäusern vorbei, es gibt auch einen eigenen Lehrpfad durch das jüdische Viertel. St.-Wenzel-Kirche, Schloss, Stadtplatz, der Heilige Berg, die nahe Turold-Höhle, Weingärten ringsum, etliche gute Lokale im Zentrum: Mikulov kann man ausgehend vom Bahnhof gut entdecken und sollte das auch tun. Die An- bzw. Abreise klappt auch gut über **Břeclav/Lundenburg** an der Nordbahn (siehe S. 54).

www.mikulov.cz, www.sued-maehren.de

15 Lovely Kamptal

Mit Bahn und Rad durchs Tal – Die Weinstadt Langenlois – Zöbing und der Heiligenstein – Sommerfrische in Gars – Die stolze Rosenburg und Stift Altenburg – Kunststadt Horn

Kamptal. Das klingt nach Freibad und Sommerfrische, nach Heurigen und Kellergasse, nach Riesling und Veltliner. Es klingt nach Radfahren, Wandern und nach: **Kamptalbahn.** In einer guten Stunde ist man von Wien aus gesehen da.

Bevor wir auf die Reise gehen, ein paar Worte zur Strecke an sich. 1889 fertiggestellt, war sie von Anfang an eine Ausflugsbahn, hatte die Aufgabe, neben Gütern auch Sommerfrischler ins Tal zu holen. Wie nicht anders zu erwarten, brachte die Fertigstellung der Strecke zwischen Hadersdorf am Kamp (am Kremser Ast der Franz-Josefs-Bahn) und Sigmundsherberg (an der „richtigen" Franz-Josefs-Bahn nach Gmünd und Prag) dem Tal einen enormen Aufschwung. Zweitwohnsitze entstanden, Gründerzeitvillen schossen aus dem Boden, die freilich, wie der Kunsthistoriker Dieter Bogner sagt, im Vergleich zum Semmering oft von „zweit- und drittklassiger Qualität" waren.

Das Kamptal avancierte jedenfalls vor dem Ersten Weltkrieg zur beliebten Sommerfrische der Wiener Gesellschaft. Zwischen den Kriegen belebte sich das Tal aufs Neue, auch viele jüdische Bürger waren unter den Gästen. Damit war es ab 1938 vorbei. Nach dem Zweiten Weltkrieg, in den Fünfzigerjahren, wird die Kamptal-Bundesstraße gebaut, sie kann den Niedergang der Region aber nicht stoppen. Jetzt badet man lieber an der lauwarmen Adria und nicht im kalten Kamp. Die Zeit blieb stehen, das Tal konnte sich dadurch seinen Charme bewahren. Und erlebt nun seit vielen Jahren, auch dank des Kamptaler Weins, eine ordentliche Renaissance.

Unterwegs mit dem „Kamptaler"

Zu unserem großen Glück wurde die Bahn durchs Tal nicht eingestellt. Im Gegenteil: Jetzt wird investiert und modernisiert. Was bisweilen „Schienenersatzverkehr" bedeutet. Scotty weiß alles! Es ist in jedem Fall eine wunderbare Fahrt, die man da zwischen

Gmünd
Hötzelsdorf-Geras
Irnfritz
Pernegg
Staningersdf.
Theras
Leeberg
Walkenstein
Wechselberg
Trampelbach
Eibenbach
Pulkau
Missingdorf
Poigen
St. Bernhard
Mödring
Sigmundsherberg
Rafing
Neukirchen
an der Wild
Große Taffa
Frauenhofen
Kattau
Großburgstall
Klein-
Meiseldorf
Eichberg
Horn
Meiseldorfer
Teich
Fuglau
Altenburg
Mühlfeld
Taffa
Mold
Eggenburg
Rosenburg
Absdorf-Hippersdorf
Wien
Etzmannsdf.
am Kamp
Zaingrub
Kamegg
Reinprechtspölla
Burgschleinitz
Loibersdf.
St. Leonhard
am Hornerwald
Gars/Kamp
Harmannsdorf
Thunau
am Kamp
Zitternbg.
Kotzendorf
Wolfshoferamt
Tautendorf
Sachsendorf
Buchberg
Maiersch
Ober-
-tautendorferamt
Untertauten-
dorferamt
Freischling
Maissau
Plank
Oberplank
Klein-
Burgstall
Wilhelmsdf.
Grübern
Altenhof
Manhartsberg
537
Thürneustift
Eggendorf
am Walde
Schiltingeramt
Stiefern
Gföhleramt
Loisbach
Schiltern
Mühlbach
am Manhartsberg
Mittelbergergamt
Mollands
Schönberg
Schönberg-
Neustift
Hohenwarth
Lengenfelderamt
Zöbing
Elsarn
im Straßertal
Loiser Berg
Schilterner Berg
Langenlois
Haindorf
Hengstberg
371
Kammern
Lengenfeld
Straß
im Straßertale
Gösing
am Wagram
Gobelsburg
Senftenberg
Hadersdorf/Kamp
Absdorf-Hippersdorf
Wien
Stratzing
Krems/Donau
Walkersdf.
am Kamp
Etsdorf am Kamp
Fels
am Wagram
Gobelsberg

Hadersdorf und Horn und weiter bis hinauf nach Sigmundsherberg genießen kann. Der alte 5047er-Triebwagen saust brav um die vielen Kurven, nähert sich steilen Felswänden, fährt oft dicht am Wasser entlang. Die Ausblicke wechseln rasch, die Bahn quert mehrmals das Flüsschen, die alten Stahlgitterbrücken sind Wahrzeichen des Tals und gesuchte Fotomotive. Man lehnt am offenen Fenster und kann sich nicht sattsehen an der Bilderflut. Sind es zuerst noch Weingärten und kleine Auwäldchen, so ist es weiter oben dann schon dichter Nadelwald, den man passiert. Ruinen, Burgen, Schlösser, Kirchen, Gründerzeitvillen, alles fliegt an einem vorbei. Sommerbäder, Paddelboote, Radfahrer; von der Straße hört und sieht man wenig, man darf die Fahrt im Kamptalexpress einfach genießen. An schönen Sams- und Sonntagen ist das Zügle manchmal ziemlich voll. Da kann es schon sein, dass der Lokführer aus seinem Fenster herausschreit, dass „vurn ka Plotz" mehr ist, und man bitte hinten, in den zweiten Wagen, einsteigen solle.

Ab Rosenburg verlässt der Zug den Fluss und fährt bergauf ins weite Horner Becken. Im Optimalfall dauert die Fahrt von Hadersdorf bis Horn fünfzig Minuten. Nochmals eine ordentliche Steilstufe und man ist in Sigmundsherberg, wo man in die Franz-Josefs-Bahn umsteigen kann. Meist muss man, um hierher zu gelangen, in Horn umsteigen. Nicht umsteigen muss man, um von Horn nach St. Pölten zu gelangen; die Triebwägen fahren über Hadersdorf weiter nach Krems und von da direkt in die niederösterreichische Landeshauptstadt.

Beginnen wir unserer Reise in **Hadersdorf am Kamp.** Der Ort hat einen mit weitläufigen, parkähnlichen, von barocken Bürgerhäusern umstandenen Hauptplatz. In einem der Häuser hat der bekannte Schweizer Künstler Daniel Spoerri (geb. 1930) sein Exil gefunden, es gibt Werke aus seinem Schaffen und wechselnde Ausstellungen zu sehen. Auch das nahe „Esslokal" am Hauptplatz gehört zu Spoerris Hadersdorf-Reich. Der Ort und sein schöner Platz liegen einen guten Kilometer vom Bahnhof entfernt.

www.spoerri.at

Erste Station kamptalbahnaufwärts (bei Ausstiegswunsch Knopf drücken!) ist **Gobelsburg.** Bekannt ist der kleine Ort durch das prächtige **Schloss** und das darin befindliche Weingut.

Dann kommt schon die „Weinstadt“ **Langenlois.** Der Hauptplatz ist vom Bahnhof maximal 15 Gehminuten entfernt, der Weg führt, vom Bahnhof links abgehend, durch zwei Parkanlagen.

Wahrzeichen ist die Weinerlebniswelt **Loisium** samt dem Loisium-Hotel, beides geplant vom US-Architekten Steven Holl. Es gibt darüber hinaus etliche Heurigen- und sonstige Lokale sowie zwei Vinotheken – eine im Loisium, die andere im so genannten „Ursinhaus“ gleich hinter dem Kornplatz, wo sich auch die Touristeninfo befindet. Inmitten der Reste eines Auwalds liegt, einen Kilometer östlich der Stadtmitte, ein altes **Kampbad** mit Badehaus aus den Zwanzigerjahren.

Der Weinort **Zöbing,** eine Haltestelle nach Langenlois flussaufwärts, hat die schönste Kellergasse des ganzen Kamptals anzubieten. Man sitzt, erhaben über dem Tal, am Fuß des „Rieslingbergs“ **Heiligenstein,** auf dessen Gipfel eine Aussichtswarte thront. Der Aufstieg lohnt, die Einkehr in einem Heurigen der Kellergasse sowieso. Am durchterrassierten Heiligenstein haben bekannte Langenloiser Winzer, allen voran Willi Bründlmayer, ihre besten Rieden.

Von der Haltestelle Zöbing bis in die Kellergasse sind es rund 15 Gehminuten, auf die Kamptalwarte gelangt man in weiteren dreißig Minuten.

www.ursinhaus.at, www.loisium.com, www.kamptal.at

Ab Zöbing wird das Tal enger. Im Osten die Hänge des Manhartsbergs, im Westen steigt das Waldviertel hoch. Von **Schönberg** mit der markanten Wehrkirche führt ein „Weinwanderweg“ bergauf nach **Mollands.** In diesem kleinen Weinort hoch über dem Tal befindet sich in schöner Lage ein kulinarischer Hotspot, die Weinbeisserei. Die Vinothek von Schönberg befindet sich in der Alten Schmiede, dem Touristenbüro und Veranstaltungszentrum der kleinen Gemeinde. Ein netter Spaziergang führt von Schönberg auf den Kalvarienberg, von hier kann man auch weiter nach Stiefern gehen.

Stiefern und **Plank,** die nächsten Haltestellen, sind verträumte Sommerfrischen und fest in der Hand von Zweitwohnsitzern. Es ist, nebenbei bemerkt, sehr schön, direkt am Fluss zu gehen, zu spazieren, zu wandern. Gute Marschierer gehen die 25 Kilometer von Langenlois bis Rosenburg (oder umgekehrt) an einem Tag, aber natürlich sind auch kürzere Etappen erlaubt, man kann ja in jedem Ort in die Bahn einsteigen.

Heiligenstein bei Zöbing: schöne Aussicht, bester Riesling

Sommerfrische Gars und Rosenburger Burgerlebnis

Gars, 20 Kilometer nördlich von Langenlois, ist der bekannteste Sommerfrischeort des Tals. Im Mittelpunkt des Orts steht stolz das ausschließlich der Damenwelt vorbehaltene Gesundheitsresort **La Pura**. In den Jahren vor dem Ersten Weltkrieg erbaut, hat der ehemalige „Kamptalerhof" viele Wandlungen durchgemacht, war etliche Jahre auch als Willi Dungls „Bio-Vital-Hotel" bekannt. Über dem Ort ist die **Babenbergerburg** ein Blickfang; in ihren Gemäuern findet seit geraumer Zeit das sommerliche Garser Ope(r)n-Air-Festival statt. Von der Burg aus hat man einen schönen Blick auf Ort und Tal. Rund um den Ort sind etliche Wanderwege angelegt, einer führt z. B. zur rekonstruierten Slawenburg auf der „Schanze".

www.gars.at

Weitere fünf Kilometer flussaufwärts erblickt man hoch über dem Tal das Wahrzeichen des Kamptals, die **Rosenburg.** Von der Bahnstation ausgehend muss man nur die Straße, dann die Gleise und zuletzt den Kamp überqueren, und zwar auf dem Fußgängersteig,

5047 023-6
ÖBB

Langenlois, Kornplatz mit Dreifaltigkeitssäule und „Ursinhaus" (o.)
Kamptalbahn: Stopp am Bahnhof Langenlois (ganz o. li.)
Daniel Spoerri: Die Haderer, Hadersdorf (li. Mitte)
Blick ins Wein-Tal (u. li.)
Heimo Zobernig: Traube, Langenlois (li.)

direkt neben der Bahnbrücke. In zwanzig Minuten ist man, keuchend, aber doch oben.

Die Burg wurde exakt an jener Stelle errichtet, an der der Kamp seine Fließrichtung von Ost nach Süd ändert. Bis ins ausgehende 15. Jahrhundert war hier wenig los, später aber wird die Rosenburg Zentrum der Reformationsbewegung. Ende des 16. Jahrhunderts wird sie im Stil der Renaissance umgebaut und erweitert. Seit Ende des 17. Jahrhunderts ist die seit langem unbewohnte Museumsburg im Besitz der Familie Hoyos, eines alten Adelsgeschlechts. Viel ist hier heute zu sehen: Vor allem die Falknerei hat auf die Rosenburg neues Leben gebracht. Auch sonst ist ein Besuch der weitläufigen Anlage sehr angeraten, der Blick von der Terrasse ins Tal wunderbar.

www.rosenburg.at

Verfolgt man den **Kamp** per pedes von der Ortschaft Rosenburg flussaufwärts, gelangt man auf einer schmalen Straße zum Kleinkraftwerk Rosenburg, zur Rauschermühle und zum **Umlaufberg,** wo der Kamp eine Beinahe-360-Grad-Schleife ins Gestein gefräst hat. Von da gelangt man über den kleinen Staubereich des Kraftwerks, über das Naturdenkmal „Hängender Stein" und die „Bründlleitn" auf einer ausgedehnten Wanderung bis in den Weiler **Steinegg.** Dieser Talabschnitt sollte einst (so ähnlich wie zwischen Ottenstein und Thurnberg) überstaut werden; der Plan wurde in den Achtzigerjahren durch eine Bürgerinitiative vereitelt.

Ein letzter Hinweis für eine Wanderung bzw. eine Radtour ab Rosenburg: Über besagte Rauschermühle führt ein Wanderweg zum nahen **Stift Altenburg,** das in wunderbarer Lage hoch über dem Kamp liegt. Auch eine Straße führt vom Ort Rosenburg hierher, sie steigt fünf Kilometer permanent, aber niemals steil an.

Das 1144 gegründete Benediktinerstift ist in seinem heutigen Erscheinungsbild ein Werk Josef Munggenasts (1680–1741), berühmte Fresken in der Stiftskirche und in anderen Teilen des Stifts hat Paul Troger (1698–1762) beigesteuert. Ohne auf die Details dieses barocken Gesamtkunstwerks einzugehen: Die Bibliothek mit 11.000 Bänden ist Munggenasts und Trogers Meisterstück, prachtvoller geht es kaum. Hier finden auch immer wieder große Konzerte, nicht zuletzt des Waldviertler Kammermusikfestivfals „Allegro Vivo", statt.

Hoch über dem Kampknie: Die Rosenburg

Außer bei Veranstaltungen gelangt man nur über eine Führung in diesen Teil des Stifts.

www.stift-altenburg.at

Zurück auf der Bahn! Hinaus geht's aus dem tiefen Tal ins lichte Horner Becken und in die Bezirkshauptstadt **Horn.** Der große Bahnhof der Bezirkshauptstadt steht allein auf weiter Flur, doch der Weg ins Zentrum ist in zehn Minuten machbar. Horn ist eine Kulturstadt. Im ehemaligen Piaristengymnasium und heutigen **Kunsthaus Horn** hat das Kammermusikfestival „Allegro Vivo" seinen Stammsitz, auch sonst ist hier immer einiges los.

www.kunsthaus-horn.at

Der **Kamptal-Radweg** führt von Horn abwärts vorerst durchs Taffatal (oder auf der Straße, auch keine Schwierigkeit), ab Rosenburg direkt neben, ab Gars dann meist abseits der Bundesstraße. Unterwegs findet man Badeplätze, Heurigenlokale, schöne Ausblicke. Da der Radweg manche Kampschlinge abschneidet, gibt es auch

Ideal kombinierbar: Kamptalbahn und Kamptal-Radweg

etliche Höhenmeter zu bewältigen. Das sollte aber niemanden abschrecken, diese abwechslungsreiche Tour zu wagen.

Von Horn weiter hinauf nach **Sigmundsherberg** an der Franz-Josefs-Bahn geht's mit einem Anschlusstriebwagen, die Wartezeit in Horn kann sich hinziehen. Das ist jetzt eine richtige Bergstrecke, man fährt durch dichten Nadelwald über den Manhartsbergrücken und letztlich in einer großen Schleife hinein in den frisch renovierten Bahnhof Sigmundsherberg.

Über eine Fußgängerbrücke und das Park-and-ride-Gelände erreicht man das am Westende des Bahnhofs gelegene **Waldviertler Eisenbahnmuseum Sigmundsherberg.** Im Rundlokschuppen (samt Drehscheibe) warten etliche fahrbereite Dampf- und Dielloks auf ihren Einsatz, im schön gestalteten Museum selbst gibt es etliche schöne Erinnerungsstücke an die Franz-Josefs-Bahn und auch ein Buffet.

www.eisenbahnmuseum-waldviertel.at

16 Hinauf ins Waldviertel

Die Franz-Josefs-Bahn – Eggenburg am Manhartsberg – Radfahren auf alten Gleisen – Kulturstadt Slavonice

„Will man fahrn in den Himmel. Wie stellt man das an?
Man macht halt a Fahrt mit der Franz-Josephs-Bahn!"

Am Anfang unserer Reiseempfehlungen steht eine Mordsgeschichte. 1875, ein Jahr nachdem die Franz-Josefs-Bahn durchgehend befahrbar war, passierte nämlich gleich einmal ein schweres Eisenbahnunglück, auf das sich der alte Spottvers bezieht. Ein karrieresüchtiger Bahnwärter lockert die Schrauben der Gleise, eilt dann aber dem Personenzug entgegen, um den Lokführer zu warnen. Er hofft, nach dieser vorgetäuschten Rettungsaktion wegen besonderer Aufmerksamkeit befördert zu werden. Doch der Lokführer sieht im dichten Nebel nicht die aufgeregt geschwenkte rote Laterne des Streckenwärters, der Zug Wien–Budweis stürzt kurz vorm Bahnhof Schwarzenau von der sogenannten Willingser Brücke. Zehn Menschen sterben, 81 werden schwer verletzt.

Bevor wir ins Detail gehen, noch einige Randbemerkungen. Die Strecke, auf der einst die Schnellzüge von Wien nach Prag verkehrten, hat als einzige Linie ihren aus der Kaiserzeit stammenden Namen in die Gegenwart herüberretten können. Bis zum ersten Weltkrieg konnte man im „Salonwagen" über die „F.J.B" nach Karlsbad reisen, „Appartements auf Rädern" rollten zwischen Wien und Prag und nach Budweis fuhr man im „Couririzug". Die Bahn wurde, so gekrümmt ihre Linienführung auch war und ist, als Fernbahn konzipiert. Sie sollte neben dem Personenverkehr der stark wachsenden Reichshauptstadt Wien den Zugang zu den Steinkohlelagern des Pilsner Beckens ermöglichen, sollte Wien mit dem sächsischen Industriegebiet und norddeutschen Handelsplätzen verbinden. Für den Nahverkehr hatte sie dagegen weniger zu bieten: Weder Horn noch Groß-Siegharts, weder Waidhofen an der Thaya noch Zwettl wurden und werden von der Franz-Josefs-Bahn, früher spöttisch auch „Jessas-Maria-und-Josefs-Bahn" genannt, angesteuert. Das auch deshalb, weil die Widerstände in den Orten gegen die Bahn größer als sonstwo waren. Fuhrwerker hatten Angst vor der Konkurrenz, dazu kam, wie eine zeitgenössische Quelle schreibt, die Sorge, von „Gesindel und Ortsfremden" überrannt zu werden.

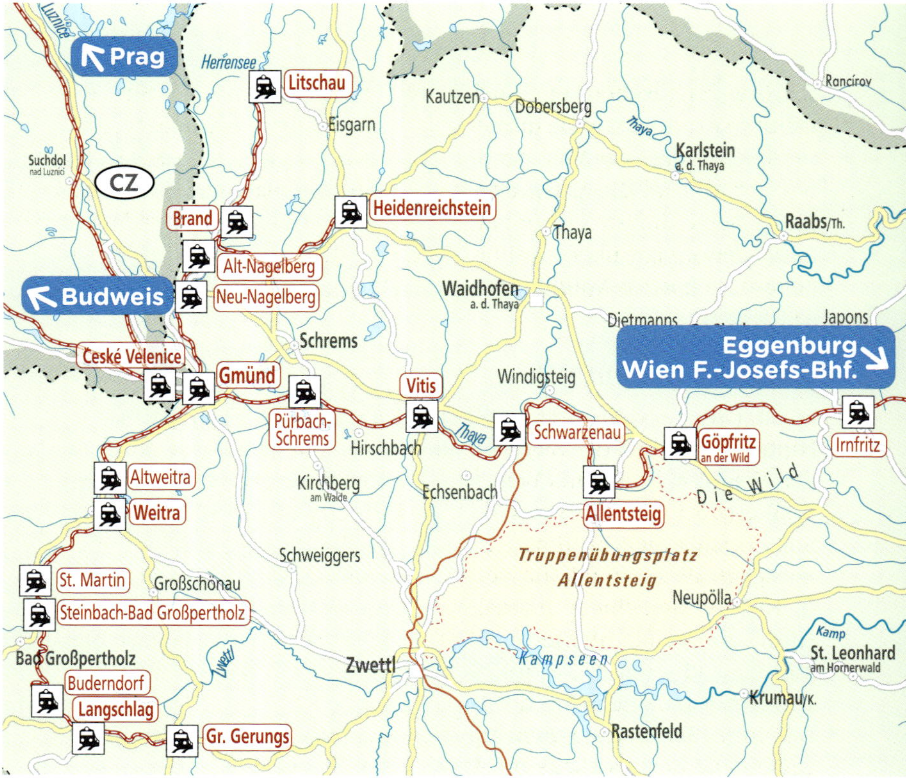

Nach dem Zweiten Weltkrieg und der Abschottung der ČSSR durch den Eisernen Vorhang blieb – immerhin – ein reduzierter Fernverkehr erhalten. Der „Vindobona"-Express fuhr vom Franz-Josefs-Bahnhof über Prag und Dresden nach Berlin, ab den frühen Siebzigerjahren zeitweise mit einer stromlinienförmig-futuristisch designten Triebwagengarnitur, dem in der DRR gebauten „VT18.16". Der Triebkopf hatte eine lange Schnauze, die Fenster im vorderen Teil, der ersten Klasse, ähnelten Bullaugen, lackiert waren die Garnituren beige und rot. Das war ein Zug!

Nach dem Ende der ČSSR und der DDR ab 1990 wurde der Fernverkehr nach Prag und Berlin über Brünn/Brno umgelenkt, die F.J.B. versank im Dornröschenschlaf. Erst 2021 einigten sich die Verkehrsminister*innen von Österreich, Tschechien und Deutschland darauf, eine neue Schnellverbindung zwischen Wien und Berlin aufzubauen, freilich erst nach dem Durchstich eines Riesentunnels durch das Erzgebirge. 2020/21 wurden die Bahnhofsgebäude auf österreichischer Seite auch stilvoll renoviert, nur die Strecke bleibt so krumm, wie sie immer war. Das freut den Vergnügungsreisenden, weniger das Volk der Pendler*innen. Doch ganz so schlecht wie ihr Ruf ist die Leistung der Franz-Josefs-Bahn auch wieder nicht: Die schnellsten Regionalexpress-Züge von Gmünd nach Wien benötigen knapp über zwei Stunden. Mit dem Auto ist man, da es bekanntlich keine Waldviertel-Autobahn gibt, kaum schneller.

Die Waldvierteldurchfahrung

So jetzt aber auf die Strecke! Über Tulln (siehe S. 104) und Absdorf-Hippersdorf fährt der Zug, vorerst auf flachem Terrain, dann über den Wagram, hinein ins Weinviertel und schwingt sich über **Groß-Weikersdorf** und **Ziersdorf** endlich Richtung Waldviertel. Ab der Station **Maissau** erklimmt die Bahn den Manhartsberg, die Grenze zwischen Wein- und Waldviertel. Obwohl es sich um relativ geringe Höhenunterschiede handelt, ist diese Geländekante doch eine Klimagrenze. Bis hierher und nicht weiter wird Wein gebaut. Bis hierher und nicht weiter reichte vor zigtausenden Jahren auch das Tertiärmeer, dessen Ufer der Manhartsberg war. Hier schwammen Delphine, Seekühe, ja auch Haifische in der Gegend herum. Stein gewordene Beweisstücke für die maritime Vergangenheit wie Haifischzähne oder Versteinerungen von Muscheln und Schnecken sind im berühmten Krahuletz-Museum von Eggenburg (s. u.) in reicher Zahl zu finden. Oben am Manhartsberg tut sich ein weiter Blick zurück ins Weinviertel auf, ins Auge sticht die einsam auf einer Geländekuppe thronende Kirche von **Wartberg.**

Eine erste eigene Reise mit der F.J.B. könnte ins schon genannte **Eggenburg** führen. Die kleine Stadt ist von einer fast vollständig erhaltenen **Stadtmauer** umkränzt. Am schönen Hauptplatz findet alle Jahre wieder ein weithin bekanntes Mittelalterfest statt. Die **Pfarrkirche zum hl. Stephan** fällt durch ihre zwei romanischen Türme aus dem Hochmittelalter auf. Das Bild ist ungewöhnlich, da das Kirchenschiff die Türme überragt. Die Stadt war einst berühmt für die hier praktizierte Steinmetzkunst. Der leicht zu bearbeitende Zogelsdorfer Kalksandstein, der in etlichen Steinbrüchen der Umgebung gewonnen wurde, war auch das Ausgangsmaterial der Wiener Ringstraßenbauten. Der rund einen Kilometer lange Fußweg vom Bahnhof zum Hauptplatz führt links vom Bahnhofsvorplatz hinunter in die Stadt. Die Straße windet sich dagegen rechts

Auf einsamer Wacht:
die Kirche von Wartberg,
nahe Eggenburg (li. o.)
Slavonice/Zlabings,
Sgraffitohaus (li.)
Mittelalterfest in
Eggenburg (li. Mitte)
Thayarunde: Radweg auf
alter Bahntrasse (li. u.)
Waidhofen an der Thaya:
Rathaus im Lego-Stil

hinab. Man kommt zwangsläufig am **Krahuletz-Museum** mit der Touristeninfo vorbei. Von hier nehmen auch etliche Rundwanderwege ihren Ausgang. Für ein erstes Kennenlernen empfiehlt sich der Stadtmauerrundweg. Das Kaffeehaus am Hauptplatz ist eine Extra-Empfehlung.

www.tourismus.eggenburg.at

Next Stop: **Sigmundsherberg.** Hier zweigt die Kamptalbahn nach Horn, Rosenburg, Gars und Langenlois ab (siehe S. 156). Immer mehr Waldpassagen folgen, immer weniger, immer kleinere Orte sind zu sehen. Über die Haltestelle **Hötzelsdorf-Geras** – das Stift Geras ist etliche Kilometer entfernt – gelangt man nach **Göpfritz.**

Hier kann man eine interessante Radtour starten. Auf bzw. parallel zu den Schienen einer stillgelegten Bahnstrecke kann man – immer relativ flach – über Groß-Siegharts nach Raabs an der Thaya radeln. Und noch viel weiter. Nämlich auf der sogenannten **Thayarunde** hinüber nach Tschechien und entlang der Grenze nach Westen, nach **Slavonice/Zlabings.** Von wo man, auf der Trasse einer anderen aufgelassenen Bahn zurück nach Österreich, nach Dobersberg und **Waidhofen an der Thaya** rollt. Und von dieser Bezirkshauptstadt die Runde zurück nach Göpfritz schließt.

www.thayarunde.at

Man muss noch ein bisschen was sagen zu dieser Tour, die Rennradfahrer in einem Tag abspulen, für die Tourenradler aber zwei oder drei Tage veranschlagen sollten. Raabs mit seiner stolzen Burg ist super, vor allem aber das tschechische **Zlabings/Slavonice** ist mit seinem dreieckigen, von Renaissancehäusern umstandenen Hauptplatz ein Highlight. Im Städtchen haben sich Künstler und Kunsthandwerker angesiedelt und den Ort zu einer gesuchten Ausflugsdestination (und Radlermetropole) gemacht, Restaurants gibt es genug. Während auf österreichischer Seite die Bahnstrecke demontiert (und zum Radweg umfunktioniert) wurde, fährt hier herüben der Zug. Und ist von Ausflüglern und Radfahrern gut frequentiert. Die Reise mit der Bahn geht ins nochmals berühmtere, 25 Kilometer nördlich von Slavonice gelegene **Telc.** Renaissanceplatz, zahlreiche Häuser mit Laubengängen, Schloss, das Drumherum, diese Kleinstadt ist einfach überwältigend. Die Fassaden sind von modernen Geschäftsportalen verschont geblieben. Man kann das von drei Fischteichen umgebene Musterstädtchen umwandern oder die Umgebung per Rad erkunden. Das Land ist wie gemacht fürs Rad, und wie man hier sieht, braucht es nicht immer eine zuasphaltierte Bahntrasse, um die Menschen für die Fortbewegungsart auf zwei Rädern zu begeistern.

www.telc.eu

Pürbach-Schrems ist der letzte Halt vor Gmünd. Die Braustadt **Schrems**, bekannt auch für die Heimat der GEA-Waldviertler Schuhe, ist vier Kilometer entfernt, auf halbem Weg dorthin befindet sich eines der nettesten Ausflugslokale des ganzen Waldviertels, die Waldschenke Schreiber, auf einer Anhöhe am Waldesrand gelegen. Das Dorf Pürbach, direkt an der Bahn, ist bekannt für sein „Hoftheater", das seit vielen Jahren ein ambitioniertes Ganzjahresprogramm bietet.

www.hoftheater.at

Dass es ganz nahe am Ort (und Bahnhof) von Pürbach auch einen der vielen Waldviertler Teiche gibt, in denen man „wild" baden darf, sei ebenfalls erwähnt. Man befindet sich hier im Gebiet der „Mitteleuropäischen Wasserscheide", was bedeutet, dass sich die Wässerchen, die hier entspringen, nicht so recht entscheiden können, ob sie jetzt nach Süden und Osten, also zur Donau, oder doch nach Westen und Norden, und hiermit zur Elbe, fließen sollen. In Gmünd ist die Sache dann klar: Braunau und Lainsitz fließen eindeutig in die Nordsee. Brauchen aber wohl einige Zeit, bis sie dort ankommen.

Gmünd, das ist die Stadt an der Grenze (siehe S. 164). Unser Zug fährt noch in einem kurzen Bogen hinüber nach **České Velenice**, Gmünds tschechische Schwesterstadt. Alles ganz einfach, nur mit der Verständigung wird's hier herüben bisweilen ein bisschen umständlich (siehe S. 174).

17 Gmünd und die Waldviertelbahnen

Die Grenzstadt Gmünd und die berühmte Blockheide – Die Waldviertler Schmalspurbahnen nach Weitra, Groß-Gerungs, Litschau und Heidenreichstein (Landkarte siehe S. 158)

Wir sind mit der Franz-Josefs-Bahn aus Wien angekommen, die Fahrt hierher dauert etwas mehr als zwei Stunden. Der Bahnhof Gmünd im „Bungalowstil" schaut anders aus als die anderen, stolzen Bauwerke entlang der Strecke. Aus folgendem Grund: Der eigentliche Bahnhof, jener, der heute in der Schwesterstadt České Velenice steht, wurde 1920 der neu gegründeten Tschechoslowakei zugeschlagen. Das österreichische Bahnhofsgebäude wurde nach dem Zweiten Weltkrieg neu gebaut und 2017 renoviert. Etwas versetzt vom ÖBB-Bahnhof befindet sich die 2014 neu gebaute Abfahrtshalle der Waldviertler Schmalspurbahnen nach Groß-Gerungs bzw. Litschau und Heidenreichstein (zu diesen Bahnen weiter unten).

Gmünd hat knapp 6000 Einwohner, liegt auf rund 500 Meter Seehöhe und 200 Meter hinter dem Stadtplatz, zu dem man vom Bahnhof in einem rund zehnminütigen Fußmarsch gelangt, ist schon die Grenze zu Tschechien. Bis 1989 schnitt mitten durch die Stadt der Eiserne Vorhang, heute ist von der Grenze nichts mehr zu sehen und zu spüren. Etliche Übergänge, auch solche für Radfahrer und Fußgänger, verbinden die ehemals so hart getrennten Stadtteile. Die Stadt, groß geworden durch den Bahnbau, beherbergt einige Industriebetriebe, doch uns interessieren die touristisch schönen Seiten. Das alte, freistehenden Rathaus ist ein Renaissancebau aus der zweiten Hälfte des 16. Jahrhunderts. Die Fassaden der Häuser ringsum sind jüngeren Datums, zwei Sgraffitohäuser bilden da die Ausnahme.

Hauptgrund, nach Gmünd zu fahren, ist der 120 Hektar große **Naturpark Blockheide.** Vom Stadtplatz bis zum Info-Zentrum des großen Areals sind es rund zwanzig Gehminuten. Riesige Granitblöcke stehen bzw. liegen verstreut in der Heidelandschaft herum, natürlich gibt's auch Wackelsteine. In der Mitte des Naturparks befindet sich ein kleiner Teich, dazu ein Aussichtsturm. Die ausgeschilderten Spazierwege mit vier bzw. 5,7 Kilometer Länge sind

Waldviertelbahn: der Triebwagen kurz vor Weitra

schöne, einfache Spazierrunden. Wer will, kann hier alles über Granit erfahren, von der Entstehung bis zur Verarbeitung.

Noch eine Gmünder Attraktion: das **Sole-Felsen-Bad.** Man erreicht es vom Bahnhof kommend in rund zwanzig Gehminuten. Die Saunawelt und die Lage direkt am Aßangteich, in dem man im Sommer herrlich schwimmen kann, das ist eine mittlere Portion Luxus. Überhaupt ist die Stadt von Teichen umgeben, selbst in unmittelbarer Nähe zur Stadt liegen etliche – man kann sie auf dem „Teichkettenweg" kennenlernen, der beim Bahnhof beginnt.

Rund um Gmünd gibt es viele Radwege, aber auch wenig befahrene Nebenstraßen. Reizvoll sind auch Radtouren nach Tschechien. Bald hinter der Grenze, bei Nové Hrady/Gratzen, beginnt eine ausgedehnte Teich-Seen-Landschaft, das wunderbare, vierzig Kilometer nördlich von Gmünd gelegene **Třeboň** ist auf Radwegen bzw. Nebenstraßen zu erreichen (siehe S. 174). Wer nicht so weit fahren will, findet auf ungefähr halbem Weg um **Chlum** das „böhmische Kanada". Stets auf österreichischer Seite bleibt dagegen der **Wasserlandschafts-Radweg.** Er führt auf rund 71 Kilometern in großem Bogen über Altnagelberg nach Heidenreichstein, von dort nach Süden Richtung Schrems, Langschwarza und Pürbach und weiter im

Granitfelsen im Naturpark Blockheide in Gmünd

Zickzackkurs zurück nach Gmünd. Startpunkt ist das „Unterwasserreich" in Schrems, aber man kann natürlich auch in Gmünd beginnen. Wem die 700 Höhenmeter, die dabei zusammenkommen, zu viel sind: auch „Abkürzer" sind erlaubt.

www.blockheide.at, www.gmuend.at

Über den kleinen Semmering

Jetzt aber endlich zu den **Waldviertler Schmalspurbahnen**. Der Plural deshalb, weil es einen Südast, einen Nordast und von diesem nochmals einen Abzweiger gibt. Mit den Waldviertelbahnen gelangt man erstens in die nördlichste Stadt Österreichs, nach Litschau, und von Gmünd Richtung Süden auch ins sogenannte Hohe Waldviertel, sprich in die Region um den Nebelstein, den wohl bekanntesten Berg des Waldviertels, und noch weiter bis nach Groß Gerungs.

Zuerst fahren wir nach Süden, die Reise ist 43 Kilometer weit und dauert eineinhalb Stunden. Es fahren „goldene Triebwägen" der NÖVOG. An fixen Tagen verkehren aber auch historische Garnituren, meist mit Dieselloks bespannt. An zwei Tagen pro Monat zieht schließlich eine Dampflok die grünen, zweiachsigen, knapp hundert Jahre alten Waggons. Ein Traum für alle Bahnfreaks, aber nicht nur für diese. Es handelt sich hier, das gleich vorweg, um eine der schönsten Dampflokstrecken, die es in Österreich gibt. Auf ihrer weiten Reise nach Groß Gerungs erklimmt der Zug den sogenannten **Kleinen Semmering.** Der Pass ist mit 804 Meter Seehöhe nur um rund neunzig Meter niedriger als der große, stolze, namensgebende Bruder an der Südbahnstrecke. Der Berg wird naturgemäß in zahlreichen Schlangenlinien und Serpentinen bezwungen. Und zu guter Letzt geht die Reise auch noch durch den **Bruderndorfer Tunnel.** Er ist der Stolz nicht nur der Lokführer: ein richtiger Tunnel! Hier im Waldviertel! Es geht das Gerücht, dass der Bau dieses 270 Meter langen Lochs durch den Berg nicht wirklich nötig gewesen wäre. Die Trasse, so vermuten manche Eisenbahnexperten, wäre auch ohne ihn anzulegen gewesen, auf die zwei, drei Schleifen bis ganz hinauf wäre es dann auch nicht mehr angekommen. Der Tunnel macht die Fahrt nicht wirklich schneller, das ist evident. Doch die Bahnbauer gönnten dem armen Waldviertel scheinbar dieses Extra-Bauwerk, das nun zum Wahrzeichen der Waldviertelbahn geworden ist.

Die Gleise der drei Waldviertelbahnen haben 760 Millimeter Spurweite. Der Grund, warum sie „schmalspurig" angelegt wurden: Sie waren billiger zu bauen als die Normalspur. Ihre Kurvenradien sind enger, die zu fahrenden Geschwindigkeiten geringer. Das Resultat: Schon vor hundert Jahren nicht die schnellsten, sind Schmalspurbahnen, insbesondere die Waldviertelbahn, heute zum Inbegriff für Langsamkeit geworden. Sitzt man in dieser Bahn, begibt man sich auf eine Zeitreise, fällt zurück in eine Epoche, in der sich noch nicht alles um Rasanz und High Speed drehte. Während die allerersten Eisenbahnen, ob Normal- oder Schmalspur, von den Zeitgenossen noch als „Projektile" gesehen wurden, die „durch die Natur hindurchschießen und Raum und Zeit vernichten", empfindet man bei einer Zugfahrt hier im hohen Waldviertel das genaue Gegenteil: Dieser Zug vernichtet nicht Raum und Zeit, sondern holt sie zurück, macht Distanzen wieder spürbar. Der Blick aus dem Abteilfenster (das man auch noch öffnen kann!) ist für gelernte Autofahrer sowieso ein besonderes Erlebnis. Man frisst nicht die Straße in sich hinein, sondern sieht die Landschaft gemächlich, fast in Zeitlupe, vorüberziehen. Ein Landschaftsfilm im Kino-Format, wo gibt's denn so was?

Schauen wir uns die Strecke jetzt etwas genauer an. Abfahrt ist in der Schmalspur-Halle, dem 2014 eröffneten Betriebszentrum

Eine Kuenringergründung: Schloss Weitra thront über der Kleinstadt

am Bahnhof Gmünd. Noch rollt der Zug das breite Tal der **Lainsitz** entlang, passiert die romanische Hallenkirche von **Altweitra.** Dieses Kulturdenkmal, etliche Teiche, eine 300-Grad-Schleife vor dem Bahnhof **Weitra,** das sind die ersten Höhepunkte unserer Fahrt. Weitra, die kleine Kuenringerstadt, ist schon wegen des schönen Stadtplatzes und der Kuenringerburg, die sich heute zum Schloss gewandelt hat, einen „Stopover" wert – darüber hinaus ist sie auch Braustadt. Ein blondes Weitraer Zwickl am Stadtplatz ist quasi Teil des Kulturprogramms.

www.weitra.at

St. Martin bei Weitra kann bei anderer Gelegenheit als Ausgangspunkt für eine Tour auf den **Nebelstein** dienen, ebenso wie die Haltestelle **Steinbach-Bad Großpertholz.** Unter dem Gipfel des „Erlebnisbergs" befindet sich eine Alpenvereinshütte, direkt am Gipfel eine groß dimensionierte Aussichtsplattform.

Ab hier führt die Strecke durch weltabgeschiedenes Gebiet und beginnt kräftig zu steigen: Die Dampflok muss hier schon ordentlich ziehen. Beim Halt **Bruderndorf** muss sie dann rasten und Wasser tanken; dabei kann und darf der „feurige Elias" auch fleißig fotografiert werden.

Nach weiteren Höhenmetern geht's bald durch den kleinen und dann auch schon durch den großen **Bruderndorfer Tunnel** (s. o.) und danach durch Wiesen, Felder und Wälder hinunter nach **Langschlag.** Drei Kilometer westlich des Ortes liegt der **Frauenwieserteich:** Im Sommer gut zum Schwimmen, im Winter Ausgangspunkt traumhafter Langlaufloipen (von denen es im Waldviertel tatsächlich einige gibt). Am **Bahnhof Langschlag** ist eine Dampflok für immer am Abstellgleis geparkt, es gibt hier auch ein kleines Bahnmuseum. Schließlich rollt der Zug parallel zur Straße hinein in den Bahnhof **Groß Gerungs.** Gut durchgeschüttelt steigt man aus, der Ortskern liegt ein paar Minuten entfernt. Groß Gerungs, auf 675 Meter Seehöhe, beherbergt ein **Herz-Kreislauf-Zentrum** und hat im Umkreis nette Spazier- und Wanderwege. Der Wackelstein, den es hier einst zu bestaunen gab, hat allerdings seit 2011 ausgewackelt: Er ist tatsächlich abgestürzt und in zwei (noch immer große Granittrümmer) zerbrochen. Ob dabei junge oder ältere Menschen nachgeholfen haben, wird für immer im Dunkel der Gerungser Heimatgeschichte verborgen bleiben.

Wer so geschickt war und das Fahrrad mit in den Zug gehoben hat, kann die Strecke zurück nach Gmünd auch radeln. Freilich sind auf den rund fünfzig Kilometern einige Berge zu bezwingen, ganz ohne Tunnelabkürzer. Aber im Zeitalter der E-Bikes erübrigen sich solche Warnhinweise eigentlich.

www.waldviertelbahn.at

In den allerhöchsten Norden

Die Bahn nach Groß Gerungs gehört so wie auch der „Nordast", also die Strecke von Gmünd nach Litschau, dem Land Niederrösterreich, das Klimaticket gilt hier nicht. Nachdem die ÖBB den Linienverkehr anno 2001 einstellten, war der Fortbestand der Strecke ernsthaft gefährdet; das Land sprang in die Bresche. Also kann man weiterhin per Bahn nach **Litschau** fahren, zumindest als Ausflügler. Dieser Ort hat einen guten Ruf: Der Herrensee (früher: Herren*teich),* das Schrammel.Klang.Festival und das Theaterfest Litschau, beide Events direkt am See angesiedelt, machten die nördlichste Stadt Österreichs zum kleinen, feinen Touristenort.

Die Bahnstrecke selbst ist nicht ganz so attraktiv wie jene nach Groß Gerungs, aber immer noch interessant genug. Man passiert etwa die alten Glasmacherzentren *Alt-* und *Neu-Nagelberg.* Glas

Idylle am Herrensee bei Litschau (o. li.)
Wald und Granit als Rad-Kulisse (o.)
Und sie dampft noch immer: die Waldviertelbahn am „Südast“ (ganz li.)
Gmünd: Altes Rathaus am Stadtplatz (li.)

Burg Heidenreichstein: Bis hierher fährt – ab und zu – der „Wackelsteinexpress"

geblasen und geschliffen wird hier noch, die alte Glasfabrik in Neu-Nagelberg, die einst bis zu 800 Arbeiter beschäftigte, ist aber seit 2002 Geschichte. Kaum vorstellbar, dass es in der Region ab dem 15. Jahrhundert insgesamt über hundert Glashütten gab; keine einzige davon existiert mehr.

Die Fahrt von Gmünd bis **Litschau** auf der 25 Kilometer langen Strecke dauert 55 Minuten; die Gegend ist deutlich flacher als jene um Bruderndorf und Groß Gerungs. Was wieder einmal zum Radfahren einlädt. Man kann aber auch, als Variante, einfach um den Herrensee herumspazieren, ehe man sich im Wirtshaus am Hauptplatz einen Schweinsbraten mit Kraut und Knödel einverleibt. Nicht weit ist es (per Rad) von Litschau zum nördlichsten Punkt Österreichs, der nördlich von **Haugschlag** liegt. Wenn es denn offen hat, gilt es hier heroben auch das nördlichste Gasthaus Österreichs zu besuchen. Schöner Schankraum, ziemlich original.

www.perzy.at

In Litschau hält man es einige Tage lang aus. Und wer Lust hat, kann auch noch, und das nochmals mit einer anderen Bahn, hinüber zum Wasserschloss Heidenreichstein fahren. Das bedarf einiger planerischer Vorarbeit, aber es geht. Um nach „Hoaningstoa", wie manche Einheimischen noch sagen, zu kommen, muss man zuerst zurück nach Neu-Nagelberg. Von dort fährt der süße kleine **Wackelsteinexpress** des Waldviertler Schmalspurbahnvereins ab. Die Lok hat einen Mittelführerstand, des Öfteren zieht sie einen „Cabriowagen", in dem Sitzplätze heiß begehrt sind. Eine Station heißt **Aalfang,** Aale fängt man hier aber schon längere Zeit keine mehr. Dafür sind unweit der Station zwei Wackelsteine zu sehen. Der Wackelsteinexpress wackelt also durch Wald und Feld, gefahren wird nach Plan, aber auch zu bestimmten feierlichen Anlässen wie Kirtagen, Feuerwehrfesten oder dem Schrammel.Klang.Festival. Da spielen dann sogar lebende Musiker im wackelnden Zug Livemusik. Einige Teiche, Wald und Wiesen, viele Kurven, gute Stimmung, nach rund vierzig Minuten ist der **Bahnhof Heidenreichstein** erreicht.

www.wackelsteinexpress.at

Das stolze **Heidenreichstein** war früher Zentrum der Waldviertler Textilindustrie, hat heute einen Moorsee mit angeschlossenem Moorwanderweg und ein Moormuseum anzubieten, vor allem aber das monumentale **Wasserschloss.** Es ist nur fünf Minuten vom Bahnhof entfernt.

Seine Anfänge reichen bis zum Ende des 12. Jahrhunderts zurück, dann wurde über die Jahrhunderte sukzessive aus- und umgebaut. Das heutige Erscheinungsbild besteht seit 1549. Man sollte diese außerordentlich gut erhaltene Wasserburg mit Genuss besichtigen – ohne Führung kommt man allerdings gar nicht hinein. Das mächtige Bauwerk ist im Laufe seiner Geschichte niemals ernsthaft angegriffen oder gar zerstört worden. Die Stadt zum Schloss hat sich in den letzten Jahren auch durch das Lese-Festival „Literatur im Nebel" einen guten Namen gemacht. Schön, dass sich in der Provinz kulturell einiges tut, und das nicht nur in Heidenreichstein.

www.kinsky-heidenreichstein.at, www.heidenreichstein.at

18 Auf ein Budweiser nach Budweis

České Velenice – Třeboň – Budweis – Die Reste der Pferdeeisenbahn von Budweis nach Linz – Das Mühlviertel im Eilzugstempo

Für eine Fahrt von Wien nach **Budweis/České Budějovice** braucht man etwas weniger als dreieinhalb Stunden. Das gilt sowohl für die Anreise über die Franz-Josefs-Bahn und České Velenice als auch über die Summerauer Bahn durchs Mühlviertel via Linz. Für alle, die bereit sind, zur Abwechslung einmal früher aufzustehen, geht sich also eine Hin- und Rückreise in einem Tag aus. Feiner ist's natürlich mit Übernachtung: Da kann man dann auch noch Třeboň oder das berühmte Český Krumlov mitnehmen.

Die Fahrt durchs Waldviertel bis nach **České Velenice** ist ab Seite 159 beschrieben. Der ehemalige Stadtteil von Gmünd ist heute Endstelle der Züge ab Wien. Noch ein Hinweis: die deutschsprachigen Seiten der Tschechischen Staatsbahnen (České dráhy; cd) sind sehr hilfreich, auch was Fahrpläne betrifft.

www.cd.cz

Man kann von České Velenice über **Veseli** wo man den von Budweis kommenden Eurocity besteigt, nach Prag fahren, was im besten Fall um die drei Stunden dauert.

Auf eben dieser Strecke nach Veseli (und Prag) liegt als erster größerer Ort das wunderbare **Třeboň,** ehemals Wittingau. Hier ist man in rund einer halben Stunde, und das zahlt sich echt aus. Es ist besser, an der Station „Třeboň Lázně" auszusteigen, von da ist es näher in die Stadt. Der Ort liegt inmitten einer Fluss-Teich-Kanal-Wasserlandschaft. Dies ist einerseits der Lainsitz/Lužnice und andererseits den Rosenbergern geschuldet, die ab dem 16. Jahrhundert hier Fischteiche anlegten. Ab dem 19. Jahrhundert gab es ein Moorheilbad, heute ist der Kurort Zentrum eines UNESCO-Biosphären- und Naturreservates. Der Marktplatz ist zur Gänze von stolzen Bürgerhäusern mit Barock- bzw. Renaissancegiebeln umstanden. Den 31 Meter hohen Turm des Rathauses kann man besteigen, von oben sieht man schön die umliegende Wasserwelt. Der Tag vergeht schnell: Mit Schlendern, Kaffeetrinken, Im-See-Strandbad-Schwimmen oder Bootfahren. Wer Interesse hat, besucht auch das

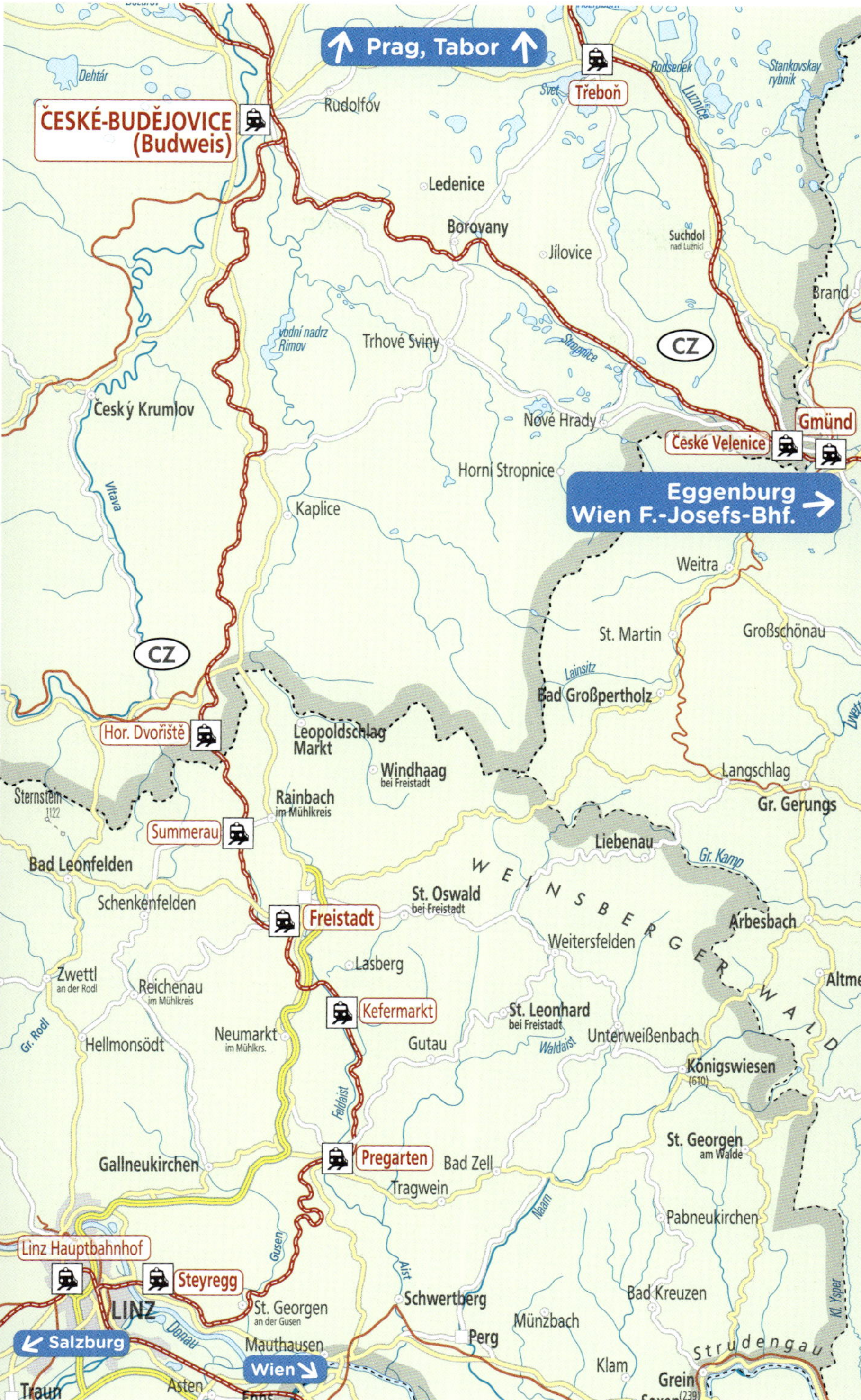

Prag, Tabor
ČESKÉ-BUDĚJOVICE (Budweis)
Dehtár
Rudolfov
Třeboň
Svet
Rodsedek
Lužnice
Stankovskay rybník
Ledenice
Borovany
Jílovice
Suchdol nad Lužnicí
Brand
vodní nadrz Římov
Trhové Sviny
Stropnice
CZ
Český Krumlov
Nové Hrady
Gmünd
České Velenice
Horní Stropnice
Eggenburg
Wien F.-Josefs-Bhf.
Vltava
Kaplice
Weitra
St. Martin
Großschönau
CZ
Lainsitz
Bad Großpertholz
Hor. Dvořiště
Leopoldschlag Markt
Windhaag bei Freistadt
Langschlag
Sternstein 1122
Rainbach im Mühlkreis
Gr. Gerungs
Summerau
Liebenau
Gr. Kamp
Bad Leonfelden
WEINSBERGER WALD
Schenkenfelden
St. Oswald bei Freistadt
Freistadt
Arbesbach
Weitersfelden
Lasberg
Zwettl an der Rodl
Reichenau im Mühlkreis
Altme
Kefermarkt
St. Leonhard bei Freistadt
Gr. Rodl
Hellmonsödt
Neumarkt im Mühlkrs.
Gutau
Unterweißenbach
Waldaist
Königswiesen (610)
Feldaist
Pregarten
Bad Zell
Gallneukirchen
St. Georgen am Walde
Tragwein
Naarn
Pabneukirchen
Linz Hauptbahnhof
Steyregg
Gusen
Aist
Schwertberg
Bad Kreuzen
LINZ
St. Georgen an der Gusen
Donau
Münzbach
Kl. Ysper
Perg
Salzburg
Mauthausen
Strudengau
Klam
Wien
Grein
Traun
Asten
Enns
Saxen (239)

Umsteigen bitte: České Velenice, Bahnhofshalle

Stadtplatz von České Budějovice/Budweis

große Renaissanceschloss. Viele Ausflügler sind hier, und am besten ist es, sich für den abendlichen Karpfen schon mittags ein Plätzchen in einem Restaurant seiner Wahl zu sichern.

www.itrebon.cz

In der Welthauptstadt des Bieres

Eigentlich wollten wir aber von České Velenice auf direkter Strecke ins ersehnte Budweis gelangen. Richtig! Um ein Glas Budweiser zu heben. Die fünfzig Kilometer lange Strecke in die Welthauptstadt des Bieres wurde 2021/22 mit Hilfe der EU elektrifiziert. Vielleicht gibt's ja bald wieder, so wie früher, eine direkte Verbindung von Wien nach Budweis. Die Strecke ist jedenfalls idyllisch. Der Wald gibt immer wieder Blicke auf Teiche und Wiesen frei, die Berge des Böhmerwalds tauchen in einiger Entfernung im Süden auf. Nach einer abwechslungsreichen Stunde ist man in **České Budějovice/Budweis.**

Tritt man aus dem Empfangsgebäude auf die Straße, wendet man sich nach rechts, geht über die Straße und ist schon in der Fußgängerzone (pěši zóna), sozusagen in der Mariahilfer Straße von Budweis. Die Lannova třída führt direkt ins Zentrum, nach 15 Minuten steht man am beeindruckend großen Přemysl-Ottokar-II.-Platz, dem Zentrum der rund 110.000 Einwohner zählenden Stadt. Das schönste Haus ist das Rathaus in der Südwestecke des Hauptplatzes. In der darin befindlichen Touristeninformation gibt's Stadtpläne und Ratgeber, Broschüren für Spaziergänge und Ausflüge in die Umgebung. Das Material studiert man am besten bei einem Cappuccino direkt am Hauptplatz.

Schön ist es, in den kleinen Gassen und Straßen der Altstadt herumzustreunen. Die Stadt liegt am Zusammenfluss von Moldau/Vltava und Maltsch/Malse und hat an deren Ufern gepflegte Parks, die Lebensqualität ist sichtbar hoch. Man schlendert an der ehemaligen Stadtmauer entlang, besteigt den gleich hinter dem Hauptplatz gelegenen Schwarzen Turm. Achtung! Die Holztreppen sind sehr steil. Nach getaner Stadtbesichtigung darf man sich ein Gulasch mit Servietten- und Speckknödeln sowie ein frisch gezapftes Krügerl Budweiser genehmigen. Ja, *muss* das sogar! Zum Beispiel im Restaurant Masné krámy in der Krajinská 13, dem früheren Fleischmarkt der Stadt, nur einen Steinwurf vom Hauptplatz entfernt. Und natürlich gibt es auch diverse andere böhmische Spezialitäten. Man kann sich an die Moldau setzen, sich mit dem Boot auf der Malse spazieren fahren las-

Ein Glas Budweiser, bitte!

sen, Tretboot fahren oder aber ein paar hundert Meter zum kleinen **Pferdeeisenbahnmuseum** gehen, das sich im erhaltenen **Wächterhaus Nr. 1** der ersten internationalen Bahnlinie des Kontinents zwischen Budweis und Linz befindet. Von der Bahn selbst ist hier in Budweis nichts mehr zu sehen, die Dokumentation im Museum eher spärlich. Mehr Reste der Pferdeeisenbahn gibt's im Mühlviertel (siehe S. 179). Am Weg zum besagten Wächterhaus Nr. 1 passiert man die schönste Justizanstalt Mitteleuropas und dann auch noch die Produktionsstätte des Unternehmens Koh-i-Noor Hardtmuth. Das dazugehörige „Outlet“ mit Schreib- und Malbedarf befindet sich in der Altstadt. Noch ein Hinweis für Bierfreunde: In der Stadt gibt es derzeit zwei Brauereien: die 1795 gegründete „Samson“-Brauerei und eben die „Budweiser Budvar“-Brauerei. Eine Brauereiführung ist möglich, Öffnungszeiten bzw. Anmeldung auf den deutschen Seiten von

www.budejovickybudvar.cz/de/besichtigungen bzw. www.visitbudvar.cz

Budweis ist der zentrale Ort Südböhmens, einer Region mit vielen schönen Ausflugszielen. Auf der Moldau herrscht reger Paddelbootverkehr, es gibt ein dichtes Netz an Radwegen. Der bekannteste Ort rundum kann von Budweis aus leicht in einer halben Stunde Busfahrt (oder einer etwas längeren Radfahrt) erreicht werden: Das Weltkulturerbe-Städtchen **Český Krumlov.** Der Radweg ab Budweis ist gut beschildert. Die Mutter von Egon Schiele stammte aus diesem Ort, Schiele selbst hat die Renaissancestadt geliebt und immer wieder porträtiert. Aus einem geplanten dauerhaften Aufenthalt wurde freilich nichts, der Krumauer Bevölkerung war der unorthodoxe Künstler dann doch zu exzentrisch. Als späte Wiedergutmachung wurde 1992 das **Egon Schiele Art Centrum** eröffnet. Die permanente Ausstellung zeigt Zeichnungen und Aquarelle, selbst entworfene Möbel, Schieles einzige Plastik und eine Dokumentation zu Leben und Werk.

www.esac.cz

In Erinnerung an die Pferdeeisenbahn

Zurück nach Budweis und zur Rückreise nach Österreich. Man kann die gleiche Strecke über České Velenice wählen, aber die zweite Möglichkeit ist auch nicht übel: Nämlich mit dem Schnellzug durchs Mühlviertel nach Linz zu fahren. Die Fahrt hinunter nach Linz führt vorerst durch scheinbar menschenleeres Land. Die Bahnhöfe stehen, wie anderswo auch, weit weg von den Siedlungen, sind dafür oft ohne jede Veränderung aus der Gründerzeit erhalten. Man kann sich gut hinüberträumen in eine gute, alte, heile Eisenbahnwelt. Der Zug schwingt sich elegant hinauf auf einsame 660 Meter Seehöhe und landet überraschend bald im österreichischen Grenzbahnhof **Summerau.** Auch da ist vom Ort wenig zu sehen. Dennoch: Der Fernzug von Prag über Budweis nach Linz bleibt hier stehen. Schon ist man erinnert an die Zeit der Pferdeeisenbahn, die ab 1832 durch die Gegend führte. Der Grund, warum diese erste Fernbahn auf dem Kontinent erbaut wurde, war der starke Güterverkehr. Vor allem Salz wurde in rauen Mengen aus dem Salzkammergut nach Böhmen transportiert. Die Idee, Donau und Moldau mit einem Kanal zu verbinden, wurde niemals realisiert, stattdessen aber diese Bahn gebaut. Die Anlage der Trasse durch den Österreicher Franz Josef Gerstner war vorbildlich, doch während in England um 1925 schon die ersten Dampflokomotiven pfauchten, wurde hierzulande noch auf Pferdekraft gesetzt; die Wagen rollten auf den mit Flacheisen verkleideten Holzschienen natürlich um etliches leichter und schneller als auf holprigen Straßen. Spätere Probefahrten mit einer eigens konstruierten Dampflok gingen gründlich schief. Die Lok

Pferdebahn: Touristenvergnügen im Mühlviertel

war für die Gleise zu schwer, die Kurvenradien zu eng. Die Flachschienen wurden aus der Verankerung gerissen. Also blieb man bei den tierischen Pferdestärken. Vierzig Jahre währte der Betrieb, bis er 1872 endete, zu einer Zeit, als auf der Semmeringbahn längst starke Dampfloks lange Güterzüge zogen.

Auf den Spuren der Pferdebahn kann man heutzutage gut wandern oder Radfahren, am besten mit einem Mountain- oder Gravelbike. Es gibt etliche erhaltene Bauwerke wie Brücken. Hauptattraktion ist das mächtige, grundlegend sanierte und renovierte Stationsgebäude in **Kerschbaum** in der Gemeinde Rainbach. Hier wird mit der nachgebauten Luxus-Personenkutsche „Hannibal" auf einer Strecke von einem halben Kilometer der Betrieb nachgestellt. Der Original-Hannibal steht übrigens im Technischen Museum in Wien (siehe. S. 89).

Im ehemaligen Dienst-, Wohn- und Gaststättengebäude befinden sich die „Kutscher-Stub'm" und das „Biedermeier-Stüberl". Kerschbaum erreicht man vom Bahnhof Summerau aus; der Weg ist beschildert; man kann aber auch ein Taxi rufen: Tel. 07949/61 00 oder 0664/103 71 36.

Auf bzw. nahe der Trasse der Pferdebahn wurde ein **Fernwanderweg** bis hinunter nach Linz-Urfahr angelegt, man kann ihn in vier Etappen gehen. Immer wieder erkennt man im Gelände die alte Trasse bzw. wird auf Schautafeln auf Spuren von Bauwerken aufmerksam gemacht. Der abwechslungsreiche Weg beginnt in **Rybnik**, der ersten Station auf tschechischem Gebiet. Auf österreichischer Seite wurden bei **Leopoldschlag** zwei Brücken rekonstruiert. Der Ort liegt nochmals nördlich von Kerschbaum; hier besteht für Eilige auch die Möglichkeit, einen kürzeren Pferdeeisenbahn-Rundweg zu beschreiten.

www.pferdeeisenbahn.at

Noch kurz zur einzigen Stadt des oberen Mühlviertels, nämlich **Freistadt**. Das Bier von hier ist (zumindest im Mühlviertel) ebenso berühmt wie das Budweiser. Wahrzeichen ist das große Linzertor, der Stadtplatz ist hübsch, man kann auf dem Bier-Trail die Stadtmauer-Stadt erkunden, der Bergfried des Schlosses überragt die Szene und überhaupt ist der Bezirkshauptort ein guter Ausgangspunkt für eine ausführlichere Mühlviertel-Erkundung. Der Wermutstropfen: Der Bahnhof liegt drei Kilometer außerhalb. Man geht also eine knappe Dreiviertelstunde bis zum Hauptplatz.

Deutlich näher liegen Station und Ort **Kefermarkt** beieinander. Der berühmte Kefermarkter Flügelaltar, das Werk eines unbekannten Künstlers, stammt aus dem Jahr 1490 und zählt zu den Hauptwerken der Gotik im deutschsprachigen Raum. Um den Ort gibt es auch etliche Spaziervarianten. Haben wir es schon gesagt? Die Fahrt durchs Mühlviertel ist eine schöne. Stolze Höfe in steiler Hanglage. Nirgendwo der Verdacht auf breitflächige Bodenversiegelung. In weniger als einer Stunde fährt der Zug von der Grenze durch dieses Paradies bis Linz; in vielen Schlangenkurven gelangt man über Pregarten hinunter ins Donautal. Die letzten Kilometer geht's dann über Steyregg und die Donaubrücke hinüber ins Reich der Voestalpine und zum Haupbahnhof Linz.

www.freistadt.city, www.muehlviertel.at

19 Durch das Hintergebirge

Steyr – Reichraming – Eine Radtour auf der Trasse der Hintergebirgs-Waldbahn – Waidhofen an der Ybbs

„Der HEIZER legt den Blasbalg weg und wischt sich die Stirne. Die LAKAIEN setzen die Hüte wieder auf, mit denen sie Luft ins Ofenloch gewedelt hatten. NOZERL tritt hervor, richtet die Weiche, schwenkt die Fahne und stößt ins Horn. Die LAKAIEN haben den Zug angeschoben und springen auf, jeder an seinen Platz. Der Zug verschwindet ächzend im Tunnel."

Sieht man die alte Lokomotive, die in dem Weiler Brunnbach im tiefsten Hintergebirge vor sich hindämmert, denkt man fast zwangsläufig an Fritz von Herzmanovsky-Orlandos „Kaiser Joseph und die Bahnwärterstochter". So wie in diesem wunderbaren Text beschrieben, ja genau so, denkt man sich, muss hier einst der Zugbetrieb abgelaufen sein. Man fühlt sich tief hinten im **Reichraminger Hintergebirge** wirklich weit weg von der Jetztzeit und kann sich bei Befahrung der ehemaligen Waldbahntrasse auch gar nicht mehr vorstellen, dass in diesen engen Schluchten und neben steil aufragenden Waldflanken einmal richtige Züge gefahren sind. Das Hintergebirge ist heute Teil des Nationalparks Kalkalpen und insofern für Wanderer und Radfahrer gut erschlossen. Anlass genug, eine Inspektionsfahrt vorzunehmen.

Ausgangspunkt unserer Radfahrt auf den Spuren der Waldbahn ist **Reichraming** im Ennstal. Man erreicht diesen gut versteckten Ort sehr gut per Bahn, nämlich auf der einst so genannten „k.k. privilegierten Kronprinz-Rudolf-Bahn", die zwischen 1868 und 1872 erbaut wurde. Diese Strecke beginnt am Westbahn-Umsteigebahnhof St. Valentin. Ab Wien muss man also nur einmal umsteigen, um in die Nationalparkgemeinde zu gelangen, die Fahrzeit beträgt im Idealfall zwei Stunden und zwanzig Minuten. An der Strecke liegt die Industriestadt **Steyr.** Wer die Stadt am Zusammenfluss von Steyr und Enns nicht kennt, sollte sie auf einer Extratour besichtigen, allein der Stadtplatz ist schon eine Pracht. Schon ewig wird in der Region Eisen verarbeitet; bis heute hat die Stadt eine führende Rolle in der Autozulieferindustrie. Die (Industrie-)Geschichte der Stadt wird im Museum Arbeitswelt dokumentiert, es liegt im generalsanierten Wehrgrabenviertel, einem frühen Arbeiterquartier. Dass vom Ort auch eine schöne Museumsbahn – nämlich die Steyrtalbahn – abfährt, muss zumindest erwähnt werden.

www.steyr-nationalpark.at, www.museum-steyr.at

www.steyrtalbahn.at

Das Ennstal wird nach Steyr bald enger, die Bahn fährt am Südufer des Flusses auf kurvenreicher Trasse. Der Bahnhof von **Reichraming** liegt etwas außerhalb des Orts. Wie gesagt: Wir haben das Rad mitgenommen, insofern ist der Ort in wenigen Minuten erreicht. Zeit für einen Kaffee und einige Hinweise zur Geschichte dieser

einstigen **Hintergebirgs-Waldbahn**: Die ersten 22 Kilometer des Waldbahnnetzes von Reichraming hinein nach Brunnbach wurde ab 1916 errichtet, da nach einem enormen Windbruch Unmengen von Holz abtransportiert werden mussten und der Borkenkäfer auch schon damals eine Bedrohung war. Nach dem Zweiten Weltkrieg, es herrschte großer Bedarf an Bauholz, erfolgte die aufwändige Erweiterung der Waldbahnstrecken, die bis 1951 abgeschlossen war. Für die „Hintergebirgswaldbahn“ wurden in Summe beachtliche 19 Tunnels gegraben und 41 Brücken geschlagen. Der längste Tunnel (durch den man auch heute noch – per Rad – fährt) ist immerhin 339 Meter lang. Zuerst wurde hier nur Holz geführt, bald benützten auch die hunderten Forstarbeiter den Zug. Wieder etwas später durften dann auch alle anderen Reisewilligen einsteigen. Gefahren wurde mit Dampf und Diesel. Geschlossene, beheizbare Personenwaggons wurden hier erst ab 1953 modern. Die Bremse betätigte ein eigener, auf den Holzwaggons sitzender „Bremser“. Und gelaufen ist der professionell geführte Betrieb bis zum Jahr 1971. Dann war endgültig Schluss mit der Waldbahnromantik, die für die Arbeiter hier wohl gar nicht so romantisch war.

Auf den Sattel! Auf der Radrunde fährt man den jüngeren Ast der Bahn Richtung **Weißwasser** immer leicht ansteigend bergauf, überquert dann auf einem steilen Anstieg mit rund 200 Höhenmetern den knapp 900 Meter hohen **Hirschkogelsattel**, fährt, ebenfalls wieder steil bergab, hinaus nach **Brunnbach** und von da den zweiten Waldbahnast entlang zurück nach Reichraming. Für die Flachstücke reicht ein normales Tourenrad, aber wer die gesamte, rund 46 Kilometer lange Runde samt Steilstück (insgesamt kommt man doch auf mehr als 500 Höhenmeter) ausfahren will, sollte tunlichst mit einem Mountainbike, einem „Gravelbike“ oder einem ähnlichen Fahrzeug unterwegs sein. Der Kalkschotter ist vor allem am Steilstück grob. In Reichraming kann man direkt am Beginn der Strecke E-Mountainbikes ausleihen, da geht dann alles ganz leicht, aufpassen beim Bergabfahren muss man trotzdem.

Zuerst fährt man den Reichramingbach entlang bis zum Parkplatz Anzenbach, wo man rechts auf die Waldbahnstraße abzweigt. Der Weg ist durchwegs gut beschildert, eigentlich kann man sich gar nicht verfahren. Kaum Steigung bis zur Maieralm, jetzt geht es entlang des Großen Bachs zur Großen Klause, wo man (zu Fuß!) auf einem Steig zum klammähnlichen Durchbruch gelangt. Die **Klaushütte**, die man nun bald erreicht, wurde schon 1758 errichtet.

Altes Schnauferl: Waldbahn-Lok in Brunnbach/Hintergebirge

Sie war einst Holzknechtquartier und ist heute eine willkommene Raststation – freilich nur, wenn sie geöffnet hat. Vorab erkundigen! Proviant und Trinken sollte auf der Tour auf jeden Fall mit dabei sein, man ist in Summe bis zurück nach Reichraming sicherlich vier bis fünf Stunden unterwegs.

Man passiert auf der Tour einige Tunnels, die früher noch enger waren, aber später für den Holztransport per Lkw aufgeweitet wurden. Wundersamerweise geht die Beleuchtung an, wenn man mit dem Rad in sie einfährt. Man kommt auch an einer Stelle vorbei, an der der alte Tunnel noch sichtbar ist und einige Meter Schienenstrang nachgebaut wurde. Von dem ursprünglich gewälzten Plan, die Waldbahn tatsächlich zu revitalisieren und mit ihr Touristen ins Hintergebirge zu führen, ist man abgekommen, schade, wäre einmal was anderes gewesen. Die Tour per Rad ist jedenfalls eine erste gute Annäherung an den Nationalpark Kalkalpen, in dem man natürlich auch viele einsame Wanderungen absolvieren kann. – Vorbei am Schleierfall gelangt man schließlich in die Gegend, die **Weißwasser** heißt. Ort gibt's da keinen mehr, früher aber lebten hier bis zu 300 Menschen, es wurde hier auch Bauxit abgebaut.

Klaushütte: Einkehr am Waldbahn-Radweg (ganz li.)
Kurze Rast in schmaler Schlucht (li.)
Früher Waldbahn, heute Radstrecke: Tour durchs Hintergebirge (li. u.)
Abstecher per Mountainbike: die Anlaufalm (u.)

Ab der Abzweigung Richtung Hirschkogelsattel auf rund 600 Meter Seehöhe verlässt man die alte Bahntrasse. Es geht nun steil bergauf, ungeübte Bergfahrer müssen schieben. Die Sand- und Schotterstraße verläuft durchwegs im Wald, Aussicht gibt es keine, auch nicht am **Hirschkogelsattel** selbst. Der Vorteil, vor allem im Sommer: Man fährt meistens im Schatten. Oben angelangt rastet man verdienterweise und kann von hier, wenn man noch fit genug ist, zu Fuß direkt oder mit dem Mountainbike auf einem Umweg zur nochmals hundert Meter höher gelegenen, bewirtschafteten, schön gelegenen Anlaufalm steigen bzw. fahren.

www.anlaufalm.at

Hier hat man dann die verdiente Aussicht, die man vom Sattel unten nicht hat, insofern zahlt sich die zusätzliche halbe Stunde Anstieg sehr wohl aus.

Wer es aber eilig hat bzw. nicht mehr bergauf möchte, fährt nun die steile Schotterstraße – bitte langsam! – bergab, um schließlich in flotter Fahrt in die kleine Siedlung Brunnbach zu gelangen. Eine alte Schmalspur-Dampflok, die hier ihren Dienst versah, ist dekorativ aufgestellt. Schade, dass sie nicht mehr dampft. Gern möchte man hier das Personal anweisen, so wie es Kaiser Joseph im Stück Herzmanovsky-Orlandos getan hat:

„Seid ihr fertig? Dann mögt ihr jetzt ein wenig die Lokomotive an der Gegend ausprobieren und die Gegend an der Lokomotive."

„Gegend" gibt es hier jedenfalls noch zur Genüge. Fotoshooting vor und mit dem rostigen Schnauferl. Im ehemaligen Haltestellenhaus kann man die Geschichte der Holzwirtschaft und der Bahn studieren und dann den Plaißabach entlang immer leicht bergab über die **Maieralm** zurück auf die Strecke gelangen, die man schon bergeinwärts gefahren ist. Zieleinlauf in Reichraming, zurück aus dem Reich der verschwundenen Waldbahn und noch immer Herzmanovsky-Orlando im Ohr. Der eine „WITTFRAU" gar böse über die Bahnwärterstochter herziehen lässt und dann auch noch das Verschwinden der Züge – freilich in etwas zugespitzter Form – beklagt:

WITTFRAU: [...] So ein junger Fratz – leitet womöglich den Zug in'n Wald – mitten hinein – wo er sich in die Baam verwutzelt, daß man ihn leicht a Wochen lang net find't! (Wichtig:) Soll heifig vorkommen ... mir hat's a

Ferschter erzählt ... (Geheimnisvoll:) Z'erscht hat ers wo klagen g'hört ... allwei klagen ... im Wald ... und dann hat er'n g'funden ...
HERR: (macht eine abwehrende Handbewegung)
WITTFRAU: (unaufhaltsam): Das sein aber bloß die leichten Fälle. Sie sein auf Züge g'stoßen ... oft schon voller Schwammerln ... wo die Schgeletter von die verhungerten Passascheer aus die Fenster herausgeglotzt haben ...
HERR (unwillig): Was redet sie da für einen Unsinn? So was ist vielleicht im Anfang dann und wann passiert, aber doch jetzt nicht mehr.

www.kalkalpen.at

Das **Nationalpark-Besucherzentrum Ennstal** liegt an der Bundesstraße zwischen Reichraming und Großraming. Die Bahnrückfahrt kann so wie die Hinfahrt über Steyr und St. Valentin getätigt werden. Aber auch auf einer anderen Route: Man fährt mit dem Zug weiter ins Innere der Berge, bis nach **Kleinreifling.** Steigt hier in den Regionalzug ein, der über Weyer und **Waidhofen an der Ybbs** nach Amstetten und damit zur Westbahn fährt. Waidhofen an der Ybbs, das nur als kürzestmöglicher Hinweis, ist so wie Steyr eine sehr besuchenswerte Stadt. Von hier, und das ist nochmals ein Beitrag zum Thema „Verschwundene Züge", fuhr einst auch die schmalspurige **Ybbstalbahn** bis nach Lunz am See und von dort weiter über den Grubberg nach Kienberg-Gaming. Doch diese Bahn gibt's nicht mehr, auf ihrer Trasse wurde so wie im Hintergebirge ein asphaltierter Radweg angelegt. Doch es gibt einen kleinen Trost: Die 17 Kilometer lange steile Strecke über den Berg ab Lunz wird wieder von Museumszügen des **Ötscherland-Express** befahren – ein echter Leckerbissen für Freunde der alten Dampf- und Dieselzüge.

www.waidhofen.at
www.lokalbahnen.at/bergstrecke

20 Hinein in den Attersee

Mit der Atterseebahn nach und zum Attersee – Unterwegs mit dem Rad, zu Fuß und zu Schiff – Seewalchen und Gustav Klimt

Der Attersee. Das ist eine ordentliche Ansage. Wer hier ein Haus oder gar ein Seegrundstück besitzt, ist zu beneiden. Wer im Sommer mit dem Auto hierherkommt, eher nicht. Da muss man schon schauen, wo man halbwegs in Seenähe einen Parkplatz findet. Die Attersee-Anrainer sind auch ziemlich streng geworden, lassen es sich nicht mehr gefallen, dass ihre privaten Grundstücke als Autoabstellflächen missbraucht werden. Diese Sorgen sollen uns aber nicht weiter beschäftigen, wir kommen ja mit der Bahn! Da gibt's dann andere, aber wenigstens keine Parkplatzsorgen. Es gibt zwei Orte, Attersee und Seewalchen mit dem Bahnhof Kammer-Schörfling (siehe Karte).

Unsere erste Adresse ist **Attersee am Attersee** und die Anreise per Bahn gar nicht so kompliziert, wie manche glauben. Man muss nur erst einmal nach **Vöcklamarkt** kommen. Das liegt wohl

an der Westbahn, ist aber bitte nicht zu verwechseln mit Vöcklabruck! Und Railjets halten hier auch nicht. Man muss also unterwegs, am besten in Attnang-Puchheim, in einen Regionalexpress (REX) umsteigen. Der Scotty weiß jedenfalls ganz genau, wie's geht.

In **Vöcklamarkt** unterschreitet man die Gleise, drüben wartet schon die von Stern & Hafferl betriebene **Atterseebahn.** Schaut aus wie eine Straßenbahn, nur kurvt sie nicht durch Straßen und über Plätze, sondern durch Wiesen und Felder. Die Spurweite beträgt einen Meter, die Wägen sind zeitgemäß ausgestattet, nur WC gibt's keines. Für die 13,3 Kilometer lange Fahrt hinunter zum See braucht der Zug 24 Minuten. Von den kleinen Stationshütten führen kleine Wege zu kleinen Weilern und alleinstehenden Gehöften. Drei Schülerinnen sitzen im Abteil, als sie aussteigen, ist endgültig Ruhe im Zug. Einzige ernstzunehmende Ortschaft an der Strecke ist **St. Georgen im Attergau,** da gibt's dann gleich drei Haltestellen. Von nun an geht's knapp hundert Höhenmeter bergab zur Endstelle nach **Attersee.** Die Fahrt von Wien bis hierher hat drei Stunden und zwölf Minuten gedauert. Die Züge nach und von Vöcklamarkt fahren alle Stunden.

https://www.stern-verkehr.at/bahnen/atterseebahn/

Gleise der Atterseebahn bei St. Georgen (ganz li.)

Gustav Klimt war hier: Seepromenade in Seewalchen (li.)

Villa Paulick, Klimts bevorzugte Absteige (li. Mitte)

Klimt und Emilie Flöge (hist. Aufnahme, li. u.)

Attersee am Attersee, öffentlicher Badestrand (u.)

Attersee am Attersee

Endlich am See! Will man vom Bahnhof zum Seeufer, und wer will das nicht, dann muss man eigentlich nur die Straße überqueren. Leicht gesagt, ist doch der Verkehr hier ziemlich lästig. Die Gleise hinüber zur Schiffsanlegestelle hat man schon vor vielen Jahren abgerissen, sie fielen, wie man so sagt, dem Bau der Attersee-Autostraße zum Opfer. Diese Bundesstraße, die mitten durch den Ort und oftmals direkt entlang des Attersee-Westufers verläuft, ist eine echte Barriere. Aber irgendwann gelingt die Überschreitung doch, und um hier nicht herumzujammern: Der Ort Attersee hat zwei wirklich attraktive Seezugänge. Der Fußmarsch vom Bahnhof zu den Bädern dauert zehn Minuten. Erste Adresse ist das familientaugliche **Freibad der Gemeinde** mit Riesenrutsche. Da ist, wie man sich unschwer vorstellen kann, an Badetagen ziemlich viel los. Ein paar Schritte weiter Richtung Südwesten gibt es noch ein zweites Bad, ein öffentlich zugängliches, großes, ruhiges Seegrundstück des Landes Oberösterreich. Der alte Baumbestand spendet jederzeit guten Schatten, der Platz ist eine Oase, ohne Straßenlärm, dafür mit prächtigem Blick aufs Höllengebirge, dessen steile Wände direkt vis-à-vis aufragen. Hier einmal angekommen, ist die Welt sehr in Ordnung. Etwas zu essen und zu trinken gibt's auch.

Im Übrigen darf man sich Attersee nicht als mondänen Badeort vorstellen. Es gibt keinen als solchen erkennbaren alten Ortskern, das Ortsbild ist ein buntes Konglomerat. Wenn man den kurzen Weg zur katholischen Kirche hinaufgeht, kommt man noch an ein oder zwei alten Häusern vorbei, der Rest ist mehr oder weniger rezenten Ursprungs. Der Blick vom Platz neben der Kirche auf den See ist jedenfalls prächtig. Man kann sich auf einem Bankerl niederlassen und den Surfern zusehen, wie sie sich bei aufkommender steifer Brise dabei abmühen, nicht zu oft ins Wasser zu fallen.

Attersee hat eine Besonderheit: die **Seepromenade.** Sie ist wohl die kürzeste ihrer Art in ganz Mitteleuropa. Sie führt von der Schiffsanlegestelle bis zum Restaurant „Das Attersee" und ist in ihrer Gesamtheit geschätzte hundert Meter lang. Was gibt es an und auf ihr zu erleben? Zwei Selbstbedienungsbuden stehen am Rand, die Besitzer freuen sich über regen Zuspruch. Und besagtes feines Restaurant, in dem eine Reservierung im Gastgarten dringend empfohlen ist. Wait to be seated! Natürlich kann man den Nachmittagskaffee oder auch den Sundowner oben auf der Terrasse im ersten Stock einnehmen, natürlich mit Blick auf den und über den See.

Was kann man in Attersee am Attersee tun, außer baden gehen? Sich an der Bootsanlegestelle beispielsweise ein Tretboot oder Elektroboot mieten oder, empfohlen, eine Atterseerundfahrt mit dem Linienschiff absolvieren.

www.atterseeschifffahrt.at

Der See erschließt sich auf dem Schiff in seiner ganzen Pracht und Herrlichkeit wohl am besten. Im Sommer gibt's Süd- und Nord-Rundfahrtskurse. Gleichzeitig sind die Boote auch gut nutzbare Verbindungen zu den anderen Seeufer-Orten. Wir könnten etwa nach **Schörfling** fahren. Das ist der Ort direkt neben **Seewalchen,** am Nordende (s. u.). Von dort gibt es wieder die Möglichkeit, mit dem Zug in wenigen Minuten zurück zur Westbahnstrecke, diesmal nach **Vöcklabruck,** zu fahren. Auf der kurzen Reise kommt man am mächtigen Zellstoffwerk von Lenzing vorbei. –

Der Attersee, um noch rasch *facts and figures* beizusteuern, ist mit seinen 46 Quadratkilometern Wasserfläche der größte zur Gänze in Österreich liegende See. Er ist 18,9 Kilometer lang, maximal 3,3 Kilometer breit, bis zu 169 Meter tief und sein Wasserspiegel liegt auf 469 Meter Seehöhe. Er gehört den Österreichischen Bundesforsten und hat so wie viele Seen Österreichs das ernste Problem, dass seine Ufer ziemlich stark verbaut bzw. zum großen Teil in Privatbesitz sind. Laut Wikipedia sind nur noch rund 13 Prozent der insgesamt 48,5 Kilometer langen Uferlinie naturnah. Doch einmal im Wasser, ist der See dann doch wieder groß genug für alle.

Wer sein Rad mitgebracht hat, kann in Attersee eine Seeumrundung starten, man fährt auf oder neben der Straße. Bergfahrer erklimmen auf sanfter Straßensteigung ab Attersee den **Kronberg.** Man fährt nur ein kleines Stück aus Attersee Richtung Süden, dann kommt schon die Abzweigung. Die Fahrt geht über Abtsdorf und Wildenhag bis fast ganz hinauf. Oben, 200 Meter über dem See, wartet die Kronbergkapelle, ein Aussichtspunkt mit Bankerl. Das Attersee-Höllengebirgs-Panorama ist die Mühe der Auffahrt jedenfalls wert. Andere Idee, ab dem Ort Attersee: Wenn man brauchbares Schuhwerk im Reisegepäck oder an den Füßen hat, kann man auf den 808 Meter hohen, nördlich von Attersee gelegenen **Buchberg** steigen. Der Einstieg geht über den **Walderlebnisweg,** später folgt man dem Schild „Palmsdorf, Buchberggipfel“. Der Steig Nr. 2 führt steil bergauf zum Gipfel, von unterwegs hat man schöne Tiefblicke auf Ort und See.

Bergab geht's auf gleichem Weg, der Umweg zurück nach Westen bis hin zur Autobahn muss nicht sein. Der Aufstieg sollte nicht länger als eineinhalb bis zwei Stunden dauern, der Abstieg geht dann schneller.

Gustav Klimt in Seewalchen

Kommen wir nochmal zurück zum zweiten See-Bahnhof, jenen in **Schörfling bei Seewalchen.** Und damit es noch komplizierter wird, nennt sich die Station **Kammer-Schörfling,** nach dem nahe beim Bahnhof gelegenen **Schloss Kammer,** das, spektakulär genug, auf einer Halbinsel quasi in den See hineingebaut ist. Das mächtige Gebäude ist vom Schiff aus, aber auch von der Strandpromenade in **Seewalchen** sehr gut zu sehen. Der angeratene kleine Spaziergang führt vom Bahnhof über die Ager, die hier aus dem Attersee fließt, direkt auf die Seewalchener **Strandpromenade.** Vorbei am Pfahlbauten-Info-Pavillon schlendert man rund zehn Minuten das Ufer entlang und gelangt so zur **Villa Paulick,** an der Promenade Nr. 12. In diesem Bauwerk aus dem Jahr 1877 mit dem markanten Turm war einst Gustav Klimt (1862–1918) ein gern gesehener Gast. Der herausragende Künstler verbrachte hier viel Zeit mit Emilie Flöge und malte da auch viele seiner Bilder. Schön, dass das Haus, quasi im Originalzustand erhalten, bis heute Zimmer vermietet und sogar Führungen durch das Innere sowie Garten und Bootshaus anbietet. Auch Lesungen und Konzerte finden immer wieder statt.

Anlässlich seines 150. Geburtstags wurde in Kammer-Schörfling ein eigenes **Klimt-Zentrum** eröffnet, mittlerweile allerdings wieder geschlossen. Immerhin aber gibt es einen Klimt-Garten und einen Klimt-Themenweg entlang der Seepromenaden von Schörfling und Seewalchen mit Schautafeln zu Klimts Leben und Schaffen.

Wer den Ausflug nach Seewalchen (mit abschließendem Besuch des Strandbads an der Promenade) als Tagesreise konzipiert: Der letzte Zug nach Vöcklabruck geht von hier um 20.25 Uhr ab, in Wien ist man dann um 23.15 Uhr. Aber bitte sicherheitshalber nochmals im Scotty nachschauen, ob das immer noch so gilt.

www.villapaulick.at, www.klimt-am-attersee.at/
https://attersee-attergau.salzkammergut.at

21 Hallstatt und das Salzkammergut

Gmunden und die Traunseetram – Kaiserstadt Bad Ischl – Herrliches Hallstatt – Obertraun – Bad Aussee und der Grundlsee

First things first: Ja! Man kann, soll und muss nach Hallstatt fahren. Nein, man kennt es noch nicht *wirklich*. Postkarten, Bildkalender, chinesische Nachbauten, Horrormeldungen von überrannten Einwohnern, „Overtourism": alles nur die halbe Wahrheit. Die ganze Wahrheit ist: Man sollte den Ort in natura sehen. Und zu diesem Zwecke mit der Bahn anreisen. Nur so nämlich gelangt man mitten hinein in den meistfotografierten Ort Österreichs, und zwar auf dem Seeweg. Das ist kein Witz: Der Bahnhof von Hallstatt, in Wahrheit eine unbesetzte Haltestelle, liegt am östlichen, dem Ort gegenüberliegenden Ufer des Hallstätter Sees. Und um über das Wasser zu kommen, muss man also in ein Fährboot steigen. Der Preis hin und retour: sechs Euro (2021). Das Schiff fährt häufig und korrespondierend mit den Ankunfts- bzw. Abfahrtszeiten der Züge. Glaubt man dem Bootsmann, gab's in Vor-Corona-Zeiten, als noch viele chinesische Reisende in den Ort aller Orte kamen, lange Schlangen am Bootssteg, obwohl zwei Schiffe im Liniendienst standen.

Die kurze Überfahrt ist jedenfalls super. Von keiner Seite ist Hallstatt so attraktiv wie vom Wasser aus gesehen. Land in Sicht!

Noch kurze zweckdienliche Hinweise: Es empfiehlt sich, nicht in der Höchstsaison zu reisen, und wenn, dann möglichst früh anzukommen. Der Ort füllt sich rasch im Laufe des Vormittags.

Man erreicht den **Bahnhof Hallstatt** sowohl von Norden als auch von Süden her, er liegt an der **Salzkammergutbahn**, die selbst schon eine Attraktion ist (s. u.). Kürzeste Fahrzeit ab Wien mit Umstieg in Attnang-Puchheim ist dreieinhalb Stunden, exakt jene Zeit, die Google-Maps für die Autofahrt anzeigt. Fährt man mit der Salzkammergutbahn von Hallstatt weiter Richtung Süden, gelangt man irgendwann ins Ennstal, doch dazu später.

Die Gepäcksaufbewahrung im Bootshaus von Hallstatt kostet drei Euro, der WC-Besuch im Ort einen Euro. In der Früh und am Abend ist Hallstatt am ruhigsten, schönsten, der See am friedlichsten. Zu tun gibt es rundherum genug, und nicht weit hinter dem Ort ist man aus dem ärgsten Trubel auch schon wieder heraußen.

Frankenburg am Hausruck
Schwanenstadt
Stadl-Paura
Bad Wimsbach-Neydharting
D
Attnang-
-Puchheim
Wien, Linz
Vöcklabruck
Vöcklamarkt
Timelkam
Vorchdorf
Salzburg
Ager
Laakirchen
Alm
Lenzing
Seewalchen
Schörfling/A.
St. Georgen im Attergau
Pinsdorf
Gmunden
Altmünster
Attersee
Traunsee
Laudachsee
1691
Traunstein
Langbathseen
Feuerkogel
1592
Ebensee a.T.
Höllengebirge
Traun
Offensee
Schwarzensee
St. Wolfgang im Salzkammergut
Almsee
Bad Ischl
(469)
Nussensee
TOTE
Lahngangseen
Toplitzsee
Bad Goisern
Pötschenhöhe
992
Altausseer See
Grundlsee
(659)
Bad Aussee
Steeg-Gosau
Paß Gschütt
964
Hallstätter See
Stainach-Irdning
Bad Mitterndorf
(809)
Hallstatt
Obertraun
Ödensee
Vd.
Gosausee
H. Krippenstein
2109
Ht.

Alles echt: Hallstatt, von der Bahn-Fähre aus gesehen

Hallstatt ist, wenn man so will, der Nukleus, das pulsierende Herz des Salzkammerguts, jener innerösterreichischen Region, in der seit tausenden Jahren Salz abgebaut wird und die sich, aller Verkitschungstendenzen zum Trotz, eine eigene kulturelle Identität bewahrt hat. Die ersten Siedlungsspuren in der Region sind runde 7000 Jahre alt. Bereits 2000 v. Chr. ist Salzabbau in größerem Stil nachgewiesen. Die Hallstätter reklamieren folglich für sich, der „älteste Salzbergbau der Welt" zu sein. Die Grabbeigaben aus dem achten vorchristlichen Jahrhundert des „Hallstätter Gräberfelds" belegen die damals schon hochstehende Kultur; die Epoche der älteren Eisenzeit firmiert demgemäß als „Hallstattkultur". Kelten, Römer, Slawen, Bajuwaren, die Geschichte sah sie hier alle. Schließlich waren es die Habsburger, die den Salzbergbau intensivierten. Albrecht von Österreich ließ 1284 zum Schutze des Salzbergs den so genannten **Rudolfsturm** hoch über See und Ort errichten. Der Platz als solcher existiert noch, freilich in leicht geänderter Fasson. – Seit 1997 steht die Kulturlandschaft Hallstatt-Dachstein/Salzkammergut auf der Welterbe-Liste der UNESCO. Und 2024 wird Hallstatt mit 23 anderen Gemeinden unter der Federführung von Bad Ischl Teil der „Europäischen Kulturhauptstadt".

Die Bootsanlegestelle befindet sich direkt neben der evangelischen Pfarrkirche, mitten im autobefreiten Ort. Von da schlendert man zum Marktplatz und weiter auf der Seepromenade, zurück geht's eine Etage höher auf dem Friedrich-Morton-Weg, mit schönen Tiefblicken auf den See. Pflicht ist der Abstecher zur über dem Ort gelegenen, spätgotischen **katholischen Pfarrkirche** mit ihrem geschnitzten Altar aus 1510. Daneben steht das Beinhaus mit bemalten Totenschädeln.

Wer es einrichten kann, sollte vom Ort bzw. von der Talstation der Standseilbahn auf den **Salzberg** marschieren bzw. mit der Bahn hochfahren. Gleich unter dem Rudolfsturm, in dem sich heute ein Restaurant mit Aussichtsterrasse befindet, wurde eine Aussichtsplattform (neudeutsch: „Skywalk"), der **„Welterbeblick"** installiert – man schwebt quasi 360 Meter hoch über dem Hallstätter See.

Es war schon vor fünfzig Jahren Pflichtprogramm und ist es heute noch: Ein Besuch des **Salzbergwerks** gehört zu einem Hallstattbesuch einfach dazu. Der Eingang befindet sich im Hallstätter Hochtal, rund zwanzig Minuten von der Bergstation der Seilbahn entfernt. Salzlaternen, unterirdischer See, uralte, niedrige Stollen, Bergwerksrutsche, Fahrt im Grubenhunt: Hallstatt und sein Salzbergbau ist ein Stück österreichische Identität.

Hallstatt ist Ausgangspunkt ausgedehnter Spaziergänge, Wanderungen und Bergtouren. Zum Beispiel ist die Besteigung des 1953 Meter hohen **Plassen** gut machbar. Im Übrigen befindet man sich schon im Reich des Dachsteinmassivs. Es gibt da so viele Bergtouren und Wanderungen, dass man sie gar nicht alle aufzählen kann. Von der nächsten Bahnstation Richtung Süden, Obertraun, führt die Seilbahn zu den Dachstein-Rieseneishöhlen und weiter auf den Krippenstein, einen berühmten Gipfel des Dachsteingebirges.

www.hallstatt.net

Kurzer Rückblick zur Bahn, die uns von Attnang-Puchheim hierher, ins Innere des Salzkammerguts, gebracht hat. Man sitzt eindeutig in einem Ausflüglerzug. Der Zug lebt. **Gmunden.** Der **Traunstein** steht hoch im Hintergrund. Junge Menschen am Bahnsteig, ein Mädchen mit einem Blumenkranz im Haar. Direkt vom Bahnhof fährt die Straßenbahn in die Stadt hinein und seit wenigen Jahren auf gekrümmter Linie auch weiter bis nach **Vorchdorf.** Der bauliche Zusammenschluss von Straßenbahn und Traunseebahn zur „Traunseetram" ist eine der wenigen Bahnneubauten der letzten

Elektroboot-Hafen am Hallstätter See

Jahrzehnte, für Pendler ebenso sinnvoll wie für Ausflügler. Der Traunstein ist dabei stets im Blickfeld, man gondelt in seinem Antlitz durch abgelegene Orte. Kurz nach Gmunden passiert man **Engelhof.** Hier befand sich schon anno 1836 eine Station der Pferdeeisenbahn Budweis–Linz–Gmunden. Das funktionslose Gebäude steht noch, droht aber zu verfallen. Der Verein „Weg des Salzes“ hat es sich nun zur Aufgabe gemacht, den Bahnhof Engelhof als einen der ältesten Bahnhöfe Kontinentaleuropas zu revitalisieren und die dafür notwenigen Gelder aufzutreiben. *(Kontakt: info@wegdessalzes.at).* Statt der alten Haltestelle bekam Engelhof eine neue große Bahnhofshalle mit p&r-Anlage, denn in Gmunden sind Parkplätze rar. Nach einer schönen Reise hinüber nach Vorchdorf kann man dort dann direkt in einen ÖBB-Zug umsteigen und nach Lambach (an der Westbahn) weiterfahren. Womit man eine kleine, feine Traunviertel-Rundreise absolviert hätte.

www.gmunden.at, www.stern-verkehr.at

Nach diesem kurzen Exkurs zurück zur Salzkammergutbahn. Nach **Traunkirchen** geht's schon durch Tunnels, dazwischen gibt's Ausblicke der Sonderklasse, immer der Traunstein im Hintergrund. Langer Tunnel, jetzt ganz knapp am Wasser, dann **Ebensee,** vorbei an der Salinen Austria AG Industrie, Ausblicke aufs Tote Gebirge, Auerochsen auf einer saftigen Wiese und bald dann: die Kaiserstadt **Bad Ischl.** Kaiservilla, Lehár-Villa, Trinkhalle, Kurpark, Zauner und, für uns ganz wichtig, das Lokdenkmal, das an die **Salzkammergut-Lokalbahn** erinnert, die vielbesungen bis 1963 von Salzburg nach Bad Ischl dampfte. Und die es leider nie mehr wieder geben wird, auch wenn sich manche Touristiker sehr darüber freuen würden. Seilbahnfahrt auf die Katrinalm, der ausgiebige Spaziergang in der Kulturhauptstadt 2024 muss sein, das sind wir dem Kaiser, der Kaiserin und Bad Ischl einfach schuldig.

www.badischl.salzkammergut.at

Weiter auf unserer Bahnreise. An der Traun entlang, hinein ins Hochgebirge, erhascht man bei **Bad Goisern** erste Blicke aufs Dachsteinmassiv. **Steeg-Gosau.** Von hier gelangt man über die Goisererhütte nach Gosau. Es geht auch mit dem Bus, der direkt vom Bahnhof wegfährt. Von Gosau wandert man dann zum vorderen und hinteren **Gosausee.** Der berühmteste und meistgemalte aller

Gmunden: Salzkammergutmetropole am Traunsee

Dachsteinblicke eröffnet sich von hier, auch so ein ikonenhaft-österreichisches Bild. Nächster Halt: Hallstatt! Siehe oben.

Der Mittelpunkt Österreichs

Ab Obertraun glaubt man, sofort in einen langen Tunnel einfahren zu müssen. Passiert aber nicht. Der Zug manövriert durch die enge **Traunschlucht.** Dreht sich kurz nach Norden, um nach kurzer Fahrt schon ins steiermärkische Salzkammergut zu gelangen. **Bad Aussee.**

„Vom hoch gelegenen Bahnhof umständlich und mühsam zu erreichen, ist Kern und Zentrum eines weiten, reich gegliederten, blühenden, dem Hochgebirge schon stark angenäherten Gebiets. Wir befinden uns wieder einmal in der Steiermark. Wo die überall hin kommt!", schrieb einst der scharfzüngige Autor und Theaterkritiker Hans Weigel – und behielt bis heute recht, denn: Der große Bahnhof von Bad Aussee liegt wirklich weit außerhalb des Zentrums, der Fußmarsch hinein in die Stadt entlang der lauten Bahnhofstraße ist so wie vor sechzig Jahren auch heute kein Genuss. Ja, es fahren schon auch Busse und wenn man Glück hat, steht gerade einer am Bahnhofsvorplatz.

Bad Aussee nennt sich „geografischer Mittelpunkt Österreichs". Wie auch immer diese Zuschreibung zustande kam, man hat den Eindruck, dass der noble Ort auch der Mittelpunkt des geballten Salzkammergut-Autoverkehrs ist. Gemeinsam mit Bad Ischl ist man ja „Kulturhauptstadt 2024" und hat sich zum Ziel gesetzt, das

Grundlsee, Ostufer: Idylle am „steirischen Meer“

Traunstein, vom Abteilfenster aus gesehen

(immerhin als solches erkannte) „Verkehrsproblem" zu lösen. Also: Nichts wie raus aus dem, nobel gesprochen, „quirligen" Nobelkurort, zum Beispiel mit dem Bus zum **Grundlsee.** Am Südufer kann man schön bis zum anderen Ende und weiter zum **Tauplitzsee,** dem winzigen Kammersee und dem Traunursprung marschieren. Der Rückweg ist um einiges bequemer: Zurück am Strand vom Grundlsee nimmt man im Strandcafé „Zum rostigen Anker" Kaffee und Apfelstrudel und schippert dann mit dem süßen kleinen Dampfer zurück ans Westende des Sees, der, in völliger Verkennung der wahren Tatsachen, von den Einheimischen als „Steirisches Meer" bezeichnet wird. Vom Boot aus schön zu sehen: Schloss Grundlsee (in Privatbesitz) und die dekorative Villa Castiglioni.

Variante zwei ab Bad Aussee: Ein einstündiger Fußmarsch zum **Altauseer See** samt Seeumrundung, Seebefahrung bzw. wahlweisem Aufstieg zu Loserhütte, Loseralm, Augstsee und Losergipfel. Für die 1100 Höhenmeter braucht man gute Kondition und ausreichend Zeit, Nachmittagsspaziergang ist das keiner.

Ja, auch Altausee ist ein Platz, den man als gelernter Österreicher, als gelernte Österreicherin einmal im Leben besucht haben sollte. Tressenstein, Trisselwand, Loser, Totes Gebirge, das ist wahrhaftig ein Mittelpunkt der Alpenrepublik.

www.badaussee.at, www.schifffahrt-grundlsee.at
www.altausseeschiffahrt.at

Nein, noch immer nicht hat die Fahrt mit der Salzkammergutbahn ihr Ende gefunden. Wir gleiten aus dem Ausseerland im nunmehr weiten Tal nach **Bad Mitterndorf,** von wo man auf die Tauplitzalm gelangen kann. In der Ferne sieht man in Fahrtrichtung rechts die Skiflugschanze am Kulm. Daneben macht sich seit einigen Minuten ein Berg wichtig, ein Monolith, der immer größer und größer wird und um den sich der Zug letzten Endes förmlich herumwindet: Es ist der **Grimming**. Im Schatten des 2351 Meter hohen Kalk-Monstrums stürzt sich der Zug ins Ennstal hinunter. Von wo der Grimming nochmals grimmiger aussieht als von der Bad Mitterndorfer Seite.

Der Bahnhof, an dem der Zug in die Ennstal-Bahnlinie mündet, ist Kreuzworträtsellösern wohlbekannt, er heißt **Stainach-Irdning.** Von hier gibt's, zur groben Orientierung, Anschlusszüge (über Schladming und Radstadt) nach Salzburg und, in die andere Richtung, über den Pyhrnpass nach Linz bzw. über die Schoberpassstrecke hinunter zur Südbahn und weiter nach Graz.

22 Im Hausruck

Eisenbahn- und Bergbaumuseum Ampflwang – Der Hausruck – Mit Thomas Bernhard nach Wolfsegg, Ungenach und Ohlsdorf

Man hätte gern gewusst, was der österreichische Schriftsteller und Dramatiker Thomas Bernhard von Ampflwang gehalten hat. Gekannt wird er den Ort ja wohl haben, besaß er doch in der Nähe, in Ottnang, ein Haus und machte Teile der umliegenden Region zu Schauplätzen seines Schaffens. Nicht nur, was er vom ehemaligen Bergwerksort Ampflwang gehalten hat, der sich in jüngerer Vergangenheit erfolgreich als „Reiterdorf", als „Dorf der 607 Pferde" vermarktet, sondern in erster Linie vom Eisenbahn- und Bergbaumuseum Ampflwang. Versucht man sich in der Sprache des „Übertreibungskünstlers", so wäre dieses Museum nämlich der größte vorzustellende, gleichzeitig Traum und Albtraum jedes Eisenbahnfreundes und jeder Eisenbahnfreundin, eine Un*glaub*lichkeit ersten Ranges, ja eigentlich eine wider jede reale Chance Realität gewordene Un*möglich*keit.

Da versteckt sich nämlich in der tiefsten oberösterreichischen Provinz ein sehr großes, wenn nicht sogar das flächenmäßig allergrößte und gleichzeitig das größte ehrenamtlich geführte Museum Österreichs. Das **Eisenbahn- und Bergbaumuseum Ampflwang** ist mit 25.000 Quadratmetern, um den nächsten Fast-Superlativ unterzubringen, das achtgrößte Eisenbahnmuseum Europas. Schwer nachzuprüfen, aber von der Aussichtsplattform des fünfgeschoßigen Zentralgebäudes sieht man schon: Klein ist hier gar nichts. Man hat freie Sicht auf das Gelände, aber auch auf die ungeheuer großen Massen an Schrott, die hier zwischen- und endgelagert sind. Eisenbahnwaggons und Eisenbahnlokomotiven aller Größen und aller Baureihen stehen auf dem Freigelände und man fragt sich ernsthaft, ob und wann (und von wem) diese ausrangierten Fahrzeuge jemals saniert, aufgearbeitet, wieder in Betrieb genommen werden sollen. Der Turm, auf dem man steht, war übrigens nicht die Kommandobrücke eines Riesen-Verschiebebahnhofs, sondern die ehemalige „Zentralsortierung" des Bergbaubetriebs Ampflwang. Bis 1995 wurde hier rundherum Braunkohle gefördert und dieses Museum erzählt die Geschichte des Bergbaus ebenso wie die Geschichte der Ampflwanger Eisenbahn und der Bahn im Allgemeinen – viel zu viel für einen einzigen Besuch.

Eberschwang
Ried/Innkreis
Geboltskirchen
Antiesen
Leopolds-hofstatt
Trattnach Ursprung
Hausruck
Höft
Gaspoltshofen
Altenhof am Hausruck
Hörbach
Kohlgrube
Hausruck
Bruckmühl
Englfing
Bergern
Wolfsegg am Hausruck
Ottnang-Wolfsegg
Ampflwang
Manning
Atzbach
Thomasroith
Zell am Pettenfirst
Pfenniggrub
Pitzenberg
Rutzenham
Aich
Wien, Linz
Ungenach
Puchkirchen
Neukirchen am an der Vöckla
Ampflwanger B.
Redlbach
Pühret
Tuffeltsham
Salzburg
Vöckla
Redlham
Timmelkam
Vöcklabruck
Attnang-Puchheim
Leidern
Baum-garting
Ager
Sicking
Schalchham
Ader
Unt.-
-gallaberg
Ob.-
Pichlwang
Ob.-
Unt.-
-lixlau
Wankham
Regau
Preising
Gampern
Oberregau
Arnbruck
Lenzing
Alt Lenzing
Kraims
Rutzenmoos
Kraims
Steindorf
Aurachkchn.
Rosenau
Oberachmann
Unterkriech
Aurach am Hongar
Ritthan
Seewalchen am Attersee
Hainbach
Gerlham
Kammer-Schörfling
Gmunden
Berg im Attergau
Litzlberg
Buchberg
Attersee
Oberhenfeld
Hongar

Neben vielen rostigen Fahrzeugen sieht man von der Terrasse aber auch: eine 200 Meter lange Riesenhalle für Lokomotiven und andere Fahrzeuge sowie einen Rundlokschuppen mit 21 Stellplätzen für Dampfloks. Dieser „Schuppen“ wurde so wie die Halle 2006 für die hier veranstaltete Landesausstellung „Kohle und Dampf“ errichtet. Die Drehscheibe mit 26 Metern Durchmesser wurde, schwer genug, aus dem deutschen Rosenheim hierher verfrachtet.

Insgesamt sind am Gelände mehr als hundert Fahrzeuge abgestellt, und ein rundes Drittel davon ist fahrbereit. Da warten Riesenlokomotiven ebenso wie süße Schnauferl, schwere Dieselloks ebenso wie flinke Triebwägen auf ihren Einsatz, sei es an „Museums-Betriebstagen“ vor Ort oder auch bei einer von etlichen Sonderfahrten auf dem Netz der ÖBB. Details, Lok-Baureihen und Loknummern finden sich im Internet (s. u.).

Die Ampflwanger Museumsbahn

Zum Ampflwanger Lokpark gehört auch eine echte Bahn. Nämlich die zehn Kilometer lange Strecke vom Gelände hinaus, hinunter bis nach Timelkam an der Westbahn. Die Züge dürfen zwar nur im Kriechtempo fahren, aber: sie fahren. An Betriebstagen wird sogar eine Art Pendelverkehr von Timelkam bis Ampflwang angeboten. Betrieben wird Museum wie Bahn von der ÖGEG, der Österreichischen Gesellschaft für Eisenbahngeschichte, einem Verein mit 900 Mitgliedern. Schon der Vereinsname legt klar, dass die Mitglieder ihre Aufgabe ernst nehmen, nicht etwa bloß „Nostalgiezüge“ führen, sondern ihre Arbeit als Beitrag zur Industrie- und Verkehrsgeschichte des Landes sehen. Der Verein führt seit Jahrzehnten auch die Steyrtal-Museumsbahn von Steyr nach Grünburg und betreibt auch den schön restaurierten Donau-Schaufelraddampfer „Schönbrunn“.

Die Anreise nach **Ampflwang**, und das ist der Wermutstropfen, gelingt nur an Museums-Betriebstagen (siehe Homepage) mit dem Zug, ab Timelkam dann mit Museums-Vehikeln. Die Sonderzug-Abfahrts-Haltestelle „Timelkam Energie-AG“ befindet sich fünf Gehminuten von der ÖBB-Station in Richtung Kraftwerk und ist nicht zu verfehlen.

An Wochentagen fährt ein Bus ab Vöcklabruck nach Ampflwang, an Wochenenden nicht einmal der. Dafür hält an Tagen mit Großveranstaltungen die Westbahn extra in Timelkam. Das alte Stationsgebäude von **Timelkam** ist nebenbei bemerkt das schönstrenovierte an der ganzen Westbahnstrecke: Unbedingt eines Blickes würdigen, und sei es nur beim Vorbeifahren! Was immer bleibt, ist die Anreise per Rad, am besten ab Timelkam; die Fahrt geht rund 13 Kilometer immer leicht bergauf, dafür geht's zurück dann aber ohne viel Treten.

www.oegeg.at, www.lokpark.at

Was sind brauchbare Anschlussprogramme in Ampflwang, so man keinen Reiterurlaub gebucht hat? Ein zügiger Spaziergang auf dem **Kohle- & Dampfweg** etwa. Offizieller Startpunkt ist der Aldiana-Club, der Weg führt direkt am Eisenbahn- und Bergbaumuseum vorbei. Man gelangt auf diesem rund zweistündigen Marsch auf den 801 Meter hohen **Göblberg,** der höchsten Erhebung des Hausruck, und zur dazugehörigen Aussichtswarte. Gut ist die Sicht über den Hausruckwald, eines der größten geschlossenen Waldgebiete Österreichs. In der Ferne das Höllengebirge und das Tote Gebirge und unübersehbar im Mittelgrund der Traunstein. Wer's bescheidener gibt: Ab dem Museum ist auch die einstündige „Ampflwanger Runde" rund um den Ort beschildert, auch sie führt direkt am Lokpark vorbei.

www.ampflwang.at, www.tourismus-hausruckwald.at

Landpartie mit Thomas Bernhard

Ziehen wir unsere Kreise nun etwas weiter. Es fährt, in einiger Entfernung von Ampflwang, eine schöne Bahn durch diese touristisch wahrlich nicht übererschlossene Region, nämlich von **Attnang-Puchheim** an der Westbahn bis hinauf nach **Ried im Innkreis.** Die erste bemerkenswerte Station auf dieser Fahrt durch das Hausruckviertel ist **Ottnang-Wolfsegg.** Ottnang liegt praktisch direkt neben der Bahntrecke, Wolfsegg drei Kilometer weiter nördlich. Für Durchfahrer bietet sich schon vom Abteilfenster ein schöner Blick auf Traunstein und Co., noch besser sieht man das Gebirgspanorama von Wolfsegg. Beide Orte – Wolfsegg und Ottnang – sind für all jene, die sich gern als literarische Spurensucher betätigen, von größtem Interesse. Der nicht zufällig bereits eingangs genannte Thomas Bernhard (1931–1989) hat einerseits in Ottnang ein Haus besessen, aber auch Ort und Schloss Wolfsegg in seinem letzten großen Roman „Auslöschung – ein Zerfall" ausgiebig verewigt. Die Handlung bzw. der Monolog kreist um den Ort, vor allem aber um das über

ÖGEG
77.28

TIMELKAM
Timelkam

Bernhard-Blick von Wolfsegg nach Süden (o.)
Junge Lokführerin auf alter „77er"-Dampflok (o. li.)
Timmelkam: schönster Bahnhof auf der Westbahn (li. Mitte)
Endstation: Museumsquartier Ampflwang (li. u.)
Braunau am Inn, Stadtplatz (li.)

dem Ort aufragende gleichnamige Schloss. Wolfsegg, speziell das Schloss mitsamt seinen Bewohnern, wird von Bernhard nicht eben schonungsvoll behandelt.

„Einen Menschen wie Gambetti verstehen sie in Wolfsegg schon gar nicht. Schon ganz und gar harmlosen Menschen sind sie in Wolfsegg immer nur mit Abscheu und Haß begegnet, alles Fremde haben sie immer abgelehnt, sich niemals mit etwas Fremdem oder mit einem Fremden von einem Augenblick auf den anderen, wie es meine Gewohnheit ist, eingelassen [...] Ich selbst bin kaum in der Lage, mit Wolfsegg fertig zu werden, geschweige denn ein Mensch wie Gambetti.“

Es ist der 2000-Einwohner-Gemeinde Wolfsegg hoch anzurechnen, dass dennoch ein Spazierweg **„LiteraTour Thomas Bernhard“** angelegt wurde. Der Weg führt auch hinauf zum Schloss, in „Auslöschung“ der Inbegriff allen Übels.

„Oben, hatte ich zu Gambetti gesagt, liegt Wolfsegg, über achthundert Meter hoch, jahrhundertelang uneinnehmbar, eine Festung aus einem sogenannten Hauptgebäude und mehreren Nebenhäusern, also das Gärtnerhaus, das Jägerhaus, die Meierei, die sogenannte Orangerie, die Kindervilla, auch ein herrschaftliches Gebäude, das wahrscheinlich für die Kinder auf Wolfsegg gebaut worden ist vor dreihundert Jahren, hatte ich zu Gambetti gesagt, ein wenig abseits gelegen, auf der Ostseite, von wo aus aber der weiteste Blick auf die Alpen möglich ist [...]“

Der „Übertreibungskünstler“ übertreibt übrigens auch, was die Lage des Schlosses betrifft, er setzt es um 150 Meter höher, als es der Realität entspräche. Und erst die Aussicht: Für Bernhard die beste in ganz Österreich. Da betätigt er sich fast als Touristik-Werber:

„Überhaupt, hatte ich zu Gambetti gesagt, hat man von Wolfsegg aus den allerweitesten Blick auf die Alpen, in einem ist es möglich, das ganze Gebiet zwischen den Tiroler und den östlichen niederösterreichischen Bergen zu überblicken. Das kann man nicht ein zweites Mal in Österreich, hatte ich zu Gambetti gesagt.“

www.tourismus-hausruckwald.at

www.oberoesterreich.at, www.wolfsegg.ooe.gv.at

Schloss Wolfsegg ist in Privatbesitz und nur in Ausnahmefällen zugänglich. 2023 waren Orangerie und Wirtschaftsgebäude im Zuge der Landesgartenschau geöffnet. Die Besitzerfamilie Saint Julien-

Wallsee gab vor einiger Zeit in einem Zeitungsinterview zu Protokoll, dass sie sich und ihr Haus langsam für Publikum öffnen wollen. Ein kurzer Spaziergang vom Ort zum Schloss ist auch heute schon kein Problem, man kommt auch bei der so genannten „Kindervilla" – Nr. 4 – vorbei.

Das nicht weiter auffällige, einschichtig gelegene Bernhard-Haus in **Niederpuchheim nahe Ottnang** ist dagegen schwerer zu finden. Die Beschreibung des Wegs folgt jener auf dem Tourismusportal des Landes Oberösterreich: Vom Markplatz und die Stelzhamerstraße zum Roßmarkt, vorbei am Bergmannskreuz in Richtung Deisenham. In Kropfing rechts halten und sofort links in Richtung Wiesing abbiegen. Auf der Höhe angelangt, nach rechts zum „Eckstiegl". Am Waldrand führt der Weg dann weiter zum „Quirchtenhaus" genannten Anwesen. Bernhard hatte von hier einen direkten Blick auf Schloss Wolfsegg.

Im Ort Wolfsegg selbst, das noch zur Abrundung, wurde nach einem Drehbuch Thomas Bernhards schon im Jahr 1971 ein Film („Der Italiener") gedreht, und zwar vom bekannten österreichischen Experimentalfilmer Ferry Radax.

Neben Wolfsegg und Ottnang ist auch das acht Kilometer vom Bahnhof Ottnang-Wolfsegg entfernte (und so mit dem Rad leicht erreichbare) **Ungenach** untrennbar mit Thomas Bernhard verbunden. Von Timelkam aus sind es gar nur sechs Kilometer in das schön gelegene Dorf. Nach dieser Gemeinde hat der Autor eine bereits 1968 erschienene Erzählung benannt: Ungenach. In der reist ein junger Mann, um eine Erbschaftsangelegenheit zu regeln, zurück in den Ort seiner Kindheit, speziell auf das Anwesen der Familie.

„Park. Allee. Genauigkeit: Herrenhaus, Wirtschaftsgebäude. Die ebenerdigen feuchten, die oberen trockenen Zimmer. Das Fehlen von Hunden und Katzen, wiewohl früher in Ungenach zeitweise nur Hunde und Katzen geherrscht haben. Monotonie als Ursache, als Wirkung, Verstand als Krankheitserforschung [...] Das plötzliche Eintreten der Jäger, der Trophäenhaufen im Hof. Gewitter, Gewitterstimmungen. Wildfrevel, Jungjägerleukämie. Jagdinfektionen. Wie man in Ungenach mit dem Krieg fertig geworden ist."

So wie die Wolfsegger ließen sich auch die Ungenacher nicht lumpen und benannten den drei Kilometer langen „Thomas Bernhard Rundwanderweg" in Erinnerung an den seinerzeitigen „Skandalautor".

Eine letzte, untrennbar mit ihm verbundene Adresse liegt außerhalb des Hausruckviertels. Es ist der Bernhard'sche Vierkan-

ter in Ohlsdorf bzw. Obernathal. Hier erhält man wohl die besten Einblicke in die Welt und das Werk Bernhards. Weit ist es nicht vom Hausruck hierher, man muss nur in Attnang-Puchheim in die Salzkammergutbahn Richtung Bad Ischl umsteigen. Der Ort bzw. Hof liegt im Niemandsland zwischen Attnang und Gmunden, er kann nach Anmeldung besucht werden. Von der Station Aurachkirchen an der Strecke Attnang–Gmunden sind es gerade einmal fünf Kilometer zu dieser Pilgerstätte.
www.thomasbernhard.at

Zurück nun zum Hausruck und zur Hausruckbahn. Die Reise geht jetzt von Ottnang-Wolfsegg Richtung Nordwesten. Der Triebwagen fährt eine elegante Panoramaschleife, durcheilt bald dichten Wald und rauscht durch einen langen Tunnel, um über die Station **Hausruck** hinaus ins flache Innviertel zu gelangen. Was macht ein Railrodder in **Ried im Innkreis?** Von hier kann man mit Dieseltriebwägen nach Osten, nämlich nach **Neumarkt-Kallham** an der Hauptstrecke Wels–Passau, fahren. Oder nach Norden, nach Schärding. Oder, dritte Möglichkeit, nach Westen, nach Braunau, so wie Schärding an Inn und Innradweg gelegen. **Braunau,** wir wissen es, hat nicht den allerbesten Ruf. Nicht nur, dass Adolf Hitler hier geboren wurde – sein Geburtshaus (samt Gedenkstein an der Straßenfront) ist nach wie vor existent. Die Menschen sind hier, welche Überraschung, ebenso freundlich wie überall anders auch. Die Stadt ist mit Simbach, direkt am anderen, dem deutschen Inn-Ufer gelegen, verschwestert.
www.braunau-simbach.info, www.innradweg.com

Letzter Hinweis: Man ist in Braunau nun nicht am Ende der Welt angelangt. Die Mattigtalbahn führt durch das Mattigtal über Mattighofen hinunter zur Westbahn, konkret nach Straßwalchen bzw. Neumarkt am Wallersee. In Mattighofen befindet sich der Stammsitz von KTM, sowohl des Motorradbauers als auch der Fahrradfabrik. Die beiden Unternehmen, hervorgegangen aus der seit den Fünfzigerjahren produzierenden Firma Kronreif & Trunkenpolz-Mattighofen (kurz: KTM), wurden nach einem Konkurs 1991 getrennt und sind nun beide unabhängig voneinander in ihren Feldern überaus erfolgreich unterwegs.
www.mattighofen.at

23 Das Hochhausdorf und die Tauernbahn

Bad Gastein – Sportgastein, das Niedersachsenhaus und andere Hütten – Die Heilstollenbahn von Böckstein – Die Tauernbahn und ihre „Südrampe“

Man soll mit Superlativen vorsichtig sein. Aber der Ort ist einfach spitze, eine Ausnahmeerscheinung. Was der schon alles erlebt hat! Man nennt ihn Wolkenkratzerdorf oder Manhattan der Alpen, manche sagen auch Monte Carlo der Hohen Tauern, wenn sie von Bad Gastein sprechen. Zehn- und mehrstöckige Hotelburgen an steiler Felswand, ein Wasserfall mitten im Ort, ein schaurig-schöner Stilmix, eine Geschichte von Aufschwung und Niedergang, von Krise, Verfall und Renaissance, ein Ort wie ein Drama, das Ortsbild Kulisse eines melodramatischen Films.

Bad Gastein liegt zwischen 900 und 1100 Meter Seehöhe, als letzter Ort des Gasteiner Tals, das seinerseits ein Nebental des Salzachtals ist. Ein Bad wird hier bereits Mitte des 14. Jahrhunderts erwähnt, ein regulärer Badebetrieb im Hochtal ist ab der Mitte des 15. Jahrhunderts gesichert. Der wohlbekannte Schweizer Arzt Theophrastus Bombastus, genannt Paracelsus erwähnt Bad Gastein im 16. Jahrhundert recht ausführlich in seinen Untersuchungen. Ab 1832 setzt so etwas wie ein moderner Kurbetrieb ein, die illustren Gäste reisen noch mühsam mit der Kutsche an.

Den Reichtum des Ortes bilden 17 gefasste Quellen im Ortsgebiet, einige rund um den Wasserfall, am Fuße des „Badbergs“. Insgesamt sind 44 Radon-Thermalquellen bekannt. Im Thermalquellpark neben dem Wasserfall sprudelt das Heilwasser noch frei zugänglich mit rund 46 Grad Celsius an die Oberfläche, wird für Kurzwecke auf Badewannentemperatur gekühlt und von den Quellen in diverse Kurhäuser geleitet. Früher waren wochenlange Kuraufenthalte die Regel, heute ist die Verweildauer im Ort deutlich kürzer. Schon vor der Eisenbahnzeit war der Ort international bekannt, erste Hotels entstanden früh. Dann kam im Jahr 1905 die Eisenbahn und mit ihr der Boom.

Die **Tauernbahn** war von da an für längere Zeit die wichtigste Lebensader des Tals. Sie ist eine der großen alpenquerenden Gebirgsbahnen Österreichs und wahrscheinlich deren

St. Veit im Pongau
Schwarzach im Pongau
Salzburg
Wagrain
Zauchenbach
Zell am See
Dorfgastein
Großarl
Rauris
Großarltal
Großarlbach
RADSTÄDTER TAUERN
Jägers.
Tappenkarsee
Zederhausbach
Bad Hofgastein
(859)
Bad Gastein
(1000)
Mur
Unt. Schwarzsee
Unt. Rotgüldensee
Kölnbreinspeicher
Galgenbichlspeicher
Tauerntunnel (8551m)
Schareck
3125
Hochwurtensp.
Hochalmkees
Maltatal
Stappitzer S.
Wurtensp.
Feldsee
Gößkarspeicher
Malta
Mallnitz-Obervellach
Dösner See
Oscheniksee
REISSECKGRUPPE
Hochalmsee
Mühldorfer Seen
Obervellach
(685)
Striedensee
Möllbrücke-Sachsenburg
Pusarnitz
Feldsee
KREUZECKGRUPPE
Sachsenburg
Drau
Spittal/D.
Spittal-Millstätter See
Villach Klagenfurt

schönste. Auf ihr fahren die Züge zwischen Salzburg und Klagenfurt, aber auch internationale Züge von Deutschland nach Süden kommen hier durch. Steigen wir also ein: Die meist zweigleisige Strecke zweigt in **Schwarzach-St. Veit** im Salzburger Pongau von der Salzachtal-Strecke ab.

Wer ein wahrer Tauernbahnexperte werden will, dem sei das **Tauernbahn-Museum** empfohlen, es liegt in der Bahnhofstraße 14, ganz nahe am Bahnhof Schwarzach. Neben der alten Remise und dem sogenannten Dienerwohngebäude gibt es einen neuen Zubau, gestaltet vom Architekten Adolf Krischanitz, einem gebürtigen Schwarzacher. Für die Freunde der Modellbahn: Teile der Tauernbahn wurden in der Anlage im Museum nachgebildet. Sehr nett.

www.museum-tauernbahn.at

Von hier also steigt die Bahn zügig empor. Schöne Tiefblicke ins enge Salzachtal sind noch möglich, dann biegt der Zug schon Richtung Süden ab, fährt durch den Klammtunnel und gelangt im Nu ins weite, grüne Gasteiner Tal. Stopps gibt es in **Dorfgastein** und **Bad Hofgastein,** beides bekannte Wintersportzentren. Der Bahnhof von Bad Gastein liegt dann schon auf 1083 Höhenmetern. Nur kurz, der Vollständigkeit halber: Weiter geht's ins Anlauftal bei **Böckstein.** Wo man sein Auto auf den Zug verladen und per „Tauernschleuse" den Alpenhauptkamm durchqueren kann. Autofahrer ersparen sich mit der Fahrt durch den 8,3 Kilometer langen **Tauerntunnel** hinüber ins Kärntnerische Mallnitz einen Umweg über die Tauernautobahn. Wichtig: auch Fahrräder (samt Radfahrer*innen) werden mitgenommen. Vom Südportal bzw. vom **Bahnhof Mallnitz** gelangt man hinunter ins Drautal nach Spittal an der Drau und von da weiter nach Villach (s. u.).

Heute kommt man ab Salzburg bzw. von südlicher Seite nur mehr alle zwei Stunden nach Gastein, An- und Abreisetermine müssen also gut geplant sein.

Jetzt ist man also angekommen und staunt, erst einmal, etwa beim Anblick des 1906 eröffneten **Grand Hotel de l'Europe.** Groß und mächtig steht das zehngeschoßige, späthistoristische Gebäude da, als Hotel ist es aber leider außer Betrieb. Es galt zur Zeit seiner Hochblüte bis zum Ersten Weltkrieg als eines der modernsten und mondänsten Häuser Europas. 148 Zimmer, Platz für 250 Gäste, 14

Badezimmer in den Stockwerken und 14 Thermal-Badekabinen, alle Zimmer mit elektrischem Licht, Zimmertelefonen, Warm- und Kaltwasserleitung, dazu die mächtige Eingangshalle, Frühstücks- und Restaurationsräume, Damensalon, Lesezimmer, Herren- und Rauchsalon und, nicht zu vergessen, ein 370 Quadratmeter großer Speisesaalanbau, das war schon was! Das Haus sah – so wie viele andere Hotels – viel Prominenz, abgesehen von gekrönten Häuptern logierten hier einst auch Roger Moore oder Liza Minelli. Ins Innere gelangt man heute nur als Mieter oder Besitzer eines Apartments bzw. bei Events, die vom Tourismusverband im „Wiener Saal" ausgetragen werden.

www.europe-gastein.at

Neben vielen schönen, auch schön renovierten Villen und ebenso vielen großen und auch berühmten Hotels wie dem Salzburger Hof sticht ein Gebäude ganz besonders ins Auge: das graue Betonmonster des Kongresszentrums mitten in der Stadt. In den Siebzigern des vorigen Jahrhunderts im Stil des Brutalismus erbaut, erhielt es damals diverse Architekturpreise. Heute lässt es Betrachter eher ratlos zurück. Seit 2007 sind seine Räumlichkeiten ohne Funktion, die Zukunft ist ungeklärt.

Geklärt hingegen ist endlich die Zukunft einiger anderer „Spekulationsobjekte" wie des altehrwürdigen Hotels Straubinger. Gemeinsam mit dem 200 Jahre alten „Badeschloss" und dem Postgebäude wurde es nach jahrzehntelangem Verfall generalsaniert. Ab Herbst 2023 entsteht um den Straubinger Platz direkt neben der Wasserfallbrücke ein schmuckes neues Zentrum, samt Hotelturm-Zubau. Restaurants, Shops, Cafés, alles wird es wieder geben, so wie einst, nur viel schöner. Ein kleines Wunder, fürwahr!

Was tun außer staunen, in Bad Gastein? Der Bahnhof selbst ist schon sehens- und beachtenswert. Der Thermalbrunnen in der Halle ist zwar versiegt, aber die Station aus der Kaiserzeit mit ihrer großen Empfangshalle ist schön renoviert, samt Erinnerungstafel an die Eröffnung der Bahn:

„Seine k.u.k.
apostolische Majestät
KAISER FRANZ JOSEPH I
Haben huldvollst geruht

Wasserfall im Ortszentrum: Bad Gastein

die Bahnlinie Schwarzach-St.Veit – Bad Gastein
Am 20. September 1905
allerhöchstselbst
feierlich zu eröffnen.“

Der Bahnhof liegt auf der höchsten Ebene des Ortes, die Hotelbauten und der Wasserfall liegen tiefer und sind nur über verschlungene Wege und Steige mit steilem Gefälle (bzw. kräfteraubenden Anstiegen) zu ergehen.

Die große Ausnahme ist die **Felsentherme.** Sie liegt dem Bahnhof direkt gegenüber und ist mit diesem sogar via Fußgängerbrücke verbunden. Die älteste öffentlich zugängliche Therme Österreichs wurde 2017 generalsaniert und ist noch immer ein Unikat, da Teile der Anlage, namentlich die heutige „Ruhetherme“, in den Felsen gesprengt sind; gemeinsam mit Beton- und Glasarchitektur ergibt das ein ganz spezielles Feeling. Es gibt auch Außenpools. Das Restaurant am Dach der Felsentherme hat im Gegensatz zu den meisten anderen Lokalen das ganze Jahr über geöffnet und ist auch sonst empfehlenswert.

www.felsentherme.com

Das „Manhattan der Alpen“ (ganz li. o.)
Sportgastein: Altes Kraftwerk, Blick ins Sieglitztal (li. Mitte)
Bad Gastein: altes Kraftwerk als neues In-Lokal
Bahnhofshalle Bad Gastein (li.)
Tauernbahn-Südrampe: Mölltal mit Burg Falkenstein (u.)

Die **Touristeninfo** befindet sich leider einen halben Kilometer talauswärts vom Bahnhof entfernt, am Mozartplatz. Dorthin gelangt man auf der Kaiser-Franz-Josefs-Straße oder auf der parallel dazu verlaufenden Karl-Heinrich-Waggerl-Straße. Ein hier erhältlicher Stadtplan leistet bei einem Stadtspaziergang gute Dienste. Bei jedem Rundgang ist zu beachten, dass man viele Höhenmeter zu absolvieren hat. Die Wegweisung im Ort ist gut, man muss nur wissen, wohin man will.

Zum Beispiel ins historische Zentrum, über den Kongressplatz zum **Wasserfall**, der natürlichen Hauptsehenswürdigkeit. Am Fuße des Wasserfalls befindet sich das historische **Kraftwerk**, das neben Turbinen, Generatoren und Schalttafeln heute ein originelles Café beherbergt. An den Wasserfall schließt der an den Hang gelehnte **Thermenpark** mit offenen Quellbrunnen an. Hinter der Pfarrkirche führt die Kaiser-Wilhelm-Promenade ins **Kötschachtal**, wo man auf das Hotel Der Grüne Baum stößt – eine bekannte „Nobelhütte" und Absteige von, beispielsweise, Niki Lauda. Auch auf der Kötschachtaler Straße kommt man hierher, vorher aber passiert man das stilvoll adaptierte Hotel Miramonte. Hier ist auf der sonnigen Terrasse ein Nachmittagskaffee angesagt und ein vorsichtiger Blick ins Innere erlaubt. Einmal in Bad Gastein, sollte man nicht nur das Zauberberg-Flair auskosten, sondern auch die Bergwelt rundherum erobern. Aus der verwirrenden Vielfalt einige leicht nachvollziehbare Vorschläge:

Tauernberge und Tauerngold

Zum „Eingehen" kann man von Bad Gastein über den **Böcksteiner Waldweg** nach Böckstein gehen und im Tal, auf der Kaiserin-Elisabeth-Promenade, wieder zurück. Auf die gut ausgeschilderten Wege gelangt man ab Bahnhof nach einem kurzen Stück auf der Hauptstraße Richtung Böckstein.

Wenn die Seilbahnen nicht gerade stillstehen (Oktober und November), kann man mit dem Graukogellift auf den gleichnamigen Berg zur **Graukogelhütte** fahren und von dort den Berg quasi umrunden – man kommt dabei zum Palfner See und zum schön gelegenen Reedsee. Der Rückmarsch über das Kötschachtal zieht sich, aber ab dem Grünen Baum fährt der Linienbus.

Empfohlen ist hier auch der Besuch von **Sportgastein**. Dorthin gelangt man per Linienbus über Böckstein und den „Gasteiner

Oktober in den Tauern: Niedersachsenhaus, Blick aufs Schareck

Heilstollen“ (s. u.) oder ab Böckstein auf einem zweistündigen Fußmarsch durch die Naßfelder Schlucht, vorbei an Wasserfällen und am Stausee.

Sportgastein: Das klingt nach Retortendorf, nach Ski-Hochburg, nach gewaltigen Liftanlagen. Doch nichts dergleichen ist der Fall. In Sportgastein gibt es eine einzige Bergbahn, nämlich die auf den **Kreuzkogel** (2686 m). Nicht nur im Winter, auch im Sommer und im Herbst ist es hier schön. Die Kulisse wird dominiert vom mächtigen Schareck (3122 m). Zwei breite Täler führen von hier ab, einerseits das Siglitztal, direkt nach Westen und das breite Naßfeld nach Süden. Über das Siglitztal kann man ohne größere Schwierigkeiten (aber steil!) in rund drei Stunden zum **Niedersachsenhaus** auf 2471 Meter Seehöhe aufsteigen und steht nun am Grat hinüber ins Rauriser Tal. Der Sonnblick mit seinem Observatorium und dem „Zittelhaus“ am Gipfel ist fast zum Greifen nah, das Schareck zum Gipfelsturm bereit. Ein bemerkenswerter Platz.

Für Streckengeher: Von Sportgastein über das Naßfeld kann man auf einem historischen Säumerpfad den Alpenhauptkamm überqueren. Man geht hinauf zur **Hagener Hütte** (2446 m) und am nächsten Tag hinunter ins kärtnerische Mallnitz. Von dort kann man dann mit der Bahn durch den Tauerntunnel zurück nach Bad Gastein fahren, was insgesamt eine originelle und nicht zu schwere Tour ergibt.

Zurück nochmals zu Sportgastein bzw. die Gegend ringsherum: Das 1889 eröffnete **Valeriehaus** ist bis heute das einzige ordentliche Gasthaus in Sportgastein. Es ist eine wahre Freude, nach getaner Bergbesteigung hier auf der sonnigen Terrasse zu sitzen und Pinzgauer Kasnocken zu speisen. Dem Pächter sei Dank hat es auch im Oktober noch geöffnet.

www.gasteinertal.com/Valeriehaus

Im Gasteiner Tal wurde einst „Tauerngold" geschürft. Die Bergbahn ab Sportgastein heißt „Goldbergbahn", der erste Bergrücken „Radhausberg". An etlichen Stellen finden sich aufgelassene Stollen, Spuren früher Abbaue. Unweit vom Valeriehaus steht noch ein Kraftwerk aus der Jahrhundertwende, die Anlage ist komplett erhalten. Wer mit dem Bus gekommen ist, hat es im Vorbeifahren schon gesehen: das Empfangsgebäude des **Bad Gasteiner Heilstollens.** Das Bauwerk liegt wenige Kilometer hinter Böckstein, Richtung Sportgastein.

Um 1940 gruben hier Bergleute noch nach Gold. Was sie im Gegensatz zu diesem fanden, war die wundersame Heilung ihrer rheumatischen Beschwerden. Radonhaltiger Wasserdampf, erhöhte Erdwärme und damit erhöhte Luftfeuchtigkeit im Inneren der weitverzweigten Stollen taten einfach gut, also begann man, diese Erkenntnis kommerziell zu verwerten. Die Bergwerksbahn wurde zur **Heilstollenbahn** umgerüstet, um mit ihr schmerzgeplagte Menschen zwei Kilometer tief in den Berg hineinzuführen. Der Aufenthalt im Heilstollen dauert dann ca. eine Stunde. Alles wird gut, nur klaustrophobisch veranlagt sollte man hier besser nicht sein. Für Neugierige und jene, die einfach einmal Radonluft schnuppern wollen, bietet der Gasteiner Heilstollen nach Voranmeldung „Kennenlern-Einfahrten" bzw. einen „Probiers mal aus"-Tag an – zu vernünftigen Konditionen. Die Fahrt mit dieser Bahn bietet keine spektakulären Aussichten, wohltuend ist sie dafür umso mehr.

www.gasteiner-heilstollen.com, www.gasteinertal.com

Die Abreise aus Bad Gastein erfolgt zurück übers Gasteiner und das Salzachtal nach Salzburg. Oder, noch besser, durch den Tauerntun-

Zug zur Gesundung: Heilstollenbahn in Böckstein

nel nach **Mallnitz-Oberfellach** und weiter über die „Südrampe" der Tauernbahn nach Spittal an der Drau, Villach und Klagenfurt.

Von der mittlerweile aufgelassenen Station Oberfellach (wir sind, nochmals zur Erinnerung, jetzt schon auf der Südseite des Tauerntunnels!) führte bis 1976 eine eigene Seilbahn in die dazugehörige, 360 Meter tiefer gelegene Ortschaft. Heute kann man ausgehend vom **Bahnhof Mallnitz-Oberfellach** auf den Spuren der alten Gleise spazieren, ins Tal nach Oberfellach absteigen und mit dem Postbus wieder zurück nach oben fahren. Abgesehen davon ist das hübsche **Mallnitz** auch Treffpunkt für Alpinisten, die von hier einen leichten Dreitausender, nämlich den Ankogel, besteigen wollen.

Die Abfahrt von Mallnitz ist ein Bahnerlebnis erster Güte. Zuerst geht's noch durch den fünf Kilometer langen Kopaunigtunnel, dann aber sollte man rechts sitzen und nichts als hinausschauen. Der Zug schwebt, wie ein Flugzeug im Landeanflug, den Hang entlang. Noch sieht man zurück auf die Tauernberge, tief unten liegt das Mölltal in sattem Grün. Die mächtige **Burg Falkenstein** bei Oberfellach ist für kurze Augenblicke gut zu sehen. Der wunderbare Gleitflug dauert bis Pusarnitz, kurz vor Spittal an der Drau, da setzt der Zug schließlich sanft am Talboden auf. Die Fahrzeit von Bad Gastein nach Villach beträgt eine Stunde und eine Minute. Und sie ist, dieses Wortspiel sei ausnahmsweise gestattet, tatsächlich wie im Flug vergangen.

24 Innsbrucker Bahnerkundungen

Hungerburgbahn – Mittelgebirgsbahn nach Igls – Stubaitalbahn nach Fulpmes – Das Wipptal, der Brenner und der Basistunnel

Innsbruck, die Landeshauptstadt von Tirol, war Austragungsort zweier Olympischer Winterspiele und 2018 der Straßenrad-Weltmeisterschaft. Die Stadt liegt im Inntal, ist Verkehrsknoten inmitten der Alpen und vom Transitverkehr hoch belastet. Innsbruck ist aber nicht nur Sportmetropole und Verkehrsknoten, sondern auch schön. Die Altstadt mit dem Goldenen Dachl ist zum Großteil Fußgängerzone und die Kulisse der Nordkette im Hintergrund einfach spektakulär. Attraktiv ist Innsbruck zu unserem Glück auch für jene, die ihren Urlaub mit der Bahn bzw. öffentlichen Verkehrsmitteln planen bzw. für Bahnfreunde, die landschaftlich besonders schöne Strecken suchen.

Und: Wo sonst gibt es eine Standseilbahn, deren Stationen von einer Stararchitektin, nämlich Zaha Hadid, gestaltet wurden? Die **Hungerburgbahn** nimmt bei der Station Kongress ihren Ausgang und führt über den Inn bergan nach Norden, eben zur Station Hungerburg hoch über der Stadt, von wo man mit der Seilbahn weiter mitten hinein ins Hochgebirge fahren kann – auf die Seegrube und dann weiter, fast bis zur Spitze des 2334 Meter hohen **Hafelekars.** Von der Bergstation der Seilbahn kann man auf kurzem Weg zum Gipfel spazieren und die Aussicht hinunter auf Innsbruck und zum Alpenhauptkamm genießen. Drachenflieger stürzen sich von hier heroben gern zu Tal, selber kehrt man doch lieber in der Bergstation ein.

In die andere Richtung, nach Süden, fährt die **Mittelgebirgsbahn,** und zwar ab dem **Stubaitalbahnhof,** der direkt beim Stift Wilten liegt. Die Innsbrucker nennen diese Straßenbahnlinie 6 „Waldstraßenbahn“ oder „Igler“, weil ihre Endstelle in Igls auf rund 900 Meter Seehöhe liegt. Immer wieder wurde ihre Einstellung überlegt, derzeit aber sieht es so aus, als würde sie überleben dürfen. Mit ihr gelangt man zum Schloss Amras und zum schön auf der Almfläche gelegenen Lanser Badesee. Von der Endstelle spaziert man in rund zehn Minuten in den Ort **Igls** hinein. Im Herbst und Winter, wenn unten am Inn schon der Nebel liegt, kann man hier noch in der Sonne spazieren. Von Igls wiederum gelangt man mit der Seilbahn auf den Hausberg Innsbrucks, den **Patscherkofel**, das ist der Berg mit dem Sender. Und wer wissen will, woher der Berg seinen Namen hat, wandert einfach von Igls in den schönen Ort **Patsch**, wo es noch recht ruhig und friedlich zugeht.

Ins Stubaital, per Bahn und Bus

Richtig hinein in die Berge geht es mit der **Stubaitalbahn.** Die fährt, ebenfalls in Gestalt einer Tramway, direkt am Bahnhofsvorplatz ab; diese etwa siebzigminütige Reise sollte man sich auf keinen Fall entgehen lassen.

Zuerst fährt die Garnitur kreuz und quer durch die Stadt, man hat schon Angst, dass sich der Fahrer verirrt hat, bis man end-

lich den **Stubaitalbahnhof** erreicht. Die Remise wird mühevoll durchfahren, dann aber geht es wie bei einer Hochschaubahn in Kurven und Serpentinen aus dem Stadtgebiet hinaus, dicht besiedelte Hänge empor. Über der Brennerautobahn und Bundesstraße zieht die Bahn mühelos bergwärts, vorbei an Villen, Einfamilienhäusern, Hühnerställen, Pferdekoppeln, Gasthäusern und Heustadeln der Vororte Natters und Mutters. Mit Blicken auf die Europabrücke und weit ins Wipptal hinein geht die Reise durch Misch- und Lärchenwald, über Wiesen und auch über zwei größere Viadukte. Bis man schließlich über die sattgrüne Almlandschaft der **Telfer Wiesen** vom Wipp- ins Stubaital gelangt. Ganz hinten werden die Gletscher der Stubaier Alpen sichtbar. Hoch über dem Stubaital selbst ragt unübersehbar die steile Zacke der **Serles** auf. Immer am Sonnenhang entlang geht die Fahrt nun über den Scheitelpunkt der Strecke bei Telfes und in einigen Serpentinen wieder hinunter zur Endstelle nach **Fulpmes.** Vom hübschen Bahnhof gelangt man in rund fünf Minuten ins Ortszentrum. In der Touristeninfo am Hauptplatz gibt es Wanderführer und Wanderkarten.

Fulpmes und das ganze Stubaital erlangten nicht nur durch den Fremdenverkehr Berühmtheit. Bis ins 18. Jahrhundert wurde auf den Berghängen Eisen abgebaut; in Fulpmes befand sich eine landesfürstliche Eisenschmelze. 1840 hatte der Ort 67 Werkstätten und 200 Schmiede. Noch 1920 suchte man, hoch oben, nach Magnesit und Eisenglanz, gab aber wegen mangelnder Rentabilität bald auf. Die Schmiede des Tals verarbeiteten zunächst das lokale, später, als der Abbau zu seinem Ende gekommen war, importiertes Eisen. Auch heute noch gibt es im Tal metallverarbeitende Betriebe, doch zweifellos ist jetzt der Tourismus die Haupterwerbsquelle.

Es gab Pläne, die Stubaitalbahn über Fulpmes hinaus nach Neustift im Stubaital bzw. gleich zur Gletscher-Seilbahn zu verlängern. Doch das Tal wurde und wird heute per Straße erschlossen. So fährt man denn mit dem Bus von der Ortsmitte aus weiter, um das Tal in seiner ganzen Länge zu erkunden. Er fährt im Halbstundentakt und wird von Wanderern und Bergsteigern fleißig benutzt. Immer wieder erhascht man Blicke auf den Stubaier Gletscher, die Kulisse ist großartig. Und weil man schon da ist, fährt man mit dem Bus gleich bis zur Talstation **Eisgrat** der Stubaier Gletscherbahn, springt (nach Ticketkauf!) in eine Gondel und lässt sich über die Mittel- und Bergstation Eisgrat nochmals höher bis zur Gipfelplattform **„Top of Tyrol“** hochschießen – plötzlich ist man auf 3210 Meter Seehöhe, in höheren Sphären. Der Gipfel der Schaufelspitze mit 3333 Metern ist kaum höher als die Aussichtsplattform, von der man selbstredend einen gewaltigen Rundblick genießt – zur Stubaier Wildspitze, dem Daunkogel und wie die Zacken alle heißen. Nur fünf Minuten von der Bergstation entfernt befindet sich auch das höchstgelegene Bergrestaurant Österreichs, die „Jochdohle". Dass selbst im Sommer hier Ski gefahren wird, ist bekannt, ebenso wie die Tatsache, dass der Stubaier so wie alle anderen Gletscher an Schwindsucht leidet. Jedenfalls ist es schon ein Erlebnis, ohne mühevollen Aufstieg auf 3000 Meter Seehöhe zu stehen beziehungsweise hier heroben gar seinen Cappuccino zu genießen. All jene, denen das doch zu einfach ist, sind herzlich eingeladen, im Stubaital länger zu urlauben und die Berge per pedes zu erobern. Der Talschluss, die Felsen und Hänge, Grate und Gipfel, Hütten, Höhenwege und Höhlen der Stubaier Alpen sind ein Bergsteiger- und Wanderrevier erster Klasse. Als Einstiegsdroge kann der „Wilde Wasser Weg" empfohlen werden. Der Bus hält an einigen Einstiegsstellen des Pfades, der bis zum Gletschertor des Sulzenauferners auf eine Höhe von 2540 Metern führt. Unterwegs gibt's zwei große Wasserfälle, jede Menge spektakuläre Aussichtspunkte und auch Einkehrmöglichkeiten.

www.stubai.at, www.ivb.at

Unter dem und über den Brenner

Die bekannteste von Innsbruck abführende Bahnstrecke ist wohl jene über den Brennerpass hinunter nach Sterzing und Bozen. Berühmt ist sie deshalb, weil der Brennerpass mit 1374 Metern der niedrigste Alpenpass ist – und der meistbefahrene. Allerdings nicht per Zug, sondern per Auto. Die Brennerbahn ist, weil die Straße noch immer so billig ist, gar nicht ausgelastet, sprich, es könnten noch deutlich mehr Güterzüge hier drüberfahren, als sie es derzeit tun.

Gleichzeitig wird im Berg drinnen am berühmtesten aller österreichischen Eisenbahntunnels gebaut, dem 64 Kilometer langen **Brenner-Basistunnel.** Der Tunnel beginnt unmittelbar hinter Innsbruck, das Südportal ist bei Franzensfeste auf der italienischen Seite. Für alle, die sich aus Sicht der Tunnelbauer über dieses enorme (und enorm teure) Loch durch die Alpen und den Baufortschritt informieren wollen, gibt es in **Steinach am Brenner** ein großes Info-Zentrum namens „Tunnelwelten".

www.tunnelwelten.com.

STUBAIER GLETSCHER

Innsbruck, Maria-Theresien-Straße (o.)
Talstation der Stubaier Gletscherbahnen (li. o.)
Stubaitalbahn, Endstelle Fulpmes (li. Mitte)
Am Hafelekar, Nordkette (li. u.)
Hungerburgbahn: Stationsgebäude von Zaha Hadid (li.)

Dass sich die Bevölkerung des Wipptals (so heißt das zum Brennerpass führende Tal) nach der baldigen Fertigstellung des Brenner-Basistunnels sehnen, ist nachvollziehbar, sollen dann doch nach und nach sämtliche Lkw-Ladungen unter die Erde verfrachtet werden. Für Bahnreisende wie uns wird sich dagegen gar nicht so viel ändern – ob Fernreise-Personenzüge jemals durch den für den Ferngüterverkehr konzipierten Tunnel fahren werden, ist ungewiss. Faktum jedenfalls ist: Oben drüber ist's schöner, man kann ohne Stau- und Verkehrsstress die Aussicht genießen. Die Bahn unterfährt die Europabrücke und verfolgt überhaupt weitgehend eine eigene, straßenferne Trasse. Die Autobahn läuft meist deutlich höher (und unhörbar) am Hang gegenüber. In **Steinach am Brenner** befindet sich das schon genannte Basistunnel-Infozentrum. Und auch die Abzweigung ins Gschnitztal. Das sich, im Gegensatz zu anderen großen Tiroler Tälern, noch als ziemlich ursprünglich präsentiert.

Bei **St. Jodok am Brenner** verlässt die Bahn in einer großzügigen 180-Grad-Serpentine für einige Minuten das Wipptal und schwenkt ins Schmirntal ab. Im Regionalexpress mit Endstelle Brenner sind zahlreiche Radfahrer*innen, man sieht Renn- und Tourenräder sowie Mountainbikes in allen Farben und Marken. Ein Vater und seine vierzehnjährige Tochter starten in **Gries am Brenner**, der letzten Haltestelle vor dem Grenzbahnhof, eine dreitägige Mountainbiketour durch Stubaier und Zillertaler Alpen. Tourenfahrer sparen sich den Brennerpass-Anstieg und rollen von ganz oben gemütlich hinunter nach Bozen. Rennradler fahren über Sterzing auf den Jaufenpass und weiter durchs Passeier nach Meran. Will man auch!

Der Grenzbahnhof selbst ist vollgestellt mit Güterzügen, auch die „rollende Landstraße" wird hier beladen. Wer die diversen Outlets und Shops besuchen will, ist herzlichst dazu eingeladen. Wirklich billig kann man hier aber schon lange nicht mehr einkaufen. Man tut also gut daran, in den nächsten Zug zu steigen und nach Sterzing weiterzufahren, hinein ins schöne Südtirol. Die Eurocity-Züge brauchen ab Innsbruck nur etwas mehr als eine Stunde nach **Bozen/Bolzano**, mit S-Bahn bzw. Regionalzug dauert es rund doppelt so lang.

25 Tiroler Schönheiten und die deutsche Zugspitze

Inn-Radweg – Zillertalbahn und Zillertal – Achensee-Zahnradbahn – Karwendelbahn – Seefeld, Garmisch-Partenkirchen und die Zugspitze

Die Bahn ist für Radfahrer wie geschaffen. Eine Strecke mit dem Zug, zurück mit dem Rad, so einfach geht das. Tirol hat für Radfahrer*innen nicht nur steile Bergflanken, sondern auch sanfte Talpassagen zu bieten. So etwa den insgesamt 520 Kilometer langen Inntalradweg, der dem Fluss vom Quellgebiet am Schweizer Malojapass bis zur Mündung in die Donau bei Passau folgt. Den Malojapass selbst erreicht man ab Innsbruck bzw. Landeck nicht per Bahn, sondern nur per Busshuttle (www.innradweg.com). Über Chur, die wunderbare Schweizer Albulastrecke bzw. den Albulatunnel gelangt man aber mit dem Zug zumindest ins Engadin nach St. Moritz, das mit dem Silvaplana-See auf 1800 Meter Seehöhe liegt und ebenfalls noch als Inn-Quellgebiet zählt. – Bei der Radfahrt Inn-abwärts geht's kurzzeitig auch immer wieder bergauf, nicht immer kann der Radweg dem jungen Inn folgen. Wir folgen dem Innradweg aber ohnedies erst ab dem österreichischen Landeck.

Inntal und Zillertal

Wir steigen in **Landeck** aus dem Zug und in den **Inn-Radweg** ein. Der Fluss hat hier bereits eine ziemliche Breite und ein nicht mehr so starkes Gefälle. Der Radweg führt meist nahe am Flussufer entlang, läuft zum Teil auf Asphalt, zum Teil auf Feldwegen und ist mit jedem Fahrradtyp zu befahren. Bis Innsbruck sind es rund 75 Kilometer, was für halbwegs trainierte Fahrer in einem Tag gut zu schaffen ist.

Wer gut drauf ist, fährt am nächsten Tag nochmals ungefähr die gleiche Entfernung bis Kufstein, von da ginge es dann weiter über Rosenheim (D) und Braunau bis hinauf nach Passau.

Abgesehen von Innsbruck (siehe S. 226) ist das nahe **Hall in Tirol** für einen Besuch prädestiniert, der Ort hat einen gut erhaltenen mittelalterlichen Stadtkern. Natürlich kommt man auch mit der S-Bahn oder dem Bus ab Innsbruck hierher. Nochmals ein paar Ki-

Die Zillertalbahn fährt auch Bus

lometer flussabwärts liegt **Wattens**, allgemein bekannt als Standort der Swarovski Kristallwelten.

Das Inntal ist ein aktiver Wirtschaftsstandort und eine österreichische Hauptverkehrsachse. Autobahn, Bahn, Bundesstraße laufen quasi parallel und der Radweg kann sich da nicht immer ganz fernhalten. In **Jenbach** tut sich eisenbahnmäßig einiges. Wer im Railjet sitzt und aus dem Fenster schaut, erblickt möglicherweise eine komisch aussehende, stark nach vorn geneigte Dampflok auf einem Nebengleis. Sie gehört der **Achensee-Zahnradbahn**, die hier ihre Abfahrtsstelle besitzt. Die Fahrt auf der generalsanierten Strecke ist ein hier ausdrücklich empfohlenes Vergnügen.

Der Schaffner turnt während der steilen Bergfahrt (440 Höhenmeter auf nur 7 Kilometer) außen auf den Trittbrettern herum. Ziel der Reise ist der schöne Achensee. Vom Zug kann man direkt aufs Schiff umsteigen und am größten See Tirols eine Rundfahrt absolvieren, und nicht nur das. Karwendel- und Rofangebirge geben einen würdigen Rahmen ab und bieten hinreichend Gelegenheit, sich körperlich zu betätigen.

www.achenseebahn.at, www.achensee.com

Auf der anderen, der südlichen Seite des Bahnhofs Jenbach hat eine andere Schmalspurbahn ihren Heimatbahnhof: die **Zillertalbahn.** Und die fährt, ganz ohne Zahnräder, fast das ganze Zillertal hinauf, bis nach Mayrhofen. Man muss nur die Gleise der ÖBB unterqueren, und schon ist man am Bahnsteig. Eine gute Stunde dauert die Reise, bei der man nicht durch ein wildzerklüftetes, hochromantisches Alpental zuckelt, sondern auf einer weitgehend unspektakulären Trasse durch eine breite Talmulde fährt, die von Industriehallen, Almhütten-Hotels, Tankstellen, Einkaufszentren, großen und kleinen Siedlungen, einer breiten Straße, Heliports und sonstiger „Infrastruktur" durchzogen ist. Die Zillertalbahn fährt alle halben Stunden, die Bahnsteige sind überall überdacht, Karten gibt's dankenswerterweise beim Schaffner. Einmal am Tag verkehrt in der Saison ein Dampfzug mit alten Anhängern, er passt irgendwie nicht in diese sehr aktuelle, semi-urbane Umgebung, wird aber naturgemäß von Urlaubern gerne bestiegen.

In den Seiten-Seitentälern und abseits des Talgrundes wird es bald richtig gut. Bei diversen Bahnstationen beginnen Wanderwege, MB-Strecken, Radrouten. Wer beispielsweise in **Ramsau im Zillertal** aussteigt, kann etwa gleich von der Station mit einem Linienbus die **Zillertaler Höhenstraße** ganz weit hinauffahren – eine sehr schmale, sehr steile, sehr gewundene Bergstraße. Die Busfahrerin nimmt es mit den Abfahrtszeiten nicht so genau, ist aber an-

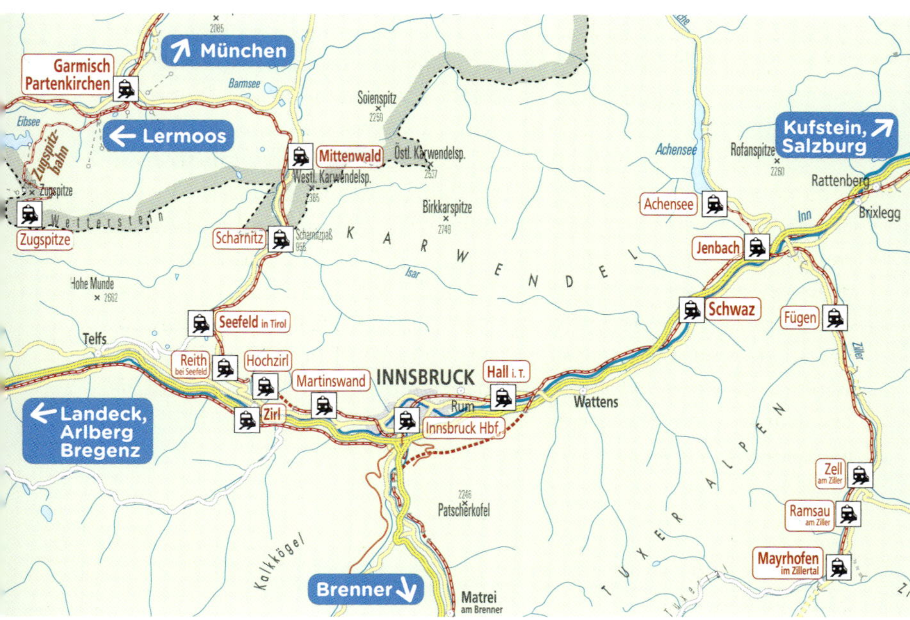

sonsten eine kompetente und durch nichts aus der Ruhe zu bringende Chauffeuse. Die Endstation befindet sich auf rund 2000 Meter Seehöhe bei der sogenannten **„Melchalm“** und da ist man wirklich weg von der Betriebsamkeit des Talgrunds. Wer eine Haltestelle vorher ausgestiegen ist, kann von dort in einer knappen Stunde zur **Rastkogelhütte** gehen und am nächsten Tag auf den 2700 Meter hohen Rastkogel steigen. Man ist hier mitten in den Tuxer Alpen, die Zillertaler Alpen mit Hochfeiler und etlichen anderen Dreitausendern leuchten im Hintergrund, Skilifte und Seilbahnen gibt es hier zum Glück keine, dafür aber durchaus noch Ruhe und Bergfrieden.
www.zillertalbahn.at, www.zillertal.at

Ab Innsbruck bzw. ab Wien kann man via Wörgl im Inntal auch in das Mekka des heimischen Skisports, nach **Kitzbühel** und weiter nach St. Johann, gelangen. Die Fahrt ab Wörgl ist nicht lang, dafür aber schön, und wer Kitzbühel nicht kennt, der kann es ja einmal probeweise per Bahn testen. Man muss sich ja nicht gleich ein Chalet am Kitzbühler Horn zulegen, man darf auch ohne eigene Absteige im Nobelort hier einfach mal reinschauen.

Mit dem Zug auf die Zugspitze

Nun aber zu etwas komplett anderem. Wir fahren von Innsbruck Richtung Nordwesten nach Seefeld und weiter ins Deutsche, nach Garmisch-Partenkirchen. Und von da auf die Zugspitze.

Die Karwendelbahn von Innsbruck nach Seefeld und weiter nach Garmisch ist eine der schönsten Gebirgsbahnen Österreichs und bietet für uns Ausflügler viele Anschlussmöglichkeiten. Der Zug ab Innsbruck ist voll mit Radfahrern und Wandersfrauen. Von allem Anfang als elektrische Bahn geplant, führt die Strecke auf der Nordseite des Inntals hoch. Die **Haltestelle Kranebitten** liegt schon hoch über dem Flugplatz von Innsbruck. Etwas weiter westlich befindet sich die berühmte, 600 Meter praktisch senkrecht aufragende **Martinswand**, und durch diese fährt der Zug völlig unaufgeregt in einem langen Tunnel durch. Kurz vor der Einfahrt in diesen kann man einen kurzen Blick auf die Wand ergattern, wenn man denn in Fahrtrichtung links sitzt. Nach der Tunnelausfahrt besteht in der Station **Hochzirl** die Möglichkeit, in den in Summe 320 (!) Kilometer langen **Adlerweg** einzusteigen,

Vom Zillertal aus leicht erreichbar: Rastkogelhütte, 2117 Meter ü. d. M.

einen Fernwanderweg, der im Wesentlichen auf 24 vorgeschlagenen Tagesetappen vom Arlberg bis ins Kaisergebirge durch die nördlichen Kalkalpen führt. Wer will, kann von Hochzirl über das Solsteinhaus wieder bei Scharnitz hinab zur Bahn gelangen – freilich eine gewaltige Tagestour. Leichter ist es, von Hochzirl entlang der Bahntrasse bis nach Seefeld zu marschieren, Blicke auf das Viadukt mit Kehrschleife in der einsamen Schlossbachklamm inklusive. Bleiben wir im Zug, sind ab Reith erste Hochblicke auf Wettersteingebirge, auf die Seefelder und die Reither Spitze möglich – die Kalkalpen, wie sie schroffer und malerischer nicht dastehen können. Der **Seefelder Sattel** auf 1184 Meter Seehöhe und Seefeld selbst sind dann die Scheitelpunkte der Strecke. Der **Bahnhof Seefeld** ist in tadellosem Zustand, auch architektonisch eigenständig, irgendwie schaut er aus wie eine Seilbahn-Talstation. Im Empfangsgebäude befindet sich eine bestsortierte Touristeninformationsstelle. Am Vorplatz beginnt schon die Fußgängerzone hinüber zur Kirche, etliche Hotels sind in kürzester Distanz zu Fuß zu erreichen. Seefeld, bekannt vor allem für sein großes Loipennetz, hat sich offenbar was überlegt, und das ist spürbar, nicht nur im Ort. Vom **Naturpark Karwendel** wurde eine kluge Broschüre mit Wanderungen, die allein mit Bahn und Bus zu bewältigen sind, herausgegeben. Sie trägt nur den etwas rätselhaften Namen „Wöffi", offenbar eine Zusammenführung von „W"andern mit „Öffis".

Ein Bahnhof als Statement: Seefeld

Taktverkehr auf der Zugspitzbahn, Station Eibsee

Zu beziehen ist sie bei diversen Tourismusbüros bzw. über den Naturpark Karwendel.
www.karwendel.org

Die Deutsche Bahn nennt die Strecke zumindest ab der Grenze dann **Werdenfelsbahn.** Das hat den einfachen Grund, dass der Zug ab der Grenze bei **Scharnitz** durch das „Werdenfelser Land" gleitet. Spätestens ab Mittenwald schaut's draußen vor den Zugfenstern ganz anders aus: Sanfte grüne Matten, viele Heuschober, ein blitzender See und, eine Sensation!, die höchstgelegene Bahnstation Bayerns mit dem schönen Namen **„Klais"** und dann schon **Garmisch-Partenkirchen.**

Nur fünf Minuten Fußweg ist's vom Bahnhof der einstigen Olympiastadt zum **Zugspitzbahnhof.** Mit dem Zug zur Zugspitze, das muss sein! Doch Achtung: Vor der Kassenhalle im großen Bahnhof wartet man eine Stunde in der Schlange, mit dem Ticket vor dem Bahnsteig dann nochmals genau so lange, und das in der prallen Sonne. Wer das Ticket im Internet reserviert, erspart sich einiges, aber nicht alles.

Die Fahrt selbst geht so: Mit der „normalen" Garnitur geht's (nach zwei Stunden Schlange stehen) hinaus aus der Station und nach **Grainau.** Hier müssen alle Passagiere wieder aussteigen und in die Zahnradbahn-Garnitur wechseln. Von nun an geht's steil bergauf, vorerst zur Station **Eibsee** direkt am Fuß der Zugspitze. Nun fährt der Zug die Bergflanke entlang bis zur Station **Riffelriss.** Wo er endlich in einem sieben Kilometer langen Tunnel verschwindet. In einer Geisterbahnfahrt geht's hinauf aufs **Zugspitzplatt** auf rund 2600 Meter Seehöhe. Man befindet sich nun auf dem unteren Ende des Zugspitzgletschers beziehungsweise auf den traurigen Resten desselben. Gefühlte hunderttausend Menschen marschieren auf breit geschotterten „Panoramawegen" und durch letzte Schneefelder zu Aussichtpunkten und „Erlebnisplätzen". Eine schier endlose Karawane an Bergwanderern strebt von hier auch auf schmalem Pfad dem Zugspitzgipfel zu. Man darf sich aber auch mit dem bereits gekauften Zugspitz-Rundreiseticket (€ 61,– p. P.) vom Zugspitzplatt mit der Gletscher-Seilbahn ganz hinauf zum Zugspitzgipfel auf luftige 2962 Meter Seehöhe tragen lassen. Halb Deutschland lässt es sich nicht entgehen, den höchsten Berg Deutschlands zur erfahren. Das Aufnahmegebäude oben am Gipfel hat mehrere Etagen, man wundert sich, wie viele Menschen und Bauwerke auf dem schmalen Gip-

Zugspitze, Gipfelplattform: Was der Berg alles aushält!

felgrat Platz finden. Hütte, Restaurants, Aussichtsplattformen, insgesamt drei Seilbahn-Bergstationen, nämlich jene der Gletscherbahn, jene der direkt vom Eibsee wegführenden „Seilbahn Zugspitze" und dann noch die von österreichischer Seite kommende Station der Zugspitz-Seilbahn drängen sich auf engstem Raum. Im vielschichtigen Gebäudekomplex überschreitet man denn auch die Staatsgrenze zwischen Deutschland und Österreich. Den Gipfel selbst gibt es übrigens auch noch. Geduldig und lange warten Möchtegern-Alpinisten und -Alpinistinnen darauf, die letzten paar Meter hinauf zum Gipfelkreuz klettern zu dürfen. Egal. Die Aussicht in alle Richtungen ist natürlich klasse, dufte, ultra. Nach den obligatorischen Gipfel-Selfies heißt es dann wieder rund eine Stunde Schlange stehen, bis man die talwärts fahrende Gondel besteigen darf.

Wer nicht nach Innsbruck zurück möchte, kann ab Garmisch auch über München die Heimreise nach Österreich antreten. Die Fahrzeit von Garmisch-Partenkirchen nach Innsbruck beträgt ca. achtzig Minuten, ebenso lang reist man nach München. Für Anreisende mit einem gültigen DB-Ticket gibt's bei der Zugspitzbahn Ermäßigungen für die Bergfahrt. Bei Anreise via München auch Kombi-Angebote.

www.zugspitze.de

26 Das Vulkanland und die Riegersburg

Feldbach – Gleichenberger Bahn und Bad Gleichenberg – Bad Radkersburg – Die Riegersburg

Die Oststeiermark ist ein ruhiges Ausflugsland. Die Anreise ab Wien kann man, nicht unoriginell, mit der andernorts beschriebenen Aspangbahn über den Wechsel und Fehring absolvieren (siehe S. 250 f.).

In der Regel aber steuert man über Graz die Stadt Feldbach im Raabtal an. Fahrzeit ab Graz mit dem REX sind fünfzig Minuten. Gefahren wird auf dieser Steirischen Ostbahn im Stunden- und Halbstundentakt, von Graz bis Fehring besteht ein (nicht elektrifizierter) S-Bahn-Verkehr, Ausbaupläne existieren. Die Fahrt führt über die Grazer Bahnhöfe **Don Bosco** und **Ostbahnhof** auf die **Laßnitzhöhe** und dann auf einsamer Trasse hinunter nach **Gleisdorf.** Ein sechs Kilometer langer Tunnel soll diese Bergetappe irgendwann ersetzen, wann er kommt, ist jedoch offen. In Gleisdorf zweigt eine Nebenstrecke nach **Weiz** ab. Wir aber fahren, jetzt wieder flott, durchs Raabtal nach **Feldbach.** Diese Stadt ist eine positive Überraschung, wir nehmen sie als Ausgangspunkt einiger Ausflüge und Spazierfahrten. Von hier kommt man auch nach Norden, zur Riegersburg, zu dieser Destination kommen wir später.

Vom **Bahnhof Feldbach** sind es nur fünf Minuten in die Stadtmitte. Wer will, kann gleich nach der Brücke zum Flussufer spazieren, der Uferbereich der Raab wurde naturnah rückgebaut, was einen angenehmen Rastplatz eröffnet. Direkt an der Brücke gibt's auch das zum Bahnhof passende Gasthaus, gutbürgerlich, mit Schanigarten. Hier wartet man gern auf den Anschlusszug oder -bus.

Schon vom Bahnhof sieht man ihn, den Feldbacher Kirchturm, so bunt wie die Welt selbst. Der Original-Turm wurde am letzten Tag des Zweiten Weltkriegs gesprengt, der neue, kampanileartige Turm mit Stahlkrone wuchs 72 Meter in die Höhe und wurde 1964 fertig. Zwei Jahrzehnte später applizierte der Grazer Künstler Gustav Troger gemeinsam mit zwanzig Jugendlichen 2000 Farbfelder auf den kahlen Flächen, eine gelungene Intervention. Gemeinsam mit der renovierten Pfarrkirche und der neugotischen „Villa Hold" gleich daneben hat die Stadt drei Wahrzeichen auf einmal, dazu kommt noch ein viertes, nämlich der aus dem 15. Jahrhundert stammende „Steinerne Metzen", der auf dem Hauptplatz in Erinnerung an das „Feldbacher Maß" aufgestellt wurde und darauf aufmerksam macht, dass die Stadt bis heute in einem landwirtschaftlich geprägten Umfeld steht. Rund 350 Jahre später zählt die fünftgrößte Stadt der Steiermark dank einer großzügigen Gemeindereform knapp 14.000 Einwohner. Feldbacher Zwieback aber, das nur zur Ergänzung, wird hier schon lange nicht mehr gebacken. Der echte Feldbacher kommt heute aus Deutschland.

Historiker*innen kennen den Namen der Stadt vielleicht in einem entsetzlichen Zusammenhang: 1673 bis 1675 fanden hier die „Feldbacher Hexenprozesse" statt – mit erwartbaren Urteilen. Eine Ausstellung dazu ist auf der nahen Riegersburg zu sehen.

Themenwechsel. Es fällt positiv auf, dass in der Stadtmitte gut lesbar Radwegweiser stehen und auch den Weg zum Bahnhof weisen. Eine Kleinigkeit, glaubt man, aber wichtig genug und noch immer selten vorzufinden.

Feldbach ist jedenfalls eine gute Destination für Radfahrer*innen. Ein Netz an Radwegen ringsumher, die Radkarte der Tou-

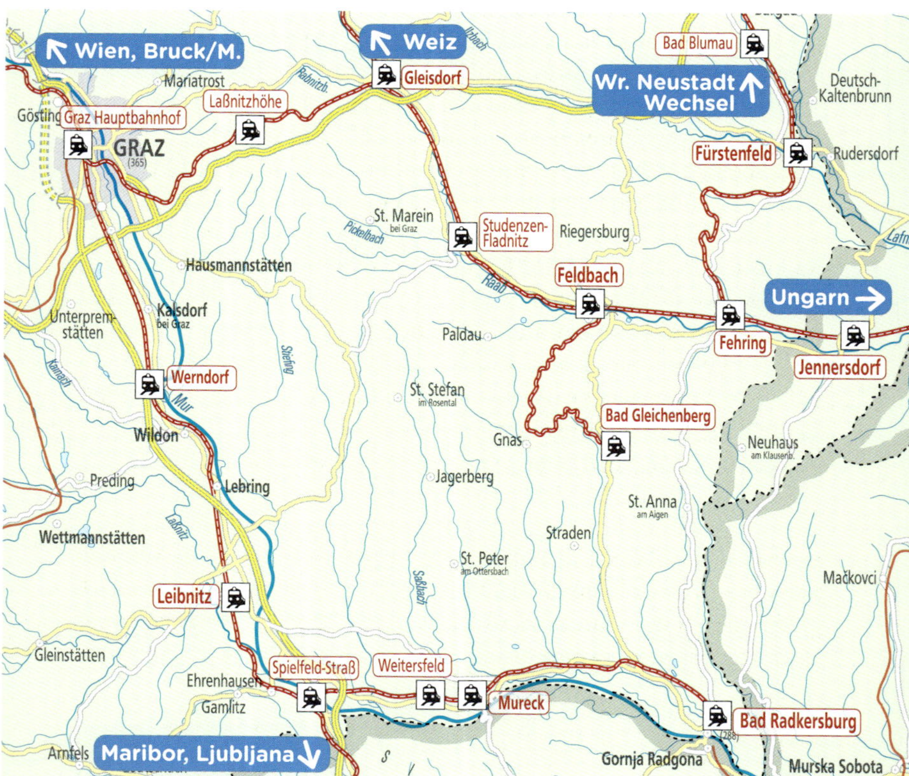

rismusinformation vorbildlich gestaltet, viele Ziele im näheren Umkreis, die man mit jedem Rad anfahren kann. Überraschung: Es gibt in der Gegend richtige Vulkane. Sie sind zwar schon seit ewigen Zeiten erloschen, aber die bis oben bewaldeten **Gleichenberger** und **Stradner Kogel** im Süden Feldbachs sind aus der Entfernung noch gut als Vulkankegel zu erkennen – Letzterer steigt südlich von Bad Gleichenberg auf 609 Meter an. Aktiven Vulkanismus gab's hier vor 17 bzw. zwei Millionen Jahren, als Relikte aus dieser Zeit blieben bis heute heiße Quellen. Ja, man ist hier im steirischen „Vulkanland". Die Region zeigt sich aber auch als besonders genussfreudig. Buschenschenken auf allen Hügeln, an Wald- und Ortsrändern. Es wird ein Uhudler sein, und wir wern nimmer sein!

www.feldbach-tourismus.at

Von Feldbach südwärts bis zur Grenze

Eine stark bedrohte Attraktion der Region ist die 21 Kilometer lange **Gleichenberger Bahn** von Feldbach nach Bad Geichenberg. Die „Elektrische" führt in tausend Kurven durchs Hügelland, bergauf und bergab, mit Rampen bis zu 41 Promille. Die Strecke wird nur noch an Wochenenden und Feiertagen befahren. Aktuell hat sich die Steiermarkbahn des Sorgenkinds angenommen, alles Gute!

1931 wurde die Strecke eröffnet, um Kurgäste nach Bad Gleichenberg zu bringen. Heute hat die Bahn keine Verkehrsbedeutung mehr, sie ist nur noch für Wanderer und Radfahrer nützlich – und für Bahnliebhaber die reine Freude. Eine Wald- und Wiesenbahn, mal Weingärten, mal Waldflecken, die straßenbahnähnliche Garnitur schaukelt mit dreißig bis vierzig Stundenkilometer durch die Gegend. Und trotz gemächlichen Tempos geht die Reise viel zu schnell zu Ende. Wieso die kleine Bahn von manchen Anrainern „Dschungelexpress" genannt wird, erschließt sich nicht so ganz, eher ist es eine Garten-Eden-Landschaft, durch die man wandert bzw. fährt, von Dschungel jedenfalls keine Spur.

www.steiermarkbahn.at/reisen-freizeit/gleichenberger-bahn

Statt mit der Bahn hin- und wieder zurückzufahren, kann man zwischen Feldbach und Bad Gleichenberg eine Richtung zu Fuß gehen. Der **Bahnwanderweg** führt zu größeren Teilen parallel zur Strecke, nur einige Kurven schneidet man ab, so dass man auf im-

Da!
Da!
Der
perfekte

Radkersburg, Hauptplatz (li. o.)
Der bunte Kirchturm in Feldbach (li. Mitte)
Graz, Hauptbahnhof (li. u.)
Gleichenberger Bummelbahn (li.)
Blick über das südoststeirische Hügelland (u.)

merhin gut 19 Kilometer Fußmarsch (eine Richtung) kommt, wenn man denn die volle Distanz ausschreitet. Natürlich kann man auch zwischendurch bei einer Haltestelle einsteigen, so gerade ein Zug vorbeifährt. Die Wandertour ab Feldbach verläuft vom Hauptplatz über das Landeskrankenhaus zum Kalvarienberg, von dem man schon eine gute Aussicht hat. Ab hier folgt man den Schildern des Bahnwanderwegs und kommt nach dem Buchberg erstmals ganz nahe an die Bahngleise. Buschenschenken gibt's auch einige. Das Prospekt „Wandern mit der Gleichenberger Bahn" schlägt noch etliche andere Gehvarianten vor, man erhält ihn u. a. in der Feldbacher Tourist-Info am Hauptplatz.

Bad Gleichenberg ist ein gediegener, alter Kurort. Stolz sind die Gleichenberger auf den neu gestalteten Hauptplatz inklusive Springbrunnen. Das 2015 neu übernommene Kurhaus setzt mit der „Therme der Ruhe" auf dieses friedvolle Image und kultiviert es. Angeordnet ist der weitläufige Ort um den zwanzig Hektar großen **Kurpark,** der als Landschaftsgarten unter Denkmalschutz steht. Das ehemalige Brunnenhaus am Rand des Parks ist heute Museum, Besucher können das Johannisbrunnen-Heilwasser gratis verkosten. Alte Villen und Häuser, rundherum Grün. Für alle, die an nachhaltiger Mobilität interessiert sind: Im Ort existiert ein Anruf-Sammeltaxi-System. Von gekennzeichneten Haltestellen aus kann man zum Fahrpreis von 4 Euro (Stand 2023) mit dem Taxi jeden beliebigen Ort im Gemeindegebiet erreichen.

Als Krönung und größtmögliches Kontrastprogramm dann noch ein Ausflug in die Kreidezeit: in den **Styrassic Park** nördlich vom Ort. Neunzig lebensgroße Dinosaurier stehen im Gelände herum, einige davon schauen echt furchterregend aus. Rundherum ein Kinder-Erlebnispark mit „Action", Spaß und allem, was so dazugehört. Wenn man mit der Gleichenberger Bahn speziell hierher anreist, steigt man in Trautmannsdorf, eine Station vor Bad Gleichenberg, aus. Von da auf der Straße oder links über den Waldwanderweg, man ist in rund zwanzig Minuten dort.

www.bad-gleichenberg.at, www.styrassic-park.at

Nur sechs Kilometer östlich von Bad Gleichenberg verläuft von Fehring (an der Steirischen Ostbahn) bis hinunter nach Bad Radkersburg die **Klöcher Weinstraße.** An ihr liegt etwa das berühmte **St. Anna am**

Aigen (hoch oben auf einem Hügel), oder eben auch **Klöch.** Der Eurovelo-9- bzw. Thermenradweg zieht entlang der burgenländischen und dann slowenischen Grenze parallel zur Weinstraße südwärts. Von Feldbach sind es auf diversen Nebenstraßen rund fünfzig Kilometer bis nach **Bad Radkersburg,** vermeiden muss man als Radler nur die „Route 66", also die Bundesstraße Nr. 66, ansonsten ist fast alles gut fahrbar. Aber Achtung, Hügel gibt es hier genug.

Die Mur ist von Spielfeld bis sechs Kilometer hinter Radkersburg der Grenzfluss zu Slowenien und Bad Radkersburg die wichtigste Grenzstadt. Über die Brücke, und schon ist man in der Schwesterstadt **Gornja Radgona.** Kirche wie Ort wurden 1991 im jugoslawischen Bürgerkrieg von der Volksarmee beschossen, heute ist alles friedlich, einem Radausflug ins slowenische Weinhügelland steht nichts im Wege – außer eventuell steile Hügel.

Bad Radkersburg selbst hat einige Thermenhotels, darüber hinaus einen angenehmen, schon irgendwie südlich anmutenden Hauptplatz, auf dem man sich gern zur Mittagsrast niederlässt. Und zu allem Überfluss gibt es auch noch einen rund einen Kilometer außerhalb des Zentrums gelegenen Bahnhof. Man kann also die ausgedehnte Radtour hier beenden. (Oder hier beginnen lassen!) Der Zug fährt ab Radkersburg schnurstracks durchs Mais-Land Richtung Westen bis zum Grenzbahnhof Spielfeld, wo man in der Regel umsteigen muss. Von Radkersburg bis Graz sind es, je nach Verbindung, eineinviertel bis rund zwei Stunden Fahrzeit.

Auf halbem Weg nach Spielfeld kann man noch in **Mureck** Halt machen. Hier gibt es nochmals einen Grenzübergang und mitten in den ausgedehnten Murauen befindet sich als Sehenswürdigkeit direkt am Fluss eine rekonstruierte Schiffsmühle. Im nahen Gosdorf (bzw. südöstlich des Orts) steht der „Murturm", ein Aussichtsturm in Form einer Doppelhelix. Ein sehenswertes Stück Architektur, abgesehen davon, dass man von ihm selbst den allerschönsten Rundblick auf die Murauen hat.

www.badradkersburg.at, www.schiffsmuehle.at, www.murturm.at

Alle Wege führen zur Riegersburg

Die Riegersburg ist eine wirkliche, eine stolze, eine mächtige, eine sehr, sehr ansehnliche Burg. Vor allem die freie Lage auf dem monolithischen Felsen kann beeindrucken. Feldmarschall Raimund Graf von Montecuccoli, ein berühmter Feldherr zur Zeit des Dreißigjährigen Krieges, nannte sie „die stärkste Festung der Christenheit".

1822 kaufte Fürst Johann von Liechtenstein die niemals eroberte Anlage; bis heute ist die Burg im Besitz dieses Adelsgeschlechts, der aktuelle Burgherr heißt Prinz Emanuel von und zu Liechtenstein. Erstmals in Dokumenten genannt wird die „Ruotkerspurch" anno 1138, heute ist sie eine „Schauburg", ein touristischer Hotspot.

Die große Frage: Kommt man „öffentlich" zu diesem Wahrzeichen der Steiermark? Die Antwort lautet: ja, auch ab Feldbach. Die Buslinie 406 fährt vom Bahnhof auf der Bundesstraße 66 hinüber in den nahen Ort Riegersburg – allerdings selten genug, genaue Planung tut not. Direkt an der Straße nach Riegersburg liegt in **Bergl** die **Zotter Erlebniswelt.** Der Chocolatier Josef Zotter begann im Jahr 1999 mit der Familie am Bauernhof der Eltern mit der Schokoladenproduktion, heute arbeiten mehr als 200 Beschäftigte in seiner mittlerweile legendären Schokoladenfabrik bzw. der Erlebniswelt. Der Andrang ist ungebrochen stark, Voranmeldung dringend geraten.

www.zotter.at

Gleich hinter Bergl taucht dann der erste Burgblick auf: Grandios. Riegersburg Süd, aussteigen!

Zweite Möglichkeit neben dem Bus hierher zu gelangen, ist jene per Rad. Bitte niemals auf der B 66 ab Feldbach, da fahren Sattelzüge mit Pkws um die Wette, sondern über Lödersdorf östlich von Feldbach ausweichen. Hier gibt's auch eine Bahn-Haltestelle. Und von da nach Norden, auf dem markierten Radweg „FB 9" über Kleinbergl nach Riegersburg. Der Radweg „FB 2" führt von **Johnsdorf,** ebenfalls an der Ostbahn, hinauf zur Burg aller Burgen. Dritte und letzte Radanreisemöglichkeit: Vom **Bahnhof Fehring** (nochmals weiter östlich) ins flache Grazbach-Tal nach Norden abbiegen und über Hatzendorf nach Riegersburg fahren. Der steile Anstieg hinauf in den Ort Riegersburg bleibt dann sowieso niemandem erspart.

Wer mit Bahn und Wanderschuhen unterwegs zur Riegersburg ist, sollte von Lödersdorf (ca. eineinhalb Stunden über den Buchbergweg) oder von Hatzendorf losgehen: Dieser letztgenannte Ort liegt allerdings schon an der Bahnstrecke, die von Fehring über Fürstenfeld nach Hartberg führt. Jede Kombination ist denkbar, natürlich auch die An- oder Rückreise mit dem Bus.

Grandioser Platz, grandioses Panorama: die Riegersburg

In **Riegersburg** angelangt, geht es nur noch bergauf. Zuerst von der Straßenkreuzung zum Hauptplatz, dann weiter zum Burgaufgang. Da steht sie, groß und mächtig.

Eine Empfehlung ist, zuallererst einmal den **Burgrundweg** zu beschreiten. Die Westflanke der bis auf 482 Meter Seehöhe aufragenden Burg ist die imposanteste. Man kann in 45 Minuten die Runde um den Vulkanfelsen fertigmachen und dann zu Fuß aufsteigen oder sich gleich von der Nordseite her mit dem **Schrägaufzug** zur Burg hinauftragen lassen. Kostet allerdings was. Oben angelangt hat man die Wahl, nur die Aussicht (und die Taverne) zu genießen oder das Burginnere mit Hexen- und Waffenmuseum zu besuchen. Greifvogelschau, Schauschmiede, Kletterpark, Klettersteig, alles gibt es hier, vor allem aber schöne Blicke nach Norden, Osten, Süden und Westen. Angeblich sieht man an besonders klaren Tagen bis zum Großvenediger, das ist aber nicht gesichert.

Der Abstieg ist so wie der Aufstieg mit Rast- und Aussichtspunkten gespickt, im flacheren Ostabfall ziehen Weingärten bis in den Ort hinab. Höchste Zeit, sich für den Abend eine passende Buschenschank mit Blick auf die Riegersburg auszusuchen.

www.dieriegersburg.at, www.riegersburg.com

27 Fürstenfelder Erkundungen

Die Aspangbahn und der Wechsel – Fürstenfeld und das Thermenland – Therme Bad Blumau – Radrunde durch die Oststeiermark

Wir fahren in die Steiermark. Und diesmal nicht über den Semmering, sondern über den Wechsel. Es ist eine etwas ausführlichere Reise: Ab Wien braucht man bis Fürstenfeld, unser erstes Ziel, zweidreiviertel Stunden. Aber wir fahren ja mit niemandem um die Wette.

Wiener Neustadt. Umstieg bzw. Einstieg in den **Regionalexpress nach Fehring.** Die Sonne ist eine fahle gelbe Scheibe, die durch den Nebel schimmert. Flott legt sich der moderne Nebenbahndieseltriebwagen in die Kurven, nach ein paar Minuten schon ist der Himmel freigeputzt, die Sonne strahlt. Noch geht's im Flachen, doch die Berge der Buckligen Welt rücken näher ans Fenster. Im Westen thront König Schneeberg, mit dem ersten Schneehäubchen am Gipfel. Über **Bad Erlach** geht es in flottem Tempo nach **Aspang.** Von Wiener Neustadt bis in diesen alten Sommerfrischeort gibt's einen Stundentakt, dann geht's nur mehr alle zwei Stunden weiter Richtung Steiermark; die Reise sollte also gut geplant sein. Nach Aspang beginnt die Bergstrecke. Die Waldhänge sind dicht ans Zugfenster gerückt, der Zug braust durch das von Häusern und Villen gesprenkelte Tal. In engen Kurven geht's bergan, lange Einschnitte, kurze Brücken, der erste Tunnel, einige weitere folgen. Die Bäume stehen dicht an den Gleisen, dann ein hohes Viadukt, fast so hoch wie am Semmering. Jetzt beschreibt unser Zug eine Haarnadelkurve, unten sieht man kurz die Gleise, auf denen man soeben noch gefahren ist. Die Strecke ist nicht so schroff, deutlich „softer" als der Semmering, aber schön genug: steile grüne Wiesen, fast schon Almen. **Anschlag-Zöbern** hat einen schönen Bahnhof mit Holzveranda, Passagiere steigen weder aus noch zu. Fast ungeduldig hält der Zug, wartet drauf, über den Wechsel (!) eilen zu dürfen. Noch ein Viadukt, dann der aufgelassene Bahnhof von Mönichkirchen. Das ist das Kreuz dieser Bahn: Auf den Wechsel, auf die Passhöhe, kommt man mit ihr in Wahrheit gar nicht, nicht einmal in ihre Nähe. Der Ort Mönichkirchen war von der nicht mehr vorhandenen Station immer schon viel zu weit weg. Schon geht's hinein in den zweieinhalb Kilometer langen Hartberger Tunnel. Schade, man

Felixdorf
Gutenstein
Piesting
Waldegg
Markt Piesting
St. Aegyd am Neuwalde
Schwarza
Schwarzau im Gebirge
Bad Fischau
Wr. Neustadt
Puchberg am Schneeberg
Grünbach am Schneeberg
Schneeberg 2076
Schneebergbahn
Lanzenkirchen
Bad Erlach
Hochschneeberg
Neunkirchen
Ternitz
Pitten
Seebenstein
Reichenau a. d. Rax
Rax 2007
Pottschach
Gloggnitz
Bucklige Welt
Semmering 980
Grimmenstein
Edlitz-Grimmenstein
Edlitz
Mürzzuschlag
Mürz
Kirchberg/W.
Aspang Markt
Langenwang
Ausschlag-Zöbern
Krumbach
Krieglach
Wechsel
Mönichkirchen
Wechselpaß 980
Tauchen-Schaueregg
Kindberg
Fischbacher Alpen
Friedberg
JOGLLAND
Feistritz
Vorau
Bernstein
Rohrbach-Vorau
Pinkafeld
Teichalmsee
Birkfeld
Grafendorf bei Hartberg
Lafnitz
Pinka
Markt Allhau
Oberwart (315)
Pöllau
Hartberg
Passail
Anger
Wolfau
Stubenberg-see
Stinatz
Semriach
Weiz
Sebersdorf
Neudau
Bad Waltersdorf
Stegersbach
Pischelsdorf in der Stmk.
St. Ruprecht an der Raab
Burgau
Ilzbach
Bad Blumau
Gleisdorf
Mariatrost
Rabnitzb.
Ilz
Deutsch-Kaltenbrunn
Graz Hauptbahnhof
GRAZ (365)
Markt Hartmannsdorf
Fürstenfeld
Rudersdorf
St. Marein bei Graz
Feldkirchen bei Graz
Pickelbach
Riegersburg
Lafnitz
Mur
Hausmannstätten
Raab
Jennersdorf
Unterpremstätten
Kalsdorf bei Graz
Fehring
Paldau
Feldbach
Kirchbach i. Stmk.
Kainach
Saifing
St. Martin an der Raab

hätte gern noch mehr von der Wechsel-Gegend gesehen. Auf der Südseite der Röhre – wir sind in der Steiermark – gibt's den ersten Halt in **Tauchen-Schaueregg.** Von hier ist ein Aufstieg auf den Hochwechsel möglich, der Weg führt über das Haller-Haus, immer der steirisch-niederösterreichischen Grenze entlang.

Alm-Wald-Patchwork, tiefe Täler, sanfte Höhen, vielgliedrige Wechsel-Landschaft links und rechts. Einige wenige Fahrgäste sind seit Wiener Neustadt an Bord. Nach Pinggau ist es schon wieder aus mit den Bergen, es bleibt aber hügelig. In **Friedberg** zweigen Gleise ins burgenländische Oberwart ab, befahren wird die Strecke nicht mehr. Der Zug eilt jetzt nicht mehr so zügig dahin wie vorhin. Obstgärten, schmucke Eigenheime im Nirgendwoland. Die Gegend hier heißt Joglland. Mais wächst in Hülle und Fülle und der Lokführer muss dort, wo der Mais sehr hoch steht und er die kreuzenden Feldwege nicht einsehen kann, im Schritttempo fahren. Wirklich! **Hartberg** kündigt sich mit Baumärkten, Betrieben, Autohäusern und allem, was es sonst noch so an vorstädtischer Idylle gibt, an. Am Safenbach entlang kommt man ins Thermenland, durchfährt **Bad Waltersdorf** und **Bad Blumau.** Keine große Empfangshalle empfängt die illustren Kurgäste, keine Kutschen stehen am Bahnhof, aber wer zur Kur oder auch nur für ein verlängertes Wochenende in ein gutes Kurhotel per Zug anreist, lässt sich natürlich von der Station abholen. (Bad Blumau siehe S. 256)

Fürstenfeld hat zur Abwechslung einen ordentlichen Bahnhof. Ist Günther Timischl, der Sänger von STS, jemals mit dem Zug „ham noch Fürstenföd" gekommen? Wir wissen es nicht. Aber allein der klingende Ortsname ist Grund genug, in der Stadt Station zu machen. Von Wien hierher ist die beschauliche Fahrt über die Wechselstrecke die mit Abstand kürzeste Zug-Variante, der Umweg über Graz wäre um vieles länger. Frequentiert wird die Verbindung dennoch nicht sehr stark, eine teilweise Einstellung der Strecke auf steiermärkischer Seite ist noch nicht vom Tisch. Keine Frage: Der Thermenbus ab Wien ist deutlich flotter. Aber er nimmt halt keine Räder mit. Und das ist noch immer ein unschätzbares Asset der Bahn, hier wie anderswo.

Bevor wir uns Blumau und Fürstenfeld anschauen, fahren wir die Strecke noch in ihrer gesamten Länge aus, bis **Fehring.** Zuerst geht's von Fürstenfeld noch unaufgeregt in einem weiten, flachen Bogen nach **Söchau,** dann aber folgt eine kleine Bergstrecke, zum Ergötzen schön für uns Eisenbahnromantiker. Der Zug windet sich über einen sogenannten Riedel nach Süden. Zuerst kleine Weingärten. Dann Wald, Wiesen, Felder. Der Zug kurvt emsig, erklimmt tapfer den Berg und windet sich schon wieder in engsten Kurven hinunter Richtung Raab-Tal. Kurz vor der Station **Hatzendorf** hat man einen kurzen Blick nach Westen auf die Riegersburg. Dort will man hin. Unbedingt! Sieben Kilometer sind es von hier nach dort. (Siehe S. 247 ff.)

In **Fehring** enden dann die meisten Züge, die es von Wiener Neustadt über den Wechsel geschafft haben, nur manche Garnituren fahren durch bis Graz, Näheres weiß Scotty. Ab Fehring ist man jedenfalls auf jener Linie, die vom ungarischen Szombathely nach Graz führt – sie ist nicht elektrifiziert, dennoch fahren ab hier schon „Schnellbahnzüge" nach Graz.

Zurück zum Zweck unserer Bahnreise, dem Besuch von Fürstenfeld und danach von Bad Blumau. Muss man in das schlagermäßig hochgejazzte **Fürstenfeld** reisen? Nein. Aber man kann. Und man muss nicht einmal fanatischer STS-Fan sein, um hier Pause zu machen. Vom Bahnhof ins Zentrum der erhaben auf einem Festungshügel angelegten Stadt sind es zu Fuß zehn Minuten. Fürstenfeld nennt sich „Thermenhauptstadt", denn hier geben sich die Kurgäste ein Stelldichein, wenn es ihnen bei ihrer Kur in den ringsum verstreuten Kurorten zu langweilig wird. Zu unserer Freude gibt es am Hauptplatz eine ordentlich ausgestattete Kurkonditorei (mit Schanigarten), auch wenn die Stadt selbst gar keine Kuranstalt in ihren Mauern beherbergt.

Der **Hauptplatz** von Fürstenfeld ist von stolzer Größe, hundert mal hundert Meter, ein ehemaliger Exerzierplatz. Was tun in Fürstenfeld? Die Stadt ist very busy, vor allem, was den Autoverkehr betrifft. Kaum ein Platz und keine Straße, in der nicht Autos stehen oder fahren. Möglichweise sind sie noch schneller als anderswo unterwegs, oder kommt einem das nur so vor? Weil alle rasch „ham" wollen? Fußgängerzone oder verkehrsberuhigte Zonen gibt es nicht. Um dem Verkehr zu entfliehen, kann man auf dem sogenannten „Festungsweg" weitgehend unbehelligt von Pkws die Stadt in einer knappen Stunde umwandern. Das ist nett und damit hat man die Sehenswürdigkeiten der Stadt, die einst von der Tabakfabrik lebte, auch schon alle gesehen. Diese Tabakfabrik, die um 1900 immerhin 2300 Menschen beschäftigte, stellte 2005 die Produktion ein. Heute arbeiten viele Fürstenfelder und noch mehr -innen in den umliegenden Thermen bzw. pendeln nach Graz oder Ilz. Die

I WÜL HAM NOCH
FÜRSTENFELD

Aspangbahn: Bahnhof Edlitz-Grimmenstein (li. o.)
Vielbesungen: die Stadt Fürstenfeld (li. Mitte, li u.)
Vielbestaunt: Hundertwassertherme Bad Blumau (o.)
Im Zug durch die Grüne Mark (li.)

Tabakfabrik selber wurde umgewidmet. Heute sind Wohnungen in den alten Gemäuern untergebracht, auch Ärzte haben ihre Ordinationen eingerichtet. Wer industriegeschichtlich ambitioniert ist: In der **Pfeilburg** mit Wohnturm, der noch aus dem 13. Jahrhundert stammt, wird die Geschichte der Tabakproduktion und -verarbeitung detailreich ausgebreitet, auch eine originale Tabak-Trafik aus dem Jahr 1870 ist hier zu sehen.

Auf dem Rad zu Hundertwasser

Wander- oder Spazierdestination ist Fürstenfeld nicht wirklich. Was man hier tun muss: das Rad mitbringen oder eins mieten. Auch die Touristeninfo in der Stadtmitte hat Räder im Stall, allerdings keine E-Bikes. Wohin soll die Reise gehen? Zum Beispiel kann man den Schildern der „Fantastischen Tour" folgen. Es ist nicht ganz leicht, aus der Stadt bzw. durch die Fürstenfelder Shopping City in die Weite der Landschaft hinauszufinden, aber es geht. Man hält sich am besten an die Wegweiser Richtung **Speltenbach.** Ab hier funktioniert die Rad-Wegweisung, es wird ländlich. Über Altenbach kurvt die „Fantastische Tour" Richtung Nordwesten und führt, immer leicht bergauf, auf wenig befahrenen Straßen über Jobst und Loimeth nach Bad Blumau. Insgesamt ist die Route sehr okay, „fantastisch" wird sie aber erst in **Bad Blumau.** Hier befindet sich etwas außerhalb des schmucken Orts die sogenannte **Rognertherme,** vom Kärntner Baumeister Robert Rogner 1997 gebaut, heute ein Teil der Rogner International Hotels & Resorts. Berühmt ist die Therme deshalb, weil sie zur Gänze vom österreichischen Künstler und Maler Friedensreich Hundertwasser (1928–2000) gestaltet wurde. Goldener Zwiebelturm, geschwungene Fassaden, bewaldete Dächer, 2400 Fenster, alle verschieden bemalt und designt, 330 bunte Säulen, Mosaike, dazu die sehr großzügige Bade-Infrastruktur: Zumindest von außen sollte man den Gebäudekomplex einmal bestaunt haben, das Hundertwasser-Design kann aus der Nähe betrachtet auch positiv überraschen. Das hundert Grad heiße Wasser kommt aus großer Tiefe, nämlich aus 3000 Metern. In den Siebzigerjahren hat man hier nach Öl gebohrt, gefunden wurde heißes Wasser, auch nicht schlecht!

Es ist schon gesagt worden: Man kann nach Bad Blumau auch direkt mit der Bahn anreisen. Von der ÖBB-Haltestelle Bad

Blumau ist man in einem rund zwanzigminütigen Spaziergang in der Therme oder auch im dazugehörigen Ort.

www.blumau.com

Weiter auf unserer Radtour. Wer müde ist, rollt von Bad Blumau auf der „Wassertour" zurück nach Fürstenfeld. Wer noch Kraft in den Beinen (oder Saft im E-Bike) hat, setzt die „Fantastische Tour" fort, indem er über Kleinsteinbach und dann auf einem Waldweg nach **Burgau** fährt – Achtung, hier wird's teilweise steil.

Von Burgau geht's dann flach zurück Richtung Süden. Über **Deutsch-Kaltenbrunn** und **Rudersdorf** gelangt man nach rund vierzig Kilometern „ham noch Fürstenföd". Die einen belohnen sich mit Kaffee und Kuchen am Hauptplatz, die anderen fahren schnurstracks ins „größte Beckenfreibad Europas", das, glaubt man der Tourismusinfo, nicht nur fantastisch, sondern „der schönste Platz auf Erden" ist.

Etliche andere Radtouren sind ausgeschildert. Wobei dringend dazu geraten wird, niemals ohne Radkarte der Region loszufahren – die Orientierung wird dadurch überhaupt erst möglich.

Eine beliebte Radtour ab Fürstenfeld ist es, mit dem Zug von hier zurück Richtung Wechsel bis Friedberg zu fahren und von dort auf der Rad-Hauptroute Eurovelo 9 „ham" nach Fürstenfeld zu gondeln – eine tagesfüllende Reise. Oder man kann auch gleich von Wiener Neustadt über den Wechsel bis hierher mit dem Rennrad fahren und danach gleich wieder mit dem Zug „hamfoan". Alles ist erlaubt. Fürstenfeld, wir kommen!

www.thermenhauptstadt.at

28 Auf den Erzberg

Leoben, Donawitz, Vordernberg – Eisen- und Stahlproduktion – Die Bahn auf den Präbichl – Der Erzberg – Eisenerz und Leopoldsteiner See

Der Erzberg ist ein industrie- und bergbaugeschichtliches Erinnerungsstück, ebenso wie die dazugehörige Region. Seit mindestens 1300 Jahren wird in der Gegend Erzgestein abgebaut. Heute wird mit einem Bruchteil der früheren Belegschaft gearbeitet, dafür aber immer noch sieben Tage die Woche, rund um die Uhr. Der Erzberg ist der größte Erz-Tagebau Mitteleuropas, die bedeutendste Erzlagerstätte der Alpen und zentrales Element der „Eisenstraße".

Immer schon wurde das Eisenerz über den Präbichl-Pass ins obersteirische Industrierevier verfrachtet, zuerst bis nach Vordernberg, später noch weiter hinunter Richtung Murtal, ins heute noch bestehende Werk Donawitz.

Wir nähern uns auf unserer industriegeschichtlichen Exkursion dem Erzberg von Süden her und besuchen ganz konkret die Museumsbahn, die von Vordernberg auf den Präbichl bis zur ehemaligen Erz-Verladestelle am Erzberg fährt.

Die Anreise ist nicht allzu kompliziert. Man fährt mit der Südbahn nach Leoben. Am Bahnhofsvorplatz steigt man in den Bus Richtung Eisenerz und fährt mit ihm im Zickzackkurs noch eine knappe Stunde bis Vordernberg. Früher konnte man mit der Bahn nach Vordernberg gelangen, das geht schon länger nicht mehr. Der Zug, das als Erinnerung, fuhr über mehrere Kilometer mitten durch das Stahlwerk Donawitz. Interessant: Der Fahrdraht der in den Siebzigerjahren noch kurz vor ihrer endgültigen Einstellung elektrifizierten Strecke hängt immer noch.

Vordernberg. Der langgezogene Ort war über 600 Jahre lang das Zentrum der steirischen Eisenproduktion. Und schon immer musste das Erzbergerz auf äußerst mühsamem Weg über den Berg hierhergekarrt werden. Ab der Wende vom 18. zum 19. Jahrhundert setzte sich am Präbichl eine Innovation durch, die Eisenbahnhistoriker fasziniert. Ein Chronist hielt anno 1793 fest: *„Der Erzweg wird von der gänzlichen Zugrunderichtung dadurch gesichert, dass die Geleise, worin die Räder der einander ganz ähnlichen Wägen laufen, mit großen Bruchsteinen ausgeleget sind."* – Zur Zeit Josephs II. waren also steinerne Gleise der Stand der Technik. Ab 1810 wurden dann eiserne Schienen verlegt, denn der Eisenwerksdirektor Johann Fortunat von Sybold baute die erste „richtige" Erzförderbahn. Bis 1817 lagen 5,5 Kilometer Flachschienen, Pferde zogen die schwere Ladung. Zum Vergleich: Im fernen Wales wurde schon ab 1804 ein Dampfross vorgespannt, eiserne Schienen lagen über immerhin 14 Kilometer. Freilich ging es dort nicht über einen Gebirgspass. Der Konstrukteur dieser weltweit ersten Dampfbahn hieß übrigens Richard Trevithick.

1835 und 1847 wurden weitere Bahnen über den Präbichl gebaut. Auf den weniger steilen Streckenabschnitten waren noch

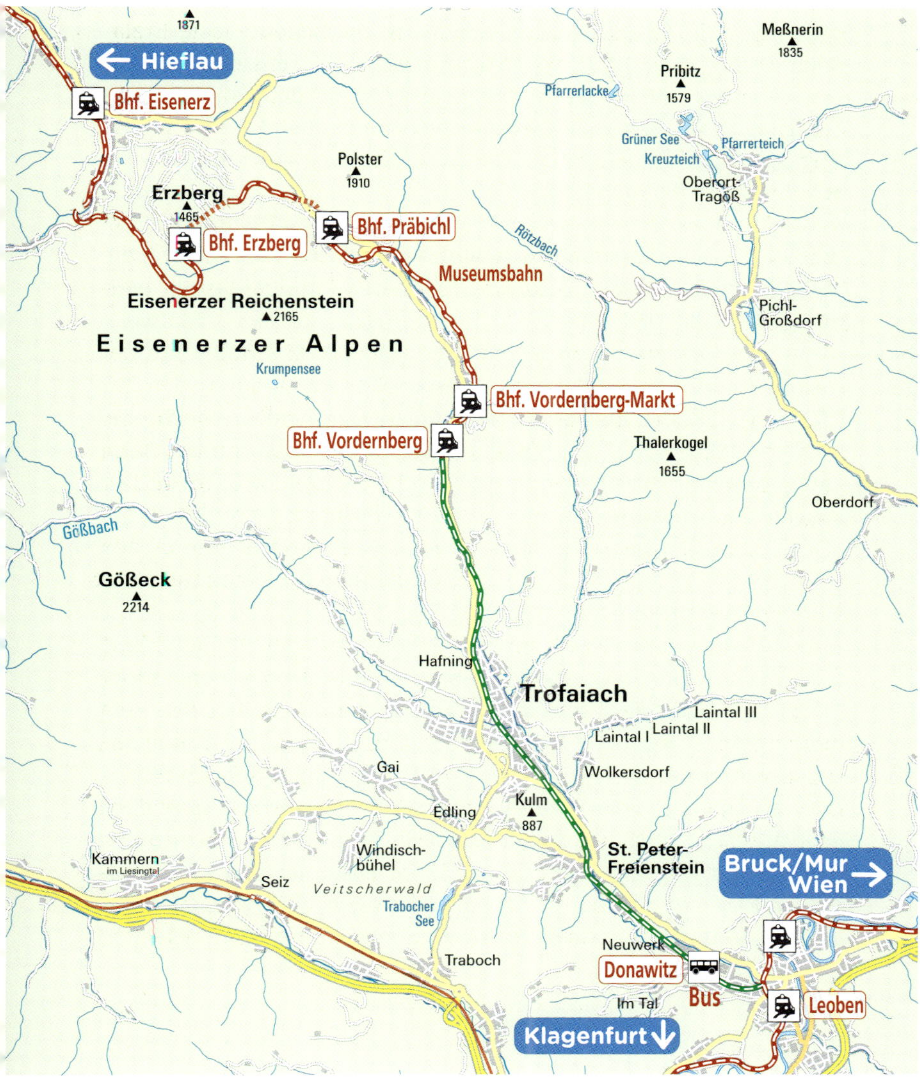

immer Pferde vorgespannt, während auf zwei steilen „Bremsbergen“ der größte Teil des Höhenunterschieds von ungefähr 400 Metern abgearbeitet wurde. Ab 1878 wurde dann zumindest im oberen Abschnitt ein Dampflokomotivbetrieb etabliert. Die Reste dieser diversen Bahnbauwerke sind heute noch entlang des **Erzwanderwegs** vom Bahnhof Vordernberg hinauf auf die Passhöhe am Präbichl zu sehen.

Vordernberg ist heute so etwas wie ein eisengeschichtliches Freiluftmuseum. Das auffallendste Bauwerk direkt am Hauptplatz des Ortes ist das 1848 im klassizistischen Stil errichtete, gelb und rot gefärbelte **Radwerk IV.** Es war bis 1911 in Betrieb und dient heute als Hochofen- und Eisenmuseum. Ein „Radwerk“, das zur Erklärung, ist ein frühes „Eisenwerk“ mit einem Hochofen zur Erzschmelze in der Mitte, der mit Holzkohle befeuert wurde. „Radwerk“ hieß die Anlage deshalb, weil die Blasbälge, mit denen das Feuer im Hochofen angefacht wurde, von großen Wasserrädern angetrieben wurden. Bei einer Führung durch das Radwerk lernt man viele neue Vokabel kennen, zum Beispiel Abraum und Abstich, Eisensau, Floßofen und Frischhütten, Gewerke und Gicht (wobei nicht die Krankheit gemeint ist), Lehrfrischhütten, Gradler, Luppe oder Puddelofen. Man muss nicht alles verstehen, aber ein Blick in dieses Radwerk vermittelt ganz sicher eine Vorstellung vom harten Arbeitsalltag in der zweiten Hälfte des 19. Jahrhunderts.

Vor dem Radwerk am Hauptplatz steht auf einem Denkmalsockel eine große Dampflokomotive, die „97.217“. Und damit sind wir wieder zurück bei unserem Hauptthema, der Erzbergbahn.

www.radwerk-vordernberg.at

Ab 1891 schoben und zogen dann Dampfloks die Erzwaggons auf einer durchgehenden Zahnradbahn-Strecke über den Präbichl. Und diese Bergstrecke kann man heute noch befahren, zwar nicht mit einem Dampfzug, aber zumindest mit einem Schienenbus.

Vom Hauptplatz Vordernberg geht man ein paar Schritte bergauf zum **Bahnhof Vordernberg.** Auch hier sticht zuerst einmal eine riesige abgestellte Dampflok ins Auge – die schwerste Zahnrad-Dampflok aller Zeiten, die „279.401“. Das 125.760 Kilo schwere Monstrum war hier am Präbichl im Einsatz, machte aber einen Haufen Probleme: Durch ihr enormes Gewicht wurden Zahnstangen und Gleise zu sehr beansprucht bzw. beschädigt.

Das mächtige Bahnhofsgebäude beherbergt ein kleines **Museum** zur Geschichte der Erzbergbahn. Man sollte vor der Abfahrt rechtzeitig da sein und hereinschauen, allein schon, um das Video vom einstigen Dampfbetrieb auf der Erzbahn zu sehen, ein zeitgeschichtliches Dokument.

Vor dem Bahnhof wartet schon ein blaugelber Schienenbus. Seit dreißig Jahren organisiert der Verein Erzbergbahn mit diesen Triebwägen der Baureihe 5081.500 einen Publikumsverkehr. Der Lokführer spricht einführende Worte, startet den Dieselmotor und begibt sich mit seinem Gefährt auf die rund zwanzig Kilometer lange Reise auf der „steilsten normalspurigen Adhäsionsbahn der EU", mit bis zu 71 Promille steilen Rampen. Im Hintergrund taucht der Eisenerzer Reichenstein auf, im Osten sieht man auf die ersten Spitzen des Hochschwab-Massivs und im Mittelgrund steht der „Polster", der Haupt-Skiberg der Region, der mit einem Lift vom Präbichl aus erschlossen ist. 400 Höhenmeter geht's mit der Bahn bergan, man passiert die ehemalige Haltestelle „Glaslbremse" und ist dann auch bald einmal am **Bahnhof Präbichl** auf 1204 Meter Seehöhe angelangt. Hier macht der Lokführer dankenswerterweise einen Fotostopp. Wer Glück hat, sieht zwei Adler hoch über dem Hang in der Thermik kreisen. Echt! Die weitere Reise führt durch den langen Passtunnel, danach sieht man in ein mit Erz-Abraum aufgefülltes Tal, bevor viel zu früh im **Bahnhof Erzberg** Endstation ist.

Hier wurden einst die schweren Erzzüge beladen und hinüber nach Vordernberg bzw. Donawitz gezogen, im Sommer wie auch in den harten Wintermonaten. Die mühsame Reise dauerte insgesamt rund drei Stunden. Der Betrieb funktionierte bis 1978, dann hatte die Erzbahn endgültig Dienstschluss, das Vordernberger Tal, in dem das Betriebszentrum der Erzbergbahn war, verlor dadurch viele Arbeitsplätze. Zehn Jahre später, 1988, wurde auch der Personenverkehr eingestellt. Es wurde sehr still in Vordernberg und am Pass.

Vom Bahnhof Erzberg werden bei den meisten Museumsbahn-Terminen **„Hauly"-Touren** auf den Erzberg angeboten. Dafür sollte man sich anmelden, denn nur bei dieser Rundfahrt auf der offenen Aussichtsplattform der 860 PS starken Erztransporter gewinnt man einen Überblick über den aktuellen Tagbau, sieht die Erzberg-Pyramide aus nächster Nähe. Vom Bahnhof Erzberg, unserer Endstelle der Präbichl-Befahrung, sieht man die Terrassen des Erzbergs nicht. Dafür gibt es ein kleines Buffet und einen Minishop. Früher ist

5081.563-8

"Dienstraum"

Bahnhof Erzberg, Endstelle (ganz li.)

Radwerk und Lokdenkmal in Vordernberg (li.)

Montanuni Leoben (li. Mitte)

„Im Dienstraum“ der Erzbergbahn (li. u.)

Der Erzberg: Bergbau im Wandel der Zeit (u.)

Vom Schienenbus auf den Schwerlaster: Umsteigemöglichkeit am Bahnhof Erzberg

die Museumsbahn bis hinunter in den Ort Eisenerz gefahren, das ist, Stand 2021, „aus Sicherheitsgründen" nicht mehr möglich. Achtung: Es führt von hier auch kein Wanderweg hinunter nach Eisenerz. Man muss also, ob man will oder nicht, auch zurück wieder mit der Bahn fahren, zumindest bis zur Station auf der Passhöhe.

Wie kommt aber heute das Erz vom Erzberg in die Hochöfen nach Donawitz, wenn nicht über den Präbichl? Die Erzzüge werden heute im Verladebahnhof Eisenerz abgefertigt und fahren dann auf einem großen Umweg, dafür aber ohne große Steigungen, hinaus ins Ennstal nach Hieflau, von dort durchs enge Gesäuse nach Selzthal und danach über den Schoberpass zurück ins Murtal und nach Leoben-Donawitz .

www.erzbergbahn.at

Lange Jahre schien es, der Erzberg wie auch die gesamte Stahlproduktion in Donawitz wäre dem Untergang geweiht. Ein Stahlwerk mitten in den Bergen und ohne Hafenanschluss schien im globalen Wettbewerb chancenlos. Nun, es kam erfreulicherweise anders, als man noch in den Achtzigerjahren dachte, und wer sich für die aktuelle Stahlproduktion interessiert, kann bei ausgesuchten Terminen und nach Voranmeldung das Werk Donawitz sogar besuchen. Hier wird nicht nur Eisen geschmolzen und Rohstahl „gekocht", sondern es werden auch Spezialschienen für die halbe Welt gefertigt.

www.voestalpine.com/stahldonawitz/de/unternehmen/werksführung

Wandern rund um den Erzberg

Es wäre eine versäumte Gelegenheit, sich in der Gegend nicht auch wandermäßig umzutun. So ist etwa der 2165 Meter hohe **Eisenerzer Reichenstein** ein wunderbarer Aussichtsberg. Er ist von der Passhöhe am Präbichl aus für geübte Wanderer in rund zweieinhalb Stunden zu bewältigen, die **Reichensteiner Hütte** nahe am Gipfel ist bewirtschaftet. Von dort oben ist der Erzberg besonders schön anzusehen. Auch eine Weitwanderung ins östlich anschließende Hochschwabgebiet kann am Pass gestartet werden.

Schauen wir noch kurz zu jener Stadt, die untrennbar zum Erzberg gehört: Eisenerz. Der Ort hat heute gerade einmal 3700 Einwohner und ist damit auf weniger als ein Drittel der einstigen Einwohnerzahl geschrumpft. Über den Niedergang dieser Arbeiterstadt wurde viel geschrieben und berichtet, aber immerhin: Es gibt den Erzberg und die Stadt noch. Und sie ist nach wie vor Ausgangspunkt jeder Erzbergbesichtigung. Wer eine ausgiebige Erzbergerkundung mit Besuch im Bergwerksstollen unternehmen möchte: das „Empfangsgebäude" in der Talstation ist die erste Anlaufstelle.

Der Erzberg ist im Übrigen neben dem aktuellen Tagbau zur beliebten Sport-Event-Location mutiert, hier findet mit dem „Erzberg-Rodeo" unter anderem ein bekanntes Offroad-Motorradrennen statt.

www.abenteuer-erzberg.at

Ganz in der Nähe von Eisenerz, Richtung Hieflau, versteckt sich der **Leopoldsteiner See**, der sehr kalt, aber umso schöner gelegen ist. Man kann ein Boot mieten oder den See umwandern oder auch nur auf einen Kaffee einkehren. Und zur immens steil aufragenden „Seemauer" hochschauen.

Egal ob von Eisenerz, vom Präbichl oder von Vordernberg: Zurück in den Süden, nach **Leoben**, dem ursprünglichen Startpunkt unserer Erzbergtour, geht's wieder mit dem Bus. Wer mag, kann vom Bahnhof in die lebendige Hauptstadt des obersteirischen Industriereviers hineinspazieren. Man geht über die Murbrücke, passiert das Hauptgebäude der **Montanistischen Universität** und steht bald am Hauptplatz. Tausend Menschen sitzen an schönen Sommertagen in den Gastgärten des vom Architekten Boris Podrecca gestalteten Platzes. Hier lässt man sich gerne nieder und trinkt ein Krügel Gösser, schließlich wird dieses Bier im zu Leoben gehörenden Stadtteil Göss gebraut. Wahrzeichen der Stadt und früheres Zentrum der Eisenverleger, Kaufleute und Händler ist der sogenannte **„Schwammerlturm“**, ein im Jahr 1615 errichteter Wehrturm.

www.tourismus-leoben.at

Wir sind nun einmal in einer Industrielandschaft, also geht es mit Industrie weiter: Von Leoben muraufwärts erreicht man nach kurzer Zugfahrt die „Eisenbahnerstadt“ **Knittelfeld.** Die ÖBB betreiben, vom Zugfenster aus gut sichtbar, hier Europas modernstes „Radsatz-Aufbereitungszentrum“. Soll heißen, dass die Räder von Loks und Waggons hier produziert bzw. serviciert werden.

Im Zweiten Weltkrieg wurde die Stadt, eben weil sie relevante Bahn-Infrastruktur und -Produktion besaß, stark zerstört, von der historischen Bausubstanz ist kaum etwas erhalten. Immerhin aber gibt es in Bahnhofsnähe das **Eisenbahnmuseum.** Am Freigelände sieht man alte Dampfkräne und historische Dieselloks, innen drinnen Eisenbahneruniformen, 1600 (!) Dienstkappen sowie jede Menge sonstiger Sammlerstücke.

Knittelfeld liegt in der Region Aichfeld-Murboden. Und ist eine der Bahnstationen, über die man zum **Red Bull Ring** gelangt. In unmittelbarer Nachbarschaft befindet sich auch der Fliegerhorst Zeltweg, wo Österreichs Eurofighterflotte stationiert ist. Noch ein kleines Stück westlich liegt die alte Stahlstadt **Judenburg** und wiederum nördlich davon die einstige Bergbaugemeinde **Fohnsdorf.** Die Therme, deren Bau die Gemeinde in finanzielle Kalamitäten brachte und einst für einigen politischen Wirbel sorgte, gehört nun, wie vieles andere, den Erben des 2022 verstorbenen Red-Bull-Milliardär Dietrich Mateschitz. Der hier von vielen als Retter der Region angesehen und dementsprechend verehrt wird.

www.eisenbahnmuseum-knittelfeld.at

29 Die schmale Spur entlang der Mur

Mit der Murtalbahn, planmäßig und mit Dampf – Murau – Tamsweg – Dampfen auf der Taurachbahn – Der Murtalradweg

Unzmarkt. Bahnreisende, die die Fahrt nach Klagenfurt absolvieren, kennen den Halt. Jeder Zug bleibt hier stehen, nur wenige Minuten hinter Judenburg bremst sich der Railjet schon wieder ein. Der einzige Grund für den Halt: Hier kann man umsteigen, und zwar in den Murtalexpress. Der zwar so nicht heißt, aber sogar der Triebwagenführer nennt sein flottes Bähnchen „die schnellste Schmalspurbahn der Welt". Eine ordentliche Ansage!

Der Weg vom Unzmarkter Normalspur-Bahnsteig zum Schmalspur-Bahnsteig ist nicht weit, die zehn Minuten Umsteigezeit sind ausreichend bemessen. Los geht's. In neunzig Minuten ist man siebzig Kilometer hinein ins Innerste Österreichs gefahren und in Tamsweg im salzburgischen Lungau angekommen. Als Draufgabe gibt's dort auch noch eine Sonderzugfahrt. Doch dazu später. Ach ja: Karten gibt's bei der Schaffnerin, der Zug gehört der Steiermarkbahn und damit dem Land Steiermark. ÖBB-Tickets, auch das Klimaticket, sind gültig.

Mit bis zu siebzig Stundenkilometern fegt die Garnitur Richtung Westen. Mit an Bord sind zwei junge Bergsteiger und eine alte Frau. Draußen der Mur-Radweg, die Berge links und rechts werden immer höher, das Murtal mit jedem Kilometer grüner, schöner, einsamer. Die Farbe „Sattgrün" dominiert das Bild und man bekommt auf dieser Fahrt die angenehme Gewissheit, dass doch noch nicht aller Grund und Boden verbaut bzw. verschandelt ist. Die Mur fließt in großen Schlingen durch die Landschaft, Galeriewälder im Tal, an den Hängen dichter Laubwald, Kühe grasen am Talboden. Ab **Scheifling** wird das Tal nochmals ruhiger, die Industrieorte des Murtals sind ein Lichtjahr weit weg. Die Fahrt ist eine Wonne, das obere Murtal strotzt nur so vor Burgen und Kircherln. Ungefähr auf halber Strecke nach Tamsweg gibt's dann endlich wieder einen richtig großen Ort: **Murau.** Hier hat die Murtalbahn ihre Zentrale, Remisen und Werkstätten. Und in den Ort muss man einfach reinschauen.

Die schöne kleine Stadt

Wir sind in einem Bezirkshauptort, das bringt Leben. Auch Urlauber gibt es, das ist fast schon überraschend nach der einsamen Anfahrt. Am Bahnhof begrüßt das Chinarestaurant „Lecker Asia" mit bunten Lampions und Buffetbetrieb alle ausgestiegenen Gäste. Es ist aber nicht nötig, Hunger und Durst mit „All you can eat" zu stillen, der Weg in die Stadt und damit zu bodenständig-steirischer Küche ist kurz. So man eins dabei hat, kann man das Gepäck im Reisebüro neben dem Bahnhof deponieren, vielleicht auch im Chinarestaurant. Auch wenn man nur für zwei Stunden hier einen Zwischenstopp einlegt: Der **„Kulturrundgang"** ist es in jedem Fall wert, beschritten zu werden. – Das erste Gebäude, das einem gleich hinter dem Bahnhof ins Auge sticht, ist ein Glaspalast aus dem ausgehenden 20. Jahrhundert: die Bezirkshauptmannschaft. Überhaupt glänzt der Ort durch gelungene neue Bauwerke – vorwiegend in moderner Holzarchitektur. Von diesem Baumaterial gibt es hier rundherum ja wahrlich genug.

Über die Murbrücke hinunter auf die **Murpromenade**, direkt unter dem mächtigen alten Wehrturm vorbei, einige Minuten am Wasser entlang, bis der Weg hinauf zum Raffaplatz führt – und direkt zum **Brauereimuseum**, zum Brauerei-Shop und zur dazugehörigen echten und einzigen **„Murtaler"**-Brauerei. Ein würdiger Platz, ein Seidel zu heben!

Auf dem **Murauer Rundweg** nähert man sich dem hoch oben thronenden **Schloss** von hinten. Man geht über den Fahrweg hinauf, hat damit den höchsten Punkt des Spaziergangs und den besten Aussichtspunkt erreicht – von hier geht man dann über die gezählten 412 Stufen der gedeckten Holztreppe hinunter zur **Stadtpfarrkirche**, ebenfalls ein perfekter Aussichtspunkt.

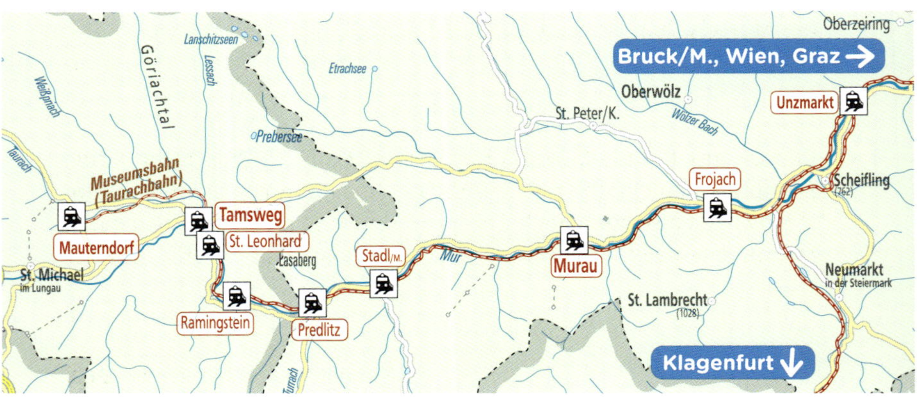

Unterwegs mit der Murtalbahn: Stopover im schönen Murau

Am besten nochmals nach Westen absteigen, in die Anna-Neumann-Straße, und dann bitte auf den **Hauptplatz.** Das beste Nussbeugerl ever gibt's im Kaffeehaus am Platz.

Murau ist für Wandersleute ein gutes Basislager. Gleich direkt am Bahnhof etwa beginnt der Weg auf die **Frauenalpe** – mit knapp 2000 Metern schon ein „richtiger" Berg, mit Blick auf die Niederen Tauern im Norden, die Gurktaler Alpen und die Karawanken im Süden. Hin und zurück dauert der Weg sechs Stunden, wobei Murauer und Bernhard-Fest-Hütte am Weg liegen und gottlob bewirtschaftet sind. Wer nicht den gleichen Weg zurückgehen will: Der Abstieg ist auch nach **St. Lorenzen am Kreischberg** möglich, auch dort hält die Murtalbahn. Der Kreischberg mit 1981 Meter Seehöhe ist das Skigebiet des Murtals, 2021 ist nochmals ein neuer Lift dazugekommen.

www.murau.at

Zurück am Bahnhof von Murau wartet eine Überraschung: Eine Dampflok pfaucht und raucht. Auf der Murtalbahn gibt es neben den Triebwägen also auch noch Dampfbetrieb, im besten Fall fahren die Dampfzüge von hier bis nach Tamsweg. Diesmal aber geht's nur bis

Stadl an der Mur. Der Dampfzug ist gut gefüllt: Babys und Greise, Teenies samt Eltern, Mütter und Väter, Deutsche und Holländer, Eisenbahnfreunde und auch solche, die es sicher bald einmal sein werden, sind in die putzigen, zum Teil offenen Wagen gestiegen. Ein Zieharmonikavirtuose zieht durch die Waggons, die Fahrt nach Stadl dauert vierzig Minuten, das ist auch für Kinder gut auszuhalten. „Länger wird es ihnen fad", weiß ein erfahrener Mitreisender.

Der **Kreischberg** mit seiner Lift-Infrastruktur, ein Holzsteig, eine Wildwasser-Slalomstrecke, immer gibt es was zu schauen, immer hat man Sorge, ob es das Schnauferl überhaupt schafft, den langen Zug zu ziehen. Welch Wunder: Die Lok ist auch diesmal stark genug, die Gäste müssen nicht aussteigen und anschieben. Reservierung in der Hochsaison ist empfohlen.

dampfzug.steiermarkbahn.at, www.steiermarkbahn.at

Ab Stadl, jetzt wieder im Triebwagen, geht's leicht bergauf, die Fahrt wird, obwohl das kaum mehr geht, nochmals schöner. Der Höhepunkt ist dann kurz vor Tamsweg erreicht. Das Tal verengt sich zur Schlucht, der Zug fährt fast direkt am Wasser. Gott sei Dank wurde der Mur-Radweg neben der Trasse und nicht auf ihr angelegt, auch das wurde in schlechteren Zeiten diskutiert.

Das Tal ist seit Stadl kaum besiedelt, eine Idylle. Dann aber weitet sich das Tal, die Berge des Lungaus rücken mächtig ins Blickfeld. Die letzte Haltestelle vor der Endstation heißt **St. Leonhard** und liegt schon im Ortsgebiet von Tamsweg. St. Leonhard, das zur Erklärung, ist die Wallfahrtskirche oben am Hang. Von dieser Haltestelle St. Leonhard ist man dem Hauptplatz von Tamsweg näher als vom Bahnhof Tamsweg. Man geht nur über die Murbrücke und geradeaus hinein in den Ort, kann aber auch im schönen Gastgarten direkt am rauschenden Fluss einkehren – schließlich hat man ja schon eine spannende Bahnreise absolviert.

Von der richtigen Endstelle, dem Bahnhof Tamsweg, sind es auch nicht mehr als zehn Minuten zum Hauptplatz. Mächtige Einkehrwirtshäuser stehen hier im Kreis um den leider von Autos ziemlich dominierten Platz. Und nur damit Klarheit herrscht: Der Lungau gehört zu Salzburg. Der Murtalexpress hat die Bundesländergrenze hinter Predlitz ganz ohne Aufregung passiert.

www.lungau.at, www.tamsweg.at

Murradweg und Prebersee

Was tun in Tamsweg? Die Antwort: bergsteigen, wandern, biken, Rad fahren. Zuallererst aber die Empfehlung, mit dem mitgebrachten Rad (oder dem Bus) die **Murquelle** zu entdecken. Man folgt den Radwegweisern flussaufwärts, gelangt über den Ort **Muhr** bis zur **Sticklerhütte** auf 1750 Meter Seehöhe. Da sollte man aber nur leichtes Gepäck mitführen! Oder den „Tälerbus" bemühen. Hier bei der Hütte ist der offizielle Startpunkt des Mur-Radwegs, die Quelle liegt nochmals höher und ist zu Fuß zu erreichen. Alles in allem, von der Sticklerhütte bis zur slowenischen Grenze bei Bad Radkersburg, ist die Tour 366 Kilometer lang und nicht immer geht es nur bergab: 1078 Höhenmeter bergauf sind in Summe zu bewerkstelligen. Man fährt auf Asphalt- und Schotterwegen und zumindest bis in die Gegend um Unzmarkt sollte man radeln, um so das Wachstum eines Flusses aus nächster Nähe mitzuverfolgen. Und dann mit der Murtalbahn zurück nach Tamsweg fahren.

www.murradweg.allesgutleben.at

Zum Prebersee und auf den Preber

Tamsweg gilt als der „Kältepol" der Republik. Das stimmt natürlich nur bedingt. Freilich stimmt, dass der Bezirkshauptort schon auf über tausend Meter Seehöhe liegt und es insofern auch an Sommerabenden hier frisch werden kann. Soweit zur klimatischen Berichterstattung. Der naheliegendste Ausflug ab Tamsweg führt – auch mit dem Linienbus – zum **Prebersee.** Eine Wanderung rund um den prächtig gelegenen Moorsee ist eine leichte, schöne Übung. Der Aufstieg auf den 2740 Meter hohen Preber, den Hausberg von Tamsweg, sollte zumindest für halbwegs geübte Wanderer keine größere Schwierigkeit darstellen, Kondition braucht man natürlich schon. Gutes Info- und Kartenmaterial gibt es in der Touristeninfo am Hauptplatz.

www.lungau.at

Die Taurachbahn, ein Museumslehrstück

Jetzt noch ein Stück Eisenbahnkunde. Tamsweg war und ist nämlich gar nicht Endstelle. Vom Bahnhof hinaus führen noch Gleise und Eisenbahnfreunde wissen, wohin: nämlich bis nach **Mauterndorf**, den zweiten Lungauer Hauptort. Die Schienen liegen noch,

Aufenthalt
Plattform
GEFAHR!

Alles Dampfer! Auf der Taurachbahn, Mauterndorf (o. li., o.)
Sonderzug nach Tamsweg (u. li.)
Murau, Stadtpfarrkirche (li.)

doch dieses letzte Teilstück der Murtalbahn wurde schon vor vielen Jahren vom Regel-Personenverkehr abgenabelt. Immerhin aber hat sich im hintersten Winkel des Lungaus ein gepflegter Museumsbahnbetrieb erhalten. Abgefahren wird in Mauterndorf, zwölf Kilometer von Tamsweg entfernt. Um Mauterndorf zu erreichen, muss man am Bahnhofsvorplatz von Tamsweg den Linienbus nehmen, der mit vielen Umwegen nach Mauterndorf fährt, dort direkt am (Museumsbahn-)Bahnhof vorbeifährt, aber nicht hält, sondern erst einen Kilometer danach Halt macht. Und das, obwohl die **Taurachbahn**, wie die Museumsbahn korrekt heißt, eine der Hauptattraktionen des gesamten Lungaus ist.

Ein engagierter Verein hegt und pflegt Lokomotiven und Waggons, Gleise, Remise, Heizhaus und Bahnhofsgebäude. Zumindest in den Sommermonaten ist regelmäßig Fahrbetrieb, manchmal sogar mit zwei Dampflokomotiven gleichzeitig. Die eine ist rot, die andere blau lackiert – ein Schelm, wer da nicht an *„Thomas, die Tenderlokomotive“* denkt. Die Hobby-Eisenbahner versehen ihren Dienst in fescher Uniform, die Fahrkarten sind Pappkärtchen mit Schillingaufdrucken. Im Museumsshop kauft man gern ein Souvenir und jede Menge Fotomotive gibt es gratis dazu. Neben den historischen zweiachsigen Personenwaggons sind im Zug auch Güterwaggons eingespannt, damit die echten Eisenbahnfreunde noch mehr zu diskutieren haben. Der Zug ruckelt los, hält brav vor jedem Straßenübergang, damit der mitgereiste Schrankenwärter die Bahnschranken herunterdrehen kann.

Zwischenhalt mit heißen Würsteln (fakultativ) gibt's in **Maria Pfarr**, wo den vielen Bahn-Fotografen (kaum -innen!) Sonderverschubfahrten vorgeführt werden. Nach einer reinen Fahrzeit von vierzig Minuten erreicht der Zug seine endgültige Destination, die Station **„Andlwirt“** bei **St. Andrä**, lächerliche eineinhalb Kilometer vor Tamsweg. Immerhin gibt es hier einen Spielplatz für die Bambinis und einen Gastgarten für die Oldies. Echte Hobos aber gehen auf den Gleisen von hier zum Bahnhof Tamsweg. Die Strecke, so geht das Gerücht, ist noch intakt, doch scheinbar will man der Murtalbahn nicht zu nahe kommen. Es bleibt das ungelüftete Geheimnis der Lungauer Eisenbahnvereinsmitglieder, warum genau diese eineinhalb Kilometer nicht befahren werden. Oder muss man dazu die Steiermarkbahn befragen?

www.taurachbahn.eu

30 Im stillen Osten des freundlichen Südens

Von Graz über die Pack nach Wolfsberg – Wolfsberg und Christine Lavant – Bleiburg und Werner Berg – Die Petzen – Die neue Koralmbahn

Wie aber geht es, wenn man Wolfsberg besuchen will? Jenen Bezirkshauptort im östlichen Kärnten, der einen eigenen Bundesligaklub hat? Und sich hier, beispielsweise, ein Fußballmatch anschauen will? Geht ganz einfach: Man steigt in einen Railjet nach Graz, reserviert einen Sitzplatz im Intercitybus von Graz Richtung Klagenfurt, sucht vor dem Grazer Bahnhof den Bussteig, an dem der besagte Bus in einer knappen halben Stunde abfahren soll. Dass sich die Haltestelle direkt am Taxistand befindet, hat einem niemand gesagt, aber: gesucht und gefunden, ein Doppeldeckerbus ist ja schließlich unübersehbar. In einer Stunde ist man über die Pack bzw. den Packsattel gefahren, der Bus hat WC, großen Gepäcksraum und sogar einen Fahrradstellplatz. Ab 2025 soll und wird an seiner Stelle der Railjet unter der Koralm in 45 Minuten von Graz nach Klagenfurt schießen und in Wolfsberg sicher nicht stehen bleiben, weil er hier auch gar nicht vorbeikommt.

Wolfsberg. Früher konnte man per Bahn vom steirischen Zeltweg über den Obdacher Sattel ins kärntnerische **Lavanttal** gelangen. Das war eine beschauliche Reise, doch Personenzüge auf dieser Route gibt's seit 2010 nicht mehr, nur noch Güterverkehr. Die Bezirkshauptstadt Wolfsberg wird trotzdem nicht vom Bahnverkehr abgeschnitten. Von und nach Klagenfurt geht es ab 2024 per frisch elektrifizierter S-Bahn, bis dahin im Schienenersatzverkehr.

Wir befinden uns also im Lavanttal, und nicht nur Germanist*innen denken gleich einmal an eine Schriftstellerin, die den Namen des Flusses zu ihrem gemacht hat: Christine Lavant (1915–1973). Geboren als neuntes Kind eines Bergarbeiters und einer Flickschneiderin in Groß-Edling bei St. Stefan (das heute zu Wolfsberg gehört), ist ihre Biografie zwischen armer Kindheit, lebensbedrohlichen Krankheiten, Depressionen und großen Erfolgen als Schriftstellerin wahrlich außergewöhnlich und berührend. Sie schrieb mehr als 1700 Gedichte und zahlreiche Prosatexte, einer der bekanntesten wohl „Das Wechselbälgchen". Christine Lavant, geboren als Christine Thonhauser, verehelichte Habernig, galt in ihrem Dorf lange Zeit auch aufgrund eines freiwilligen Aufenthalts im psychiatrischen Krankenhaus als „verrückt". Wer als Spurensucher unterwegs ist: Das bescheidene Geburtshaus der vor allem als Lyrikerin bekannten und ausgezeichneten Autorin steht kurz nach der südlichen Ortseinfahrt von St. Stefan im Ortsteil Groß-Edling, versteckt auf der westlichen Straßenseite. Einen halben Kilometer weiter Richtung Ortsmitte von St. Stefan erinnert an einem Haus eine Gedenktafel daran, dass die Dichterin hier ab 1951 gelebt hat. Der junge Thomas Bernhard lernte sie im Haus des Komponisten Werner Lampersberg kennen. Er beschreibt ihre Wohnsituation nach ihrer Übersiedlung nach Wolfsberg, wo sie von 1966 bis 1968 lebte:

„Sie wohnte auf der Betondecke eines Supermarktes an einer Straßenkreuzung in Wolfsberg und tippte ihre Gedichte gleich in die Maschine. Das ist für mich großartiger als das verlogene Weltfremdmärchen mit katholischer Talschlussromantik, das gottbefohlene, das um sie bis heute immer verbreitet worden ist."

Die Hälfte ihres Werks wurde erst nach ihrem Tod publiziert. Begraben ist Christine Lavant am Friedhof von St. Stefan bei Wolfsberg in einem Ehrengrab, der Fußweg vom Bahnhof bzw. vom Stadtzentrum bis hierher ist rund eine Stunde lang. Ersatzweise gibt das **Museum im Lavanthaus** in Wolfsberg eine kleine Dokumentation zu ihrem Leben. Und die lokale Christine-Lavant-Gesellschaft veranstaltet immer wieder Lesungen und andere Kulturveranstaltungen (Adresse s. u.). Noch mehr zu Christine Lavant gibt es im Robert-Musil-Literaturmuseum in Klagenfurt, direkt am Bahnhof (Bahnhofstraße 50): Hier sieht man eine Rekonstruktion des Wohn- und Arbeitszimmers von Christine Lavant in St. Stefan. Das Musil-Museum selbst befindet sich im Geburtshaus von Robert Musil (1880–1942), Autor von „Die Verwirrungen des Zöglings Törless" oder „Der Mann ohne Eigenschaften" und zeigt ständige Ausstellungen zu Musil, Ingeborg Bachmann und eben Christine Lavant.

www.christine-lavant.at, www.christine-lavant.com

www.museum-lavanthaus.at, www.musilmuseum.at

Nach der literarischen Exkursion nun ein Spaziergang zum **Schloss Wolfsberg**. Unübersehbar thront das Gebäude im Tudor-Stil hoch über der Stadt. Die einstige Burg wurde Mitte des 19. Jahrhunderts von den damaligen Besitzern, den Grafen Henckel von Donnersmarck, völlig umgestaltet und in die heute sichtbare Fasson gebracht. Die Familie Andreas und Johanna Graf und Gräfin von Donnersmarck bewohnt heute einen Teil des Schlosses, das sich aktuell im Besitz der Kärntner Montanindustrie GmbH befindet. Und, sehr erfreulich, auch ein feines Restaurant beherbergt – mit grandioser Terrasse hoch über der Stadt. Der Schlosspark ist ein beliebtes Naherholungsgebiet der Wolfsberger, der Weg vom Bahnhof durch die Stadt bis zu diesem schönen Ort nicht länger als 25 Minuten.

Wolfsberg nennt sich die „1. Wanderstadt Österreichs". Und zweifellos kann man in der näheren und weiteren Umgebung nach Lust und Laune spazieren und wandern, im Westen liegt die Saualpe, im Osten die Koralpe. Auf die man auch ab Wolfsberg Stadtmitte (in achteinhalb Stunden hin und retour, sagt das Tourenportal Outdooractive) steigen kann.

Wer nur spazieren gehen und die Aussicht genießen will, sollte einfach den drei Kilometer langen **Mausoleumrundweg** wählen. Dieses Mausoleum ist so etwas wie ein Marmorner Liebesbe-

Schloss Wolfsberg: Tudor-Schloss hoch über Stadt und Lavanttal

weis des Grafen Henckel von Donnersmarck an seine jung verstorbene Frau. Wer ein bisschen weiter ausholen möchte, geht den **Schlossbergweg** und kommt dabei auch beim Schloss Wolfsberg (s. o.) vorbei. Die nötigen Links finden sich auf den Internetseiten von Wolfsberg (s. u.).

www.schloss-wolfsberg.at, www.tourismus-wolfsberg.at
www.region-lavanttal.at

Die neue Bahn kommt an

An der Bahnstrecke von Wolfsberg nach Süden bzw. weiter nach Klagenfurt kommt man durch **St. Paul im Lavanttal.** Bekannt für sein Benediktinerstift, wird der Ort bald auch anderweitig berühmt sein: Nämlich dafür, dass hier ab 2026 die Fernzüge ab Wien und Graz aus dem 33 Kilometer langen Koralmtunnel zurück ans Tageslicht kommen werden. Der alte Bahnhof von St. Paul wird dann aufgelassen, es entsteht zwei Kilometer vom Ort entfernt der neue Bahnhof Lavanttal, ein „multimodaler Knoten", wie das in der Fachsprache der Eisenbahner und Verkehrsplaner heißt. Die modernisierte Lavanttalbahn von Wolfsberg mündet dann hier in die Neubaustrecke.

Doch nochmals zum **Benediktinerstift von St. Paul.** Vom noch aktiven Bahnhof im Ort geht man einen Kilometer zuerst auf der Bahnhofs- dann auf der Hauptstraße durch den Ort zum „Schatzhaus Kärntens". Die Gemäldegalerie mit Werken von Rubens, Van Dyck und Holbein, die Bibliothek mit der ältesten Handschrift Österreichs, „De fide catholica" aus dem frühen 5. Jahrhundert, das „Adelheidskreuz" aus dem 11. Jahrhundert, ein mit Gold- und Silberblech überzogenes Holzkreuz, sowie der weitläufige Barockgarten und vieles andere mehr machen den Besuch für Kunst- und Kulturmenschen und nicht nur für diese zum großen Erlebnis. Zum Abschluss dann noch ein kurzer, knackiger Aufstieg zur **Ruine Rabenstein,** mit einem netten Jausengasthaus an ihrer Seite, alles zusammen ergibt ein perfektes Programm für einen Tagesausflug. Dass ein altes Kloster auch sehr rasch auf aktuelle Themen reagieren kann, zeigte im Übrigen das Thema der Jahresausstellung 2022, die hieß nämlich „Zur Hölle mit dem Himmel? – die Geschichte der Seuchen zwischen Bangen und Hoffen".

www.stift-stpaul.at, www.sanktpaul.at

Wir fahren weiter auf der neuen Koralmbahn. Durch einen weiteren Tunnel führt die neue Linie ohne Umwege zur **Jauntalbrücke** über die Drau, eine der höchsten Eisenbahnbrücken Europas, die nur noch von ein- auf zweigleisigen Betrieb umgebaut werden muss. Ab dieser Brücke schwenkt die Hochgeschwindigkeits-Trasse dann in einer großzügigen Schleife nach Westen, folgt zum Teil der alten Linie bzw. fährt parallel zu ihr. Wer gerne Großbaustellen anschaut bzw. sich näher für die kärntnerische Seite der Koralmbahn-Neubaustrecke interessiert, für den haben die ÖBB einen siebzig Kilometer langen Rad-Erkundungsweg angelegt, den **Koralmbahn-Rad-Infopfad.** Der beginnt östlich von Klagenfurt bei Althofen, nahe der Brücke über den Völkermarkter Stausee, und führt dann im Zickzackkurs und auf einem sehr langen Umweg über Lavamünd bis nach St. Paul. Man muss nicht die ganze Strecke abfahren, aber zumindest die Besichtigung und Befahrung der Jauntalbrücke auf dem Radweg unter dem Gleiskörper (mit Gratis-Drau-Tiefblick) ist nicht nur für Bahnfreaks faszinierend. Im Bahnhof Klagenfurt gibt's einen eigenen Koralmbahn-Schauraum mit entsprechendem Prospekt- und Infomaterial.

www.infrastruktur.oebb.at

Bleiburg/Pliberk: kleine Stadt, feines Werner-Berg-Museum

„Kulturradweg" nahe Bleiburg, Blick auf die Petzen

Bleiburg/Pliberk, Werner Berg und ein „Erlebnisberg“

Wir reisen weiter von Wolfsberg nach **Bleiburg**. Auf der Ortstafel steht gleich groß wie „Bleiburg“ auch „Pliberk“. Man hört das Slowenische auf der Straße, im Supermarkt, im Kaffeehaus. Dieser Ausflug ins Grenzgebiet ist, so wie die Reise nach St. Paul oder Wolfsberg, natürlich am besten über Klagenfurt zu machen. Der große Bahnhof von Bleiberg/Pliberk liegt zwei Kilometer vor der Stadt, die S-Bahn-Station **„Bleiburg Stadt“** dafür mitten im Ort. Der Spaziergang führt auf den schönen, langgezogenen Hauptplatz, mit, ganz wichtig, zwei Bäckereien, Cafés, einem feinen Restaurant (in dem alle Tische im Schanigarten ausreserviert sind), Kebablokal und Pizzeria, Eissalon und Fleischhauerei. Und, ganz oben, am Ende des Platzes, das **Werner Berg Museum**. Werner Berg (1904–1981) war ein Maler und Bildhauer, der hier in der Gegend auf einem Bergbauernhof hoch über der Drau arbeitete, und zwar als Künstler *und* Landwirt. Der deutsche Staatsbürger Berg, Staatswissenschaftler und Absolvent der Akademien in Wien und München, setzte den einfachen Menschen Südkärntens über zahlreiche Porträts ein außergewöhnliches Denkmal, aber auch der damals noch unbekannten Lyrikerin Christine Lavant (s. o.). Die beiden waren über lange Jahre befreundet. Berg produzierte eine Reihe von Porträts und Holzschnitten von Lavant. Im Museum gibt es neben den Bildern Bergs jedes Jahr wechselnd auch Werke anderer Künstler bzw. Künstlerinnen zu sehen. Es gibt einen Skulpturengarten und ein Bistro, alles sehr urban, gepflegt und gediegen. Berg hat sich früh offensiv zur slowenischen Volksgruppe bekannt: *„Dabei ist der sichtbare Ausdruck des Volkes für mich der einfache Mensch, die Bäuerin mit dem Kopftuch beim Gottesdienst, der Bursch beim Kegeln, der wartende Arbeiter am frühen Morgen auf dem Bahnhof“.*

www.wernerberg.museum

Wer sich die Füße vertreten will, kann gleich hinter dem Museum auf einen Spazier- oder Wanderweg einschwenken – die passenden Landkarten dazu gibt es im Museum bzw. in der Touristeninfo. Etliche Pfade führen auf den Berg, auch kleine Schotterstraßen, nur der Weg zum über der Stadt aufragenden Schloss Bleiburg ist verboten: Privatbesitz, kein Zugang!

Wirklich gut wird es hier, wenn man mit dem Rad unterwegs ist. Wer keines mitgebracht hat, versucht es im JUFA Hotel.

Dort gibt es E-Bikes, aber auch stromlose Räder. Wenn man selbst die Reifen aufpumpt, steht einer Rundfahrt – zum Beispiel auf dem **Kulturradweg** – nichts mehr im Wege, schon kann man „ins Laund einifoan". In etlichen Vorgärten haben sich die stolzen Bewohner neobarocke Bildstöcke aus dem Baumarkt aufgestellt, entlang der Radrunde sind aber auch noch „echte" alte Bildstöcke sowie Kunstinstallationen rezenten Ursprungs zu sehen. Der Radweg ist angenehm flach, man fährt auf kleinen Nebenstraßen und gut gepflegten Feldwegen, über Blumenwiesen und über eine Brücke, die die fertig betonierte neue Koralm-Trasse quert. Wer will, kann auch über die „Jörg-Haider-Brücke" hinüber ans Nordufer der Drau gelangen, die sich hier ein sehr tiefes Tal gegraben hat. Am Nordufer fährt man am Radweg Richtung Lavamünd bis zur Jauntal-Bahnbrücke (s. o.). Hier stößt man auf den genannten Rad-Infopfad zur Koralmbahn und kann dann über Aich zurück nach Bleiburg radeln.

Jetzt steht die **Petzen,** slowenisch *peca,* mächtig im Blickfeld. Sie ist quasi der Hausberg (oder in diesem Fall: die Hausbergin) von Bleiburg und ein „Erlebnisberg". Der Einstieg befindet sich hinter **Feistritz ob Bleiburg.** Der höchste Gipfel dieses östlichsten Karawankenstocks ist der Kordeschkopf mit 2126 Metern, den man von der slowenischen Seite ohne ernste Schwierigkeiten besteigt. Aber auch von der Kärntner Seite, nämlich über die Talstation der Petzenbahn, kann man losmarschieren, wobei die Gondeln der Bahn die Mühen des Aufstiegs deutlich verringern. Einmal oben, wandert man am Kamm entlang und kehrt in einer der Hütten ein. Mit Rennrad- oder E-Bike kann man (wer kann) die Petzenstraße bergauf radeln, die Wagemutigen können „downhillen" oder mit dem Gleitschirm zu Tal fliegen. Es fahren auch Linienbusse mit Radanhänger bis zur Talstation.

Zwei Kilometer westlich von Feistritz liegt der kleine **Pirkdorfer See**, zwanzig Kilometer westlich von Bleiburg der Klopeiner und der ruhige Turner See. Zumindest in deren Nähe gelangt man mit der Bahn Richtung Klagenfurt über die Station Tainach-Stein.

www.petzen.net

Zum Abschluss ein Hinweis auf eine Kärntner Spezialität. Wenn man mit Bus oder Bahn nach Kärnten anreist und den „Bahnhofshuttle" im Internet vorab bestellt, wird man – zu günstigen Tarifen – vom Bahnhof zum Quartier chauffiert. Und am Tag der Abreise auch wieder zurück zum Zug.

Bahnbrücke über das Jauntal: auch per Rad befahrbar

31 Lustiges Villach, schönes Gailtal und zwei hübsche Seen

Eisenbahnerstadt Villach – Villacher Alpe – Mit der Gailtalbahn zum Presegger See – Faaker See – Radstadt Villach

Villach im Fasching, Fasching in Villach, das ist schön! Lei-lei und lei lafn losn, die Stadt an der Drau hat einen gewaltigen Ruf zu verteidigen. Auch der Villacher Kirchtag (der über eine ganze Sommerwoche geht) ist legendär. Wir schauen aber, was man hier außer feiern, Villacher Bier trinken und Kärntner Kasnudeln essen noch so treiben kann. Alle Empfehlungen in diesem Kapitel haben den Eisenbahnknoten Villach als Zentrum, von hier sind schöne Ausflüge zu machen, natürlich mit der Bahn. Die Auswahl ist wie immer subjektiv.

Das Stadtzentrum ist vom Hauptbahnhof Villach nur wenige Fußminuten entfernt.

Ein paar Schritte durch die Bahnhofstraße, ein kurzer Besuch in der **Touristeninfo** (kurz vor der Brücke rechts), und schon ist man an der Drau. Und steht gleich danach am langgezogenen, leicht ansteigenden **Hauptplatz.** Links und rechts dieses Einkaufs- und Flanierzentrums erstreckt sich die verästelte Fußgängerzone der Altstadt. Am oberen Ende der „Fuzo" thront die **Stadtpfarrkirche St. Jakob.** Geht man vom Hauptplatz noch ein Stück geradeaus weiter, kommt man zum 8.-Mai-Platz und zu einem mächtigen Gründerzeit-

bauwerk, dem ehemaligen **Parkhotel** aus 1911. Gründlich renoviert beherbergt es nunmehr keine Gäste mehr, sondern Büros. Im Erdgeschoß freilich hat sich eine Institution über die Jahre tapfer gehalten: das Kaffeehaus. Ein würdiger Platz für den Five o'Clock Tea, indeed!

Die besten Kasnudeln von Villach, das als Tipp eines Insiders, gibt's dann ein paar Schritte außerhalb der Altstadt, im Wirtshaus Kramer in der Italienerstraße 14. Empfehlung!

Eine Villacher Institution, die manche Menschen nicht ganz freiwillig auf Kur oder „Reha" ausgiebig kennengelernt haben, ist das **Warmbad Villach.** Dieses alte Thermalbad sowie die fürs breite Publikum geöffnete **Kärnten Therme** hat eine eigene S-Bahn-Station, eben „Warmbad Villach", direkt an der Bahn-Hauptstrecke Richtung Tarvis und Italien. Nirgendwo sonst (außer in Bad Gastein) ist es leichter, einen Thermenbesuch per Zug zu absolvieren.

www.visitvillach.at, www.kaerntentherme.com

www.stadtwirt-villach.com

Warmbad Villach ist auch für Radfahrer*innen eine wichtige Station. Hier führen etliche Radwege ab, man erspart sich die etwas mühsame Stadtausfahrt. Die erste Radroute, die hier genannt wird, ist eher für sportlich ambitionierte Menschen geeignet: Sie führt auf den **Dobratsch** bzw. die **Villacher Alpe.** Von Warmbad Villach aus findet man den Einstieg zum Anstieg auf die „Villacher Alpenstraße" am leichtesten, indem man über den Ortsteil Judendorf fährt. Die Alpenstraße ist unter Rennradfahrern sehr beliebt, hatte doch die Österreichrundfahrt hier einige Male eine „Bergankunft". Die 1200 Meter Höhenunterschied sind beachtlich, allerdings auch gut bewältigbar, da die Steigung nie mehr als zehn Prozent beträgt. Mit Rad bzw. Bus kommt man bis zur Aichinger- bzw. der mit 1730 Meter Seehöhe nochmals etwas höher gelegenen „Rosstratten". Der Ausblick von hier ist großartig – Karawanken und Karnische Alpen im Süden sind die prachtvollste Kulisse, die man sich denken kann. Wer mag, steigt zu Fuß noch weiter zum Dobratschgipfel bzw. zum Gipfelhaus auf 2166 Meter, die Gehzeit vom Parkplatz hin und retour beträgt rund drei Stunden. Der Berg ist ein „Solitär", ragt als alleinstehender Gebirgsstock zwischen Gailtal im Süden und der Bad Bleiberger Furche im Norden auf. Sichtbar von weither, erkennt man den Dobratsch auch gut an seinem Gipfel-Sendemast.

www.villacher-alpenstrasse.at

Das schöne Gailtal und seine Perle

Eine erste Bahnreise ab Villach führt uns ins **Gailtal**, nicht zuletzt bekannt durch die „Gailtalerin", eine Figur aus der legendären Pop-Operette „Der Watzmann ruft" von Wolfgang Ambros, Joesi Prokopetz und Manfred Tauchen. – Alle Stunden fährt der moderne „Talent"-Triebwagen auf der frisch elektrifizierten Strecke vom Hauptbahnhof Villach bis nach Hermagor. Die weitere Strecke bis nach Kötschach-Mauthen wird nun nicht mehr „bedient", aber die Gleise liegen noch. Die Fahrt führt ab Warmbad Villach quasi rund um die Villacher Alpe herum, das Stück von Arnoldstein nach **Nötsch** fährt der Zug durch den unteren Teil der Bergsturzlandschaft „Die Schütt". Die Hochblicke vom Zug auf den Dobratsch sind beeindruckend, ein Bild von einem Berg! Ab Nötsch kann man die Villacher Alpe auch erklimmen. Von der Station geht man durch den kleinen Ort und gelangt bald auf den beschilderten Weg. Die vorgesehene Gehzeit beträgt stolze fünfeinhalb Stunden, Spaziergang ist das keiner mehr.

Weiter auf unserer Bahnfahrt: Nach einer kurvenreichen Bilderbuchreise durch das weite, grüne Tal passiert man die Haltestelle Pressegger See (s. u.) und ist nach insgesamt einer Stunde Fahrzeit auch schon in **Hermagor.** Das Bahnhofsbuffet hat wundersamerweise die Jahrzehnte überlebt, der Weg in den Ort ist kurz. In der Tourismusinfo in der Stadtmitte finden sich Wanderkarten und Infomaterial.

Die Gailtalbahn ist ein idealer Shuttle für alle, die ihr Rad mit dabei haben: Der Gailtalradweg ist nämlich ein wirklich schöner. Abseits der Hauptstraße, durch Wiesen, Felder und Dörfer, geht es von Hermagor immer leicht bergab bis zurück nach Villach. Das letzte Stück des Radwegs führt direkt unter der Südwand der Villacher Alpe durch die Schütt und an haushohen Felsbrocken vorbei, die hier anno 1348 zu Tal gedonnert sind.

Von Hermagor Richtung Westen, ins dreißig Kilometer entfernte **Kötschach-Mauthen,** fährt man mit Bus oder Rad. Zurück, talabwärts bis **Jenig**, kann man dann 21 Kilometer per **Fahrraddraisine** strampeln, auf den Gleisen der Gailtalbahn. Der Vorteil gegenüber einem normalen Rad: Bis zu vier Personen sind auf dem Gefährt erlaubt und man muss sich auch um die Lenkung nicht kümmern, die Gleise bestimmen die Richtung. Ab und zu fahren auch noch Sonderzüge über Hermagor bis hinauf nach Kötschach. Ein Verein kämpft dafür, dass der reguläre Bahnbetrieb wieder aufgenommen wird – wer weiß, vielleicht macht es die „Verkehrswende" ja möglich. Die eigens

Nötsch: Dorfidylle am Fuß der Villacher Alpe

gegründete Gailtalbahn Betriebs-GmbH bietet die Strecke bzw. einzelne Abschnitte jedenfalls Unternehmen und Verkehrsforschern als Experimentier- und Versuchsumgebung an.

www.hermagor.at, www.visitkaernten.at, www.gailtalbahn.at

Was ist noch zu tun in Hermagor: etwa eine Bergtour auf den Hausberg, den 2199 Meter hohen Spitzegel, zu riskieren. Die Tour wird als weniger dramatisch beschrieben, als sie von unten betrachtet aussieht. Überhaupt die Berge ringsum! Im Westen der mächtige Reißkofel, im Südwesten der Gartnerkofel und Rosskofel mitsamt dem Parade-Skigebiet am **Nassfeld.** Im Sommer ist das Nassfeld auch als „Erlebnisberg" gut im Geschäft. Es führen schon ab Hermagor Wanderrouten auf den Gartnerkofel bzw. aufs Nassfeld, der wahre Einstieg befindet sich aber in Tröpolach, sieben Kilometer westlich von Hermagor, wohin man ab Hermagor mit dem Bus gelangt. Schade, dass die Bahn nicht bis Tröpolach weitergeführt wurde, aber direkt in den Ort bzw. bis zur Talstation der „Millennium-Express"-Bergbahn hätte es wohl eine kurze Neubaustrecke gebraucht.

www.nassfeld.at

Blick von der Villacher Alpe nach Osten (ganz li.)
Immer eine Reise wert: Kärntner Kasnudeln (li.)
Hbf. Villach: Freie Fahrt! (li. u.)
Herbststimmung am Presseger See (u.)

Wer sich weniger zu den Bergen, sondern eher zu den Kärntner Seen hingezogen fühlt, bitte sehr: Der **Pressegger See**, die Perle des Gailtals, liegt quasi vor der Haustür Hermagors. Mit dem Rad ist es von da eine Viertelstunde, zu Fuß geht man (auf dem Radweg) ca. eine Stunde, aber es gibt hier ja auch eine eigene Bahnstation. Das große öffentliche „Strandbad Hermagor“ befindet sich ganz nahe bei der Bahnstation. Sehr schön ist ein ca. eineinhalbstündiger Seerundgang, auf dem so genannten „slow trail“, am besten mit den Badesachen im Gepäck. Zuerst führt der Weg ab Preseggen durch den westlichen Schilfgürtel, dann am steilen Südufer direkt am Wasser entlang. Zwei kleine, ruhige öffentliche Badestrände gibt es hier, beide empfehlenswert. Jener an der Südostecke hat ein Buffet mit Seeblick dabei, ein Gedicht. Der Rest sind Privatgrundstücke, aber das Ufer hier ist zumindest weitgehend unverbaut. Der Weg führt weiter durch die östliche Schilfzone wieder hinüber ans Nordufer nach Preseggen. Da marschiert man dann weit weg vom Wasser vorbei an Apartmenthäusern, Hotels und Pensionen, bis man zurück zum Startpunkt beim Strandbad bzw. bei der Haltestelle Presegger See gelangt.

www.nassfeld.at

Der Faaker See

Bekannter als der Pressegger See und von Villach nur einen Katzensprung Richtung Südosten gelegen ist der **Faaker See.** Auch er hat eine eigene **Bahnstation „Faak am See“.** Sie liegt an der Bahnstrecke, die über Rosenbach, die Endstelle des S-Bahn-Betriebs, durch den Karawankentunnel nach Slowenien, nach **Jesenice,** führt (s. u.).

Am Faaker See gilt: Möglichst rasch ans und ins Wasser. Das Rundherum-Spazieren ist keine so gute Idee, da man die meiste Zeit an stark befahrenen Straßen entlanggeht und es letzten Endes nur wenige freie Seeblicke bzw. Seezugänge gibt. Das große, öffentliche **Strandbad von Faak am See** befindet sich einen kurzen Fußmarsch östlich vom Bahnhof. Man geht an der Hauptstraße entlang, es ist nicht zu verfehlen. Wer ein Rad mithat, fährt ein Stück weiter bis ans Ostufer. Hier gibt es Campingplätze und Privatstände, aber auch einen schönen, öffentlich zugänglichen Badeplatz samt Strandbuffet, nämlich das **Strandbad Walter.** Der Platz ist gut und ruhig und war zumindest beim Testbesuch (in der Hauptsaison) nicht überfüllt. Der Dobratsch steht mächtig im

Der Faaker See: im Hochsommer dicht bevölkert

Westen, der Mittagskogel im Süden. Hier bleibt man dann gern bis zum Abend. Die dritte und sicherlich beste Faaker-See-Variante ist, sich einen Tag auf der **Faaker-See-Insel** zu gönnen. Das Hotel dort bietet All-inclusive-Tagesaufenthalte mit und ohne Frühstück an. Viel Wasser, viel Ruhe, ein Traumhotel mit feiner Terrasse, das hat wohl seinen Preis, aber dafür ist alles gut hier. Man erreicht die Hotelinsel bzw. das Inselhotel per Fährboot, dessen Anlegestelle am „Festland" leicht zu finden ist: Man überquert beim Bahnhof Faak die Straße, geht rechts vom Bahnhof die Dietrichsteiner Straße Richtung Ort und dann gleich rechts ab auf dem Inselweg bzw. der Seestraße am Damm bergab Richtung Ufer. In 15 Minuten ist man da. Das Rad kann man nicht mit hinüber auf die Insel nehmen, aber man darf es, wenn man artig fragt, in den Garagen neben dem Fährhafen abstellen.

www.inselhotel.at

Eine Idee für alle Sportler*innen, die noch ein kurzes „workout" brauchen, bevor sie ins Wasser springen: Vom See bzw. vom Bahnhof ist es nicht weit zur Burgruine Finkenstein und nochmals ein kurzes Stück weiter ist man beim Gasthaus Baumgartner auf 919

Meter Seehöhe, schon direkt am Fuß der Karawankenberge. Die Anreise gelingt am besten über den Ort Finkenstein.

www.burgarena-finkenstein.com

Auch eine gute Idee: Zum Faaker See gelangt man ab Villach auch per Rad, es sind rund zwanzig Kilometer. Abfahrt ist wieder Warmbad Villach, wo man Richtung Süden startet, dann aber bald nach links abzweigt. Über die Gailbrücke gelangt man nach Müllnern und fährt dann auf der kleinen Straße parallel zur Bahn, bei der Haltestelle Finkenstein kurz links bergauf und dann weiter über den offiziellen Radweg durch ein Moorgebiet (Mooswiesen) nach Faak und zum See. Nach einem ausgiebigen Badetag fährt man gerne per Bahn zurück nach Villach.

In den fernen Süden

Villach ist für alle, die sich per Rad Richtung Adria aufmachen, ein wichtiger Startpunkt. Wiederum über das Warmbad Villach gelangt man auf den Alpe Adria Radweg, der von Salzburg bis hierher und über **Thörl**-**Maglern** weiter nach **Tarvis** und letzten Endes nach Grado bzw. Venedig führt. Die Ausfahrt ab Warmbad Villach folgt der Gail bzw. dem Gailtalradweg, bei Erlendorf geht's über den Fluss und neben der Straße nach Arnoldstein. Der „Pass" über die Grenze wird von Autobahn, Straße, Bahn (mit der man über Udine nach Venedig kommt) und Radweg benutzt – man befindet sich auf einem der wichtigsten, jedenfalls aber dem niedrigsten aller Alpenübergänge. Einige steilere Stellen sind trotzdem zu bewältigen, bis es dann ab Tarvis nur noch bergab geht. All jene, die sich gar nicht plagen wollen, fahren die rund vierzig Kilometer von Villach bis Tarvis mit der Bahn – und rollen dann nur noch bergab gen Süden.

www.alpe-adria-radweg.com

Und noch ein Vorschlag für Radler*innen: Ab **Tarvis** kann man wunderbar auf einer alten, längst stillgelegten Bahntrasse nach Osten in den slowenischen Ski- und Fremdenverkehrsort **Kranjska Gora** und weiter bis nach Jesenice bzw. **Bled** (und zum Bleder See) fahren. Sehr schön! Von Jesenice fahren einige ganz wenige Personenzüge zurück über den Karawankentunnel und die Rosentalstrecke nach Villach. Unbedingt vorab checken, ob der jeweilige Zug Fahrräder mitnimmt!

www.bled.si

Die erste (bzw. letzte) Station auf österreichischer Seite des Karawankentunnels ist Rosenbach. Hier startet bzw. endet die S-Bahn ab Villach, genau hier befindet sich aber auch der Einstieg für Fernwanderer auf den „Panoramaweg Südalpen“. Auch den langen Anstieg auf den Mittagskogel (5,5 Stunden!) kann man hier beginnen.

www.panoramaweg.at

Für Freunde der alten Eisenbahn: Von **Weizelsdorf** südlich von Klagenfurt fahren im Sommer zu bestimmten Fahrtagen die „Rosentaler Dampfzüge“ nach **Ferlach.** Diverse Sonderzüge fahren auch bis zum Faaker See und weit darüber hinaus. Vom Bahnhof **Ferlach** fährt eine Dampftramway zum „Historama“, einer großen verkehrsgeschichtlichen Sammlung in einer alten Werkshalle. Nach Weizelsdorf gelangt man über Klagenfurt auf einem 15-minütigen Kurztrip per S-Bahn.

www.nostalgiebahn.at

32 Süd-Osttiroler Abfahrt und die Kärntner Seenwelt

Sextener Dolomiten – Drautal-Radweg – Weißensee – Millstätter See – Ossiacher See – Von Villach nach Klagenfurt – Am noblen Wörthersee

Wenn man mit dem direkten Zug um 8.25 Uhr ab Wien Hbf. nach Lienz in Osttirol fährt, ist man kurz nach 14 Uhr da, die Fahrzeit beträgt fünf Stunden und 41 Minuten. Dann muss man nur noch einmal umsteigen, und nach einer weiteren Stunde ist man in **Toblach/ Dobbiaco.** Das liegt, für alle geografisch Unkundigen, im Pustertal. Das wiederum ist mit dem obersten Drautal gleichzusetzen und liegt in Südtirol. Es ist das Eingangstor in die Dolomiten, konkret: die **Sextener Dolomiten.**

Wichtigster Gebirgsstock im UNESCO-Weltnaturerbe sind die weltberühmten **Drei Zinnen.** Näher als über Toblach bzw. die Station vor Toblach, **Innichen,** kommt man per Bahn nirgendwo an sie heran. Busse fahren bis nach Sexten, Wanderbusse in die Seitentäler. Von Sexten gelangt man über das Fischleintal zur Drei-Zinnen-Hütte und eben zu den Drei Zinnen. Unzählige Wanderrouten finden sich im Internet, z. B.

www.hochpustertal.net, www.drei-zinnen.info

Schon vom Zugfenster aus ist die Fahrt von Lienz/Osttirol nach Toblach ein Ereignis. Immer am Fuß der Lienzer Dolomiten entlang führt die Bahn im engen Drautal bergauf, steigt von 670 Metern auf über 1100 Meter Seehöhe bei Silian. Die **Lienzer Dolomiten,** Teil der Südlichen Kalkalpen, mit der Großen Sandspitze (2770 m) und dem Spitzkofel (2717 m) gleich hinter Lienz ragen fast senkrecht in die Höhe. Auf der Nordseite des Tals steigen die Villgrater Berge, bereits Teil der Hohen Tauern, steil an. Über die letzte Station auf österreichischem Boden, **Sillian,** gelangt man ins nördlich abzweigende Villgratental.

Hinter Sillian wird das Drau/Pustertal allmählich flach und weit. Stellenweise sieht man Richtung Süden schon hinein in die Sextener Dolomiten. **Toblach** liegt auf 1241 Meter. Das ist wichtig zu erwähnen, weil hier ein radtouristisches Highlight seinen Ausgangspunkt hat: nämlich die 45 Kilometer lange, stets bergab führende Radtour auf dem **Drautal-Radweg** zurück nach Lienz. Hunderte, wenn nicht tausende Radfahrer*innen sind hier an Spitzentagen unterwegs, was logischerweise zu einem ziemlichen Gedränge auf der Radpiste führt. Vorwiegend italienische Urlauber sitzen in den Sätteln, oft auch sind Kinder mit dabei, und nicht alle (auch nicht die Eltern!) sind geübte Pedalisten. Die Bergabradler kommen zu dritt, zu viert nebeneinander daher, sind lustig, tratschen miteinander und weichen nur ungern aus. In die Gegenrichtung von Lienz bergauf nach Toblach zu fahren ist unter diesen Voraussetzungen ein echtes Wagnis. Am Nachmittag ist das Hauptspektakel

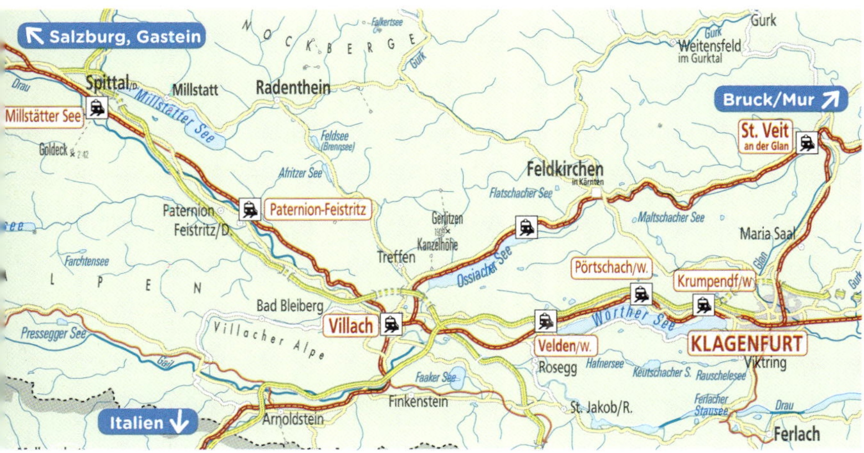

dann meist schon gelaufen. Wer Angst vor dem hohen Radverkehrsaufkommen, Lust auf eine Alternative und kräftige Beine hat: Bei Sillian kann man nach rechts abbiegen und (auf der Straße) über den Kartitscher Sattel (1525 m) ins **Lesachtal** gelangen. Die Abfahrt an der Südseite der Lienzer Dolomiten hinunter nach Kötschach-Mauthen auf enger Kurvenstraße ist ebenso spektakulär wie das Lesachtal schön ist. Um zurück ins Drautal zu gelangen, fährt man von Kötschach über den Gailbergsattel (981 m) nach Norden. Die nächste Bahnstation da ist **Waidach**, rund zwanzig Kilometer östlich von Lienz. Wer aber ohnedies Richtung Villach will, bleibt gleich im Gailtal (siehe S. 286). In den Zug steigen kann man dann dreißig Kilometer nach Kötschach, nämlich in Hermagor.

www.drauradweg.com

Angenommen, wir aber haben die Abfahrt durchs Drautal nach **Lienz** gut hinter uns gebracht. In Lienz gibt es dann (auf der dem Bahnhof gegenüberliegenden Seite) einen eigenen Bahnsteig, an dem die Radzüge zurück nach Toblach (bzw. Innichen) abfahren. Da ist echt was los!

Wenigstens kurz sollte man in die Stadt hineinschauen – der Hauptplatz mit etlichen schönen Gasthöfen bzw. Gastgärten ist einen Steinwurf vom Bahnhof entfernt, man erreicht ihn nach wenigen Minuten Spaziergang. Wer länger bleibt: Westlich der 12.000-Einwohner-Stadt liegt am Burgberg das aus dem 13. Jahrhundert stammende **Schloss Bruck**, eines der Wahrzeichen der Stadt. Bekannt ist es für die umfangreiche Sammlung von Werken der Osttiroler Künstler Albin Egger-Lienz und Franz Defregger.

Im Osten der Stadt wiederum befindet sich das Museum zur einzigen Römersiedlung Tirols, **Aguntum**. Rund sechs Kilometer südöstlich der Stadt, direkt am Fuß des Rauchkofels, findet sich, aber das verraten wir nur unseren besten Freunden und Freundinnen, der allerschönste (allerdings auch einzige) Badesee Osttirols: der **Tristacher See**. Eine Alpenperle, eine Idylle, sensationell. Einziger Nachteil: die Straße hinauf ist brutal steil. Alle, die nicht so gerne Rad klettern, fahren besser mit dem Shuttlebus hierher, er verkehrt in den Sommermonaten ab dem Bahnhof.

www.lienz.gv.at, www.museum-schlossbruck.at, www.pustertal.org

Mit dem Zug angereist, kann man von Lienz schön und bequem auf dem **Drau-Radweg** flussabwärts fahren. Er führt dann über Villach und Ostkärnten nach Lavamünd, weiter über das slowenische Dravograd/Drauburg und Maribor/Marburg bis ins kroatische Varaždin. Man kann dem Fluss also ab der Quelle 500 Kilometer weit folgen. In Varaždin gäbe es Bahnanschluss, auch im nahen Ormož, die Rückreise ist aber denkbar mühselig. Von Maribor/Marburg kommt man dagegen relativ leicht zurück nach Graz (und Wien), mit dem Umweg über Bruck an der Mur auch zurück nach Kärnten. Bleiben wir also besser im Kärntner Drautal, da gibt es ohnedies genug zu sehen und zu tun.

Von der Bahnstation **Greifenburg-Weißensee** sind es sechs sehr steile Kilometer bergauf und dann noch einige Kilometer flach bis nach **Techendorf** am **Weißensee.** Für alle ohne Rad: Ein Bahnhofsshuttle (www.naturparkshuttle.com) holt nach Anmeldung und gegen geringe Gebühr Gäste vom Bahnhof ab.

Der Weißensee ist einer der vier großen Seen Kärntens und – auf 950 Meter Seehöhe – der höchstgelegene Badesee Österreichs. Und sicher einer der schönsten. Seine Ufer sind im Gegensatz zu den anderen Kärntner Seen kaum verbaut, er liegt inmitten einer wunderbaren Bergkulisse. Die meisten Häuser und Hotels sind mit viel Feingefühl gestaltet, es gibt keine Apartmentburgen und Hotelklötze, dafür aber zeitgemäße Holzarchitektur ohne älplerischen Kitsch. Empfehlenswert ist die Linien-Bootsfahrt ans ruhige Ostende des Sees, nach Stockenboi. Es gibt keine Straße vom Hauptort Techendorf hierher und auch keine, die rund um den See führt, nur einen schmalen Fußweg am Nordufer. Wenn man sich mit dem Rad vom Drautal tapfer heraufgekämpft hat, kann man das Rad auch aufs Schiff laden und dann über Stockenboi wieder ins Drautal hinunterfahren. Bei Feistritz an der Drau erreicht man dann den Drauradweg.

www.weißensee.com

Die zum zweiten großen See, dem **Millstätter See,** gehörige Bahnstation ist **Spittal-Millstätter See.** Um zum See bzw. den dazugehörigen Ort **Seeboden** zu gelangen, ist man freilich auf den Bus angewiesen oder wieder auf das Fahrrad. Die Entfernung vom Bahnhof beträgt rund fünf Kilometer. Per Rad kann man am dicht bebauten und von einer Straße begleiteten Nordufer bis ans Ostende fahren. Der Rad-

In den Lienzer Dolomiten (li. o.)
Klagenfurt, Lindwurm (li. Mitte)
Pörtschach, Seepromenade (li. u.)
Ossiacher See, Steinhaus von Günther Domenig (li.)
Urlaub im Süden: am Wörthersee (u.)

weg am unbebauten Südufer ist aber die mit Abstand ruhigere (und damit schönere) Variante. In den Freibädern in Seeboden bzw. am Ostende in **Döbriach** liegt man in den Sommermonaten dicht an dicht, wobei Döbriach das weitläufigere Areal hat. Hier wie an allen großen Seen empfiehlt sich eine Bootsfahrt, schon allein, um den Blick auf die nördlich begrenzende Millstätter Alpe in voller Größe genießen zu können.

www.millstättersee.com

Die beiden anderen großen Kärntner Seen – Ossiacher See und Wörthersee – haben jeweils ihre eigene Eisenbahnlinie. Schauen wir zunächst zum **Ossiacher See**. Eine S-Bahn-Strecke führt von Villach am Nordufer und damit am Fuß der 1909 Meter hohen Gerlitzen über Feldkirchen nach St. Veit an der Glan und bietet somit auch Anschluss zur Südbahnstrecke nach Wien. Man kann den Ossiacher See per Rad umrunden, auch hier ist das Südufer mit **Stift Ossiach** das ruhigere. Viele Campingplätze, Pensionen mit Seezugang, private Badeplätze, Bootsverleihe, aber auch einige öffentliche Badestrände gibt es an diesem See, der praktischerweise gleich am Stadtrand von Villach beginnt. Das „städtische Strandbad" an der Südseite verlangt keinen Eintritt, sondern nur eine Auto-Parkplatzgebühr. Im Gemeindestrandbad von Ossiach ist die 93 Meter lange Rutsche die Hauptsensation. Am Nordufer, und damit auch für Bahnfahrer ohne Rad zu erreichen, liegt das Strandbad Annenheim. Interessant ist **Steindorf** am Nordost-Ende des Ossiacher Sees. Geht man von der Station am Uferweg Richtung See, kommt man nach einigen Minuten am berühmten **Steinhaus** des Architekten Günther Domenig (1934–2012) vorbei. Dieses spektakulär verschachtelte Beton-Architektur-Alien ist auch innen zu besichtigen, für alle Architekturliebhaber ein Must. Ganz nahe befindet sich auch ein Camping-Strandbad.

www.domenigsteinhaus.at, www.visitvillach.com

Star-Tag am Wörthersee

Jetzt aber zum großen Star Kärntens, dem **Wörthersee.** Ist das überhaupt eine leistbare Adresse für Normalsterbliche? Leben hier nicht ausschließlich Stars und solche, die es gerne wären? Wie nähert man sich dem See und seinen oft dicht verbauten Ufern? Erste Anblicke des Sees erheischt man bei der Fahrt mit der Südbahn zwischen Villach und Klagenfurt. Die Stationen, an denen freilich nur die S-Bahn, nicht aber der Railjet hält, haben klingende Namen: Velden, Pörtschach, Krumpendorf ...

Velden liegt am schmalen Westufer. Von der Bahnstation bis zum **Strandbad** geht man zehn Minuten, also kein Problem. Man sollte aber vorher noch ins Zentrum des Geschehens vordringen. In einer Viertelstunde ist man vom Bahnhof am Seecorso, dominiert vom legendären **Schlosshotel Wörthersee**, das jetzt zur Falkensteiner Hotelkette gehört. Hier ein bisschen flanieren, sitzen, Eis lutschen, Cappuccino trinken, Leute schaun, See schaun. Das Leben ist schön, komm bleib! Die Touristiker schwärmen auf den Internetseiten vom „mediterranen Feeling der Karibik Österreichs". Also was jetzt? Vielleicht wäre ein „Wörthersee-Kärnten-Gefühl" passender. Und wer's mag, kann am Abend ja auch wirklich ins Casino gehen.

Hinweis für alle Radler*innen: Ab Villach gelangt man mit dem Rad auf dem Radweg Nr. 1 meist nahe an der Südbahnstrecke ohne Probleme nach Velden – und von hier (besser am Süd- als am Nordufer, möglich ist beides) weiter bis nach Klagenfurt. In Summe und je nachdem, welche Route man fährt, kommt man auf rund vierzig Kilometer bis Klagenfurt. Retour nach Villach geht's dann per Zug.

www.woerthersee.com

Pörtschach geht in die Breite, der Ort ist im Sommer very busy, aber auch da: Es gibt sie noch, die schönen Badeplätze. Vom Bahnhof sind es 15 Minuten bis zum **Promenadenbad** der Gemeinde Pörtschach. Man überquert einfach die Hauptstraße und geht Richtung Halbinsel, zuerst auf der Elisabethstraße, dann auf der Seepromenade. Als Bahn- (oder Rad-)fahrer*in hat man, und das muss man wenigstens einmal sagen, weder Stress noch Zeitverlust durch eine mühevolle Parkplatzsuche. Das ist viel wert, weil Parkplätze an vielen Orten, gerade auch am Wörthersee, oft knapp sind ... Um vor dem Badetrubel zu flüchten, steigt man wahlweise am Peter-Alexander-Steg in ein Linienschiff der Wörthersee-Schifffahrt-Flotte oder spaziert über einen Fußgängersteig auf die kleine vorgelagerte **Blumeninsel**, die früher Schlangeninsel hieß. Alles sehr schön bunt da und angeblich völlig schlangenfrei.

www.wörthersee.com, www.woertherseeschifffahrt.at

Krumpendorf bietet ebenfalls einen überraschend erfreulichen Wörthersee-Zugang. Man geht von der Station **Krumpendorf** in rund zwanzig Minuten über die Berthastraße und ab dem Parkplatz über die Pamperlallee bzw. den Koschatweg zum **Seerestaurant Bad Stich.** Kaum zu glauben, dass es noch derart normale, einfach gute Plätze direkt am Ufer gibt. An denen man auch noch gut und preiswert isst. Dass man reservieren muss, wenn man hier am Abend einen Tisch möchte, ist auch klar. Wieder so ein Ort, den man nur ungern verlässt, aber der letzte Zug, er fährt!

www.bad-stich.at

Radfahrer haben es am leichtesten, via Nord- oder Süd-Radweg an den Klagenfurter Wörtherseestrand zu gelangen. Aber man schafft es auch per pedes: Von der Station **Klagenfurt West** ist man in einer Viertelstunde da, passiert dabei die Klagenfurter Hauptattraktion **Minimundus**, wo bekannte Gebäude der ganzen Welt und Österreichs im Kleinformat nachgebildet sind. Dann geht man angenehm durch den Europapark bis zum **Strandbad Klagenfurt**, angeblich das größte See-Strandbad Europas. Südlich davon befindet sich die Halbinsel Maria Loretto mit einem freien Seezugang. Lokale gibt es links und rechts vom Strandbad, zum Beispiel direkt in der Verlängerung des Europaparks, am **Mettnitzstrand.** Hier niedersetzen, in den Sonnenuntergang schauen, glücklich sein. Wörthersee? Von wegen Luxusdestination. Von wegen Starallüren und High-Society-Snobismus. Alles ganz normal da und: super.

Weitere Bäder am Klagenfurter Ufer und Infos zur Landeshaupt- und Lindwurmstadt Klagenfurt unter

www.visitklagenfurt.at

33 Pilgerreise nach Mariazell

Die Pilger und die Bahn – Das Pielachtal und die Bergstrecke – Die Basilika und die Gnadenmutter – Die Museumstramway und der Erlaufsee – Der Ötscher und eine Radtour nach St. Pölten

Die Mariazeller Bahn ist ein Heiligtum. Als man Ende der Achtziger-, Anfang der Neunzigerjahre des vorigen Jahrhunderts im damaligen „Verkehrsministerium" laut über die Einstellung dieser Strecke nachdachte, fegte ein kleiner Proteststurm durch das Land. Der Sturm war jedenfalls stark genug, um den Verkehrsminister kurz nach seiner unbedachten Äußerung zu einem öffentlichen Gelübde zu zwingen: Nie und nimmer, versprach er, werde er jemals wieder die Einstellung dieser nationalen Institution einfordern, jener Bahn, die praktisch seit ewigen Zeiten den Direktanschluss zum Gnadenaltar von Mariazell gewährleistete.

Die wechselvolle Geschichte

Schon bald nach der Fertigstellung der Westbahn tauchten erste Pläne für den Bau einer Bahnlinie in den Wallfahrtsort auf. 1905 wurde dann die Bahnlinie durchs Pielachtal bis Laubenbachmühle fertiggestellt, 1906 der 2,3 Kilometer lange Gösingtunnel durchgestochen, bis heute der längste Tunnel einer Schmalspurbahn. 1907 konnte man dann die ganzen 85 Kilometer von St. Pölten bis Mariazell auf Schienen fahren. Schon vier Jahre nach der Eröffnung wurde die Strecke zur „ersten öffentlichen Schmalspurbahn Österreichs mit Elektrolokomotivbetrieb" umgebaut, eigene Loks für die Strecke wurden konstruiert.

Die frommen Pilgersleut ersparten sich durch die Zugreise zwei- oder gar dreitägige Fußmärsche; an einem Tag wurden bis zu 25 Züge geführt und darin bis zu 10.000 Wallfahrer transportiert.

In den „schnellen Jahren" im ausgehenden 2. Jahrtausend wurde der Zuspruch immer geringer, der Betrieb auf den letzten sieben Kilometern von Mariazell weiter nach Gußwerk 1988 eingestellt, sukzessive auch der gesamte Güterverkehr. Die Krise der Mariazeller Bahn dauerte bis 2010 – da kaufte dann endlich das Land Niederösterreich in Gestalt der Niederösterreichischen Verkehrsorganisationsgesellschaft, kurz NÖVOG, die Mariazeller Bahn von den ÖBB. Ab jetzt wurde kräftig investiert. In Laubenbachmühle, dort, wo die Bergstrecke beginnt, entstand für zwanzig Millionen Euro das neue Betriebszentrum, ein neuer Bahnhof mit imposanter Remise. Moderne Triebwägen wurden angeschafft, die Mariazeller Bahn in überschießender marketingtechnischer Euphorie zur „Himmelstreppe" umgetauft. Was dem Fahrvergnügen aber keinen Abbruch tut.

Die Talstrecke bis Laubenbachmühle

Die Fahrt vom Schmalspurbahnsteig am Hauptbahnhof St. Pölten bis nach Mariazell dauert rund zwei Stunden und zwanzig Minuten. Ab Wien ist man also ca. drei Stunden unterwegs. Das muss man einkalkulieren, die Fahrt als „Entschleunigungsprogramm" verstehen und eventuell als Anlass dafür sehen, ein langes Wochenende im Mariazeller Land zu verbringen. –

Es ist bemerkenswert, in wie vielen Kurven und Schlangenlinien sich die Bahn aus St. Pölten hinauswindet. Wo Berge und Hügel und deftige Steigungen sind, versteht man emsige Kurvenfahrten ja durchaus, aber hier, gleich hinter der Landeshauptstadt, erschließt sich echt gar nicht, warum die Bahn gar so beschwingt durchs Gelände tänzelt. Man tut gut daran, diese Ouvertüre zu genießen, sich zurückzulehnen, beim Fenster hinauszuschauen, nicht ständig auf die Uhr zu sehen und zu fragen: Wann sind wir endlich da?

In **Obergrafendorf** befindet sich ein altes Heizhaus, in dem so wie früher die Dampflok „Mh6" angeheizt und für ihren Einsatz bei Sonderfahrten ausgerüstet wird. Von hier führte einst eine Neben-Nebenstrecke bis nach Gresten, doch das ist Geschichte. **Kirchberg an der Pielach** ist der Hauptort des Pielachtals, das in den letzten Jahren als „Dirndltal" bekannt wurde. „Dirndl" meint hier nicht das rustikale Kleidungsstück, sondern die bis zu acht Meter hoch wachsenden, schön blühenden Dirndlsträucher, die hier im Tal prächtig blühen und gedeihen und deren Früchte zu Saft, Marmelade oder Chutneys verarbeitet werden. Gleich an der Bahnstation befindet sich das **Modellbahnmuseum Mariazellerbahn,** neben der Station steht eine abgestellte alte Elektrolok und ein Waggon.

www.bahnimbahnhof.at

Ein wichtiger Hinweis: Die Mariazellerbahn ist die einzige Bahnlinie, bei der man an den Stationen selbst eine Taste drücken muss, wenn man möchte, dass der Zug hält und einen mitnimmt! – Das Tal wird nun enger, erste kurze Tunnels sind zu durchfahren, die Hänge wachsen in die Höhe, schließlich: **Laubenbachmühle.** Vor vielen Jahren hielt der Zug hier planmäßig noch so lange, dass man sich vom Bahnhofsbuffet Würstel mit Gebäck und ein „Kracherl" besorgen konnte. Heute ist in dem Betriebsgebäude ein feines „Bistro" untergebracht. Wenn man hier frühstücken will, muss man für die Weiterfahrt den nächsten Zug nehmen, der eh schon eine Stunde später abfährt.

Randbemerkung: Schon von hier (Laubenbachmühle) kann man mit dem Fahrrad (immer leicht bergab) auf dem **Pielachtal-Radweg** zurück nach St. Pölten fahren. Und unterwegs naturgemäß ein Stamperl Kriecherlschnaps (oder zwei) kosten.

www.pielachtal.mostviertel.at

Die Bergstrecke

Ab Laubenbachmühle wird die Trasse alpin. In großen 180-Grad-Haarnadelkurven und mit schönen Blicken zurück auf das Betriebszentrum geht's hinauf zu den Stationen **Winterbach** und, kurz darauf, **Puchenstuben.** War das Wetter unten im Pielachtal auch nebelig-grau, so scheint hier heroben oft schon die Sonne.

Der Ort Puchenstuben liegt zwei Kilometer oberhalb der Station. Von hier gelangt man zu Fuß auf dem **Bahnwanderweg** über den **Turmkogel** und das **Wegscheidhäusl** nach Gösing. Von der Bahnstrecke sieht man dabei aber nichts, denn die nimmt einen Abkürzer durch den **Gösingtunnel.** Ab dem Turmkogel bzw. Gösing beherrscht ein einziger Hauptdarsteller die Bühne: Der **Ötscher,** auch liebevoll „Fujiyama von Niederösterreich" genannt, hat sich unübersehbar ins Blickfeld geschoben. Die **Gemeindealpe** mit dem Terzerhaus am Gipfel ist ebenfalls bald sichtbar. (Zum Ötscher und möglichen Wanderungen s. u.) Direkt beim Bahnhof **Gösing** befindet sich das extrem charmante **Alpenhotel Gösing.** Mit Villa, Park, Schwimmbad, Seerosenteich und Tennisplatz eröffnete es bereits 1922, wurde in den frühen Neunzigern erweitert und ausgerechnet zum 100. Geburtstag „bis auf Weiteres" geschlossen. Die Besitzer schreiben 2023 auf der Homepage, dass man hoffe, „dass das Alpenhotel Gösing recht bald wieder Gäste empfangen und verwöhnen kann". – Heilige Gnadenmutter von Mariazell, hilf!

www.goesing.at

Ein Spaziergang von Gösing führt (meist auf schattigem Waldweg) zur Station **Annaberg** (der dazugehörige kleine Wintersportort ist sechs Kilometer entfernt) und weiter nach **Wienerbruck-Josefsberg.** Für alle, die auf der Bahn geblieben sind: Die Strecke von Gösing über Wienerbruck bis Mitterbach ist der spektakulärste Abschnitt der Mariazellerbahn-Reise. In Wienerbruck zieht die Bahn eine 180-Grad-Kurve um das Ostende des Wienerbrucker Stausees herum; inmitten der Schleife und vom Bahnhof nur einen Steinwurf entfernt befindet sich das 2015 errichtete **Naturparkzentrum Ötscher-Basis.** Die Holz-Glas-Konstruktion ist erste Anlaufstelle, Infopoint und insofern idealer Ausgangspunkt für Wanderungen in die **Ötschergräben** bzw. die Hinteren Tormäuer. Angenehmerweise gibt es hier auch ein Gasthaus mit Seeterrasse.

www.oetscher-basis.at

Von Wienerbruck fährt die Bahn durch wildromantisches Gelände, keine Straße weit und breit, bis zur Haltestelle **Erlaufklause.** Die ist ebenfalls ein guter Einstieg für Wanderungen in die Ötschergräben, zurück nach Wienerbruck oder weiter nach Mitterbach. Wie schon am Bahnwanderweg wechseln auch hier einsame Wege mit Passagen, wo die Benutzung von Fahrwegen bzw. Straßen unausweichlich ist.

Mitterbach hat als Asset die 1626 Meter hohe Gemeindealpe, die von zwei Sesselliften erschlossen wird. Im Sommer kann man mit „Mountaincarts" genannten geländegängigen Dreiradlern die breite Schotterpiste von der Mittelstation bergab brettern, im Winter brettern dann Ski- und Tourenfahrer von ganz oben auf der „steilsten Piste Niederösterreichs" zu Tale.

Zurück von der Piste auf die Schiene: Die Bahn überfährt am Ortsende von Mitterbach die Demarkationslinie zur Steiermark. Die Gegend wird weit und lieblich. Die letzten Kilometer der Pilgerfahrt führen vorbei am Flugplatz von Mariazell, schließlich zum **Bahnhof Mariazell.** Von hier sind es auf dem Promenadenweg noch zwanzig Minuten zu Fuß, und schon steht man auf dem Hauptplatz der 3600-Einwohner-Stadt bzw. auf der Terrasse vor der wohl bekanntesten Wallfahrtskirche Österreichs. Ein Linienbus in die Stadtmitte fährt vom Bahnhofsvorplatz ab.

Die Basilika, der Erlaufsee und die Museumstramway

Die Homepage nennt die 1908 zur **Basilika** erhobene Wallfahrtskirche eine „vollendete Vereinigung von Gotik und Barock": Die zwei rosa gefärbelten Barocktürme flankieren den gotischen Mittelturm, geben der Kirche ihr ikonografisches Aussehen und erheben sie zu so etwas wie einem „Nationalheiligtum", zu dem auch nicht-katholische Menschen gerne pilgern. Im Inneren der Wallfahrtskirche befindet sich die Gnadenkapelle mit der Gnadenstatue Magna Mater Austriae, einer kleinen Marienstatue aus dem 13. Jahrhundert. Viele Pilgerwege aus allen Teilen Österreichs und auch den angrenzenden Ländern führen hierher, die „Mariazeller Wege" sind seit eh und je beliebte Wanderrouten. Einmal sollte man hier gewesen sein, zu sehr ist die kleine Stadt mit ihrer großen Kirche mit der österreichischen Geschichte verknüpft. Wer in die Basilika geht, sollte auch einen Blick auf die zahlreichen Votivbilder und Votivtafeln beachten, die von Wunder-

CAFE RESTAURANT
OBERFEICHTNER
GANZTÄGIG WARME SPEISEN
HAUSGEMACHTE PIZZEN 35m

Bootskassa

Mariazell, eine Winterreise.
Basilika (o. li.), Anreise per „Himmelstreppe“ (o.)
Erlaufsee mit Gemeindealpe (ganz li.)
Gösing, Alpenhotel (li.)

heilungen und Wohltaten berichten. Als Zeichen tiefer Volksfrömmigkeit verstanden, können sie auch hartgesottene Burschen rühren.

www.basilika-mariazell.at

Beliebt bei allen Pilgersfrauen und -männern ist die Seilbahnfahrt auf die 1270 Meter hohe **Bürgeralpe**. Die Talstation liegt fünf Minuten von der Basilika entfernt in der Wiener Straße, mitten im Ortsverband. Oben am Berg befindet sich ein Kinder-Erlebnisland mit einer kleinen, rund um einen künstlichen Speichersee führenden Eisenbahn. Wieder in der Stadt herunten und auf der Suche nach einem Mitbringsel kommt man an der **Lebkuchenfabrikation** der Familie Pirker nicht vorbei. Der Honiglebkuchen ist das geheime Wahrzeichen des Wallfahrtsorts. Don't leave Mariazell without trying one of these!

Der **Erlaufsee** gehört zu Mariazell wie der Gnadenaltar und der Lebkuchen. Er galt lange Jahre aufgrund seiner auch im Sommer gelinde gesagt „frischen" Wassertemperatur als unschwimmbar. Niemand will den Klimawandel, aber genau der macht es nun möglich, dass dieses Gewässer auch als Badesee immer beliebter wird. Strandbad mit Strandbuffet, Bootsverleih, alles gibt es hier, und im Sommer kann man sogar mit dem putzigen Ausflugsschiff „Christina" eine Seerundfahrt machen.

Direkt vom Bahnhof gelangt man (an Betriebstagen) per **Museumstramway** zur Bootsanlegestelle, ansonsten muss man eine halbe Stunde gehen. Die Trasse wurde von Tramway-Liebhabern rund um die Familie Fleissner völlig neu gebaut. Eine durchgängige Elektrifizierung bis zur Endstelle am Erlaufsee ist geplant, ein Stück ist bereits „elektrisch". Auch wollen die Betreiber die Trasse bis ins Zentrum von Mariazell verlängern, ein Teil davon, bis zur Haltestelle „Promenadenweg", ist bereits fertiggestellt. Der Betreiberverein legt größten Wert auf historische Genauigkeit, die Fahrzeuge sind jedenfalls auch für Laien eine Augenweide. Fahrpläne und Betriebszeiten (an Wochenenden) sind sicherheitshalber vorab anzufragen.

www.buergeralpe.at, www.lebkuchen-pirker.at

www.museumstramway.at

Das Ötscherland und seine Eroberung

Die Mariazellerbahn erschließt ein bekanntes und abwechslungsreiches Wander- und Radfahrgebiet. In Kombination mit der Bahn sind attraktive, größere Runden bzw. Streckenwanderungen zu machen. Wanderkarten sind bei den Touristeninfostellen gratis erhältlich, gelbe Wander-Wegweiser bzw. Touren-Apps geben weitere Unterstützung. Eine feine Standardrunde führt von der Station Wienerbruck direkt in den Grand-Ötscher-Canyon, bekannt als **Ötschergräben.** Vorbei am Lassingfall geht man bis zur Jausenstation „Ötscherhias". Von da führt der Weg bergauf zur Forststraße und zum Hagengut, von da am Südufer des Erlaufstausees zur Bundesstraße und hinein nach Mitterbach (bzw. zur dortigen Bahnstation.)

Die Route ist je nach Lust und Kondition erweiterbar: Mirafall und Schleierfall sind wunderbare Ziele. Eine Rückkehr ist für besonders ausdauernde Wanderer auch über das Gasthaus Vorderötscher und einen steilen Anstieg auf die Gemeindealpe möglich – den Abstieg ins Tal nach Mitterbach erledigt man dann am besten per Sessellift. Leicht gelangt man auch von Wienerbruck in die Hinteren Tormäuer und weiter nach Erlaufboden, von dort auf steilen 300 Höhenmetern hinauf zum Hotel und Bahnhof Gösing. Wie gesagt: Varianten gibt es unzählige. Nur der Gipfelsturm auf den Ötscher selbst lässt sich ab der Mariazellerbahn in einem Tag hin und retour nicht schaffen. Man könnte Richtung Ötschergräben gehen und dann die Abzweigung zum „Jägerherz" nehmen. Von da auf der Direttissima zum unteren Einstieg des „Rauhen Kamm" und auf diesem (anspruchsvollen!) Kletterweg zum Ötschergipfel steigen. Nächtigen müsste man dann aber sicher im Ötscherhaus.

Man darf und soll in der Mariazellerbahn auch das Mountainbike, den Crosser, das Touren- oder Rennrad mitführen. (Auch das E-Bike, selbstredend). Und von hier eine schöne, lange Tagesfahrt zurück nach St. Pölten starten. Die Strecke führt weitab von der Mariazellerbahn, man kommt gar nicht mehr in ihre Nähe, sondern benutzt den **Traisental-Radweg.** Man fährt also von Mariazell in östlicher Richtung auf der Straße bergab hinunter ins Halltal, um dann rasch nach Norden in die **„Walstern"** abzubiegen. Entlang des Bachs geht's leicht bergauf, bis man zum wunderbar gelegenen **Hubertussee** (samt Jausenstation „Wuchtlwirtin") gelangt. Rast! Nochmals ein gutes Stück ordentlich bergan kommt man endlich zum Gscheid, der auf 970 Meter Seehöhe gelegenen Passhöhe Richtung Traisental. In rauschender Fahrt geht's bergab nach **Kernhof** –

bis hierher kam einst die normalspurige Bahn ab St. Pölten. Auf dem Radweg fährt man abseits der Straße und auch der Ortszentren über St. Ägyd am Neuwald und Hohenberg nach Freiland, wo die von Mariazell über Annaberg führende Straße einmündet. Nicht mehr weit ist es nun bis **Schrambach** und **Lilienfeld**, wo man wieder in einen ÖBB-Nebenbahntriebwagen einsteigen und nach St. Pölten fahren könnte, wenn man nicht noch genug Kraft hätte, auch diese letzte Etappe mit Bravour zu meistern. Die Einfahrt nach **St. Pölten** immer entlang der Traisen kann man nicht verfehlen. Beim Landhaus bzw. der Landesregierung muss man dann aber nach achtzig Kilometern endgültig vom Radweg runter und zum Bahnhof abzweigen. Oder doch nicht, denn wer extrem gut drauf ist, radelt entlang der Traisen über **Traismauer** weiter bis zur Donau und kann dann am Ufer der Donau bzw. am Donauradweg heim nach Wien fahren. Im Notfall fährt ab Traismauer auch ein Zug nach Tullnerfeld, Tulln bzw. Wien.
www.traisentalradweg.at

Nochmals zurück auf die Mariazellerbahn. Sie wird von der NÖVOG im Regelbetrieb geführt, das Klimaticket gilt. An Sams-, Sonn- und Feiertagen ist eine mit **Panoramawagen** bestückte Garnitur im Einsatz. Man zahlt Aufpreis, dafür aber sitzt man dann nochmal schöner als in den ohnedies schon feinen „normalen" Wägen. In diesem Panoramazug befindet sich auch ein Panorama-Speisewagen. Man kann also das Glas auf das bevorstehende (oder ein gelungenes) Wochenende erheben, dazu eine kleine Stärkung konsumieren und dabei den Ötscher und das schöne Alpenvorland aus der Zugperspektive genießen.

Bei der finalen Fahrt hinaus durchs Pielachtal plant man dann schon den nächsten Bahnausflug, die nächste Bahnreise, das nächste Bahnabenteuer. Und nicht zuletzt die nächstjährige Pilgerfahrt nach Mariazell.
www.mariazellerbahn.at

Literatur

Baumgartner, Senta/Pruckner, Othmar: Die Gegend hier herum ist herrlich. Reisen zu Dichtern, Denkern, Malern und Musikern in Niederösterreich. Falter Verlag, Wien 1996.

Chesshyre, Tom: Slow Train. DuMont, Ostfildern 2020.

Egle, Klaus/Egle, Elisabeth/Wagner-Wittula, Renate: Wirtshausführer 2022. Gourmedia, Wien 2021.

Esterbauer, Roland (Hg.): Donauradweg. Von Passau nach Wien. Esterbauer, Rodingersdorf 1999.

Hanappi, Irene: Bratislava. Gehen, Sehen & Genießen. Falter Verlag, Wien 2018.

Hanappi, Irene: Brünn. Gehen, Sehen & Genießen. Falter Verlag, Wien 2017.

Hanusch-Linser, Kristin (Hg.): 175 Jahre Eisenbahn für Österreich. Brandstätter, Wien 2012.

Hauleitner, Franz und Rudolf: Wachau. Die schönsten Tal- und Höhenwanderungen. Bergverlag Rother, München 2005.

Horn, Alfred/Rollinger, Friedrich: Die Eisenbahn in Österreich. Bohmann, Wien 1986.

Kaiser, Wolfgang: Österreichs schönste Eisenbahnen. 50 Traumstrecken zwischen Wienerwald und Vorarlberg. GeraMond, München 2009.

Kohlwein, Thomas (Hg.): Wien Südbahnhof. Reihe Europa erlesen. Wieser, Klagenfurt/Celovec 2010.

Kos, Wolfgang: Der Semmering. Eine exzentrische Landschaft. Residenz, Salzburg/Wien 2021.

Kos, Wolfgang/Dinhobl, Günther: Großer Bahnhof. Wien und die weite Welt. Katalog. Czernin Verlag, Wien 2006.

Kölbel Alfred: Wunderbar wanderbar mit der Bahn. Echo, Wien 1999.

Kubinszky, Mihály: Bahnhöfe in Österreich. Josef Otto Slezak, Wien 1986.

Künzli, Lis: Bahnhöfe. Ein literarischer Führer. Eichborn, Berlin 2007.

Linke, Reinhard/Schopf, Hannes: Zug um Zug. Edition Marchfeld, Nö. Pressehaus, St. Pölten/Wien 1987.

Meyer Ulfilas: Kino-Express. Die Eisenbahn in der Welt des Films. Bucher, München 1985.

Minaty, Wolfgang (Hg.): Die Eisenbahn. Gedichte. Prosa. Bilder. Insel, Frankfurt am Main 1984.

Naturfreunde Österreich (Hg.): Mit Bahn und Bus in die Natur! 46 familienfreundliche Wanderungen in ganz Österreich. Wien 2020.

Orfer, Bernd: Wandern in Ostösterreich. Band 1–3, Falter Verlag, Wien 2010–2012.

Platzgummer, Stefanie: Österreichs Nationalparks. Geheimnisse, Schätze, Paradiese. Falter, Wien 2013.

Pruckner, Othmar: Mit der Eisenbahn durch Österreich. Falter Verlag, Wien 1992.

Schivelbusch, Wolfgang: Geschichte der Eisenbahnreise. Zur Industrialisierung von Raum und Zeit im 19. Jahrhundert. Fischer, Frankfurt am Main 1989.

Schröder, Klaus Albrecht: Die Eisenbahn in der Kunst. Kunstforum Länderbank, Ueberreuter, Wien 1987.

Tuschel, Manfred/Székely, Csaba: Im Zug der Zeit. 150 Jahre Eisenbahngeschichte Kaiser-Ferdinands-Nordbahn. Bundesverlag, Wien 1986.

Vetter, Klaus-J.: Die Eisenbahn in Österreich. Geschichte, Strecken, Lokomotiven. GeraMond, München 2007.

Wolf, Alfred: Die Franz-Josefs-Bahn und ihre Nebenlinien. Sutton, Erfurt 2006.

Bei geografischen Fragen bzw. Fragen zur Geschichte einzelner Bahnlinien wurde Wikipedia zurate gezogen. Weitere Informationen stammen von den Internetseiten diverser Gemeinden bzw. Bahnbetreiber sowie aus zahlreichen Info-Broschüren und Wanderkarten der Tourismusverbände.

Hilfreich sind die Seiten von www.bahn-zum-berg.at, auf denen zahlreiche weitere Ausflüge per Bahn und Öffis beschrieben werden. Es gibt auch einen Newsletter.

Bildnachweis

Seite 9: Andreas Schlachter
Seite 11, 14 oben, 83: ÖBB/Philipp Horak
Seite 22/23 oben: NÖW/Michael Liebert
Seite 41: NB/Zwickl
Seite 50 oben: Libor Svácek
Seite 54: UPVISION
Seite 57: Alexander Krejcar
Seite 65: Stadtgemeinde Berndorf
Seite 67: Stadttheater Berndorf/Christian Husar
Seite 78 oben: shutterstock.com/fritz16
Seite 78 unten: shutterstock.com/IgorGolovniov
Seite 81: Wiener Lokalbahnen/Zinner
Seite 85: ÖBB
Seite 91: Adam Costey Studio, Marek Sedlak, Michal Adamovsky
Seite 94, 98/99 rechts oben: Donau Niederösterreich/Robert Herbst
Seite 98/99 unten: shutterstock.com/Radu Cadar
Seite 99 unten: NÖ Landesausstellung 2022/Rupert Pessl
Seite 106 Mitte: Stadtgemeinde Tulln
Seite 107 rechts oben: Marion Großschädl
Seite 114 oben: Paul Szimak
Seite 114 Mitte: Burgenland-Tourismus GmbH/Guenther Ippisch
Seite 114/115 unten rechts: Burgenland Tourismus GmbH/Birgit Machtinger
Seite 122 oben: NB/Kerschbaummayr
Seite 122/123 unten: Oberösterreich Tourismus GmbH/Marco Mestrovic
Seite 126: shutterstock.com/Sergey Fedoskin
Seite 132/133 rechts oben: IVV/Martin Granadia
Seite 132 oben: Stadtgemeinde Mistelbach, Mag. Mark Schönmann
Seite 135: Manfred Thumberger
Seite 140: Belvedere, Wien
Seite 142/143 oben: Niederösterreichbahnen/Rigl
Seite 142 unten: Retzer Land/Himml
Seite 143 oben: Retzer Land/Schleich
Seite 143 Mitte: shutterstock.com/Karl Allen Lugmayer
Seite 144 oben: BR/Ch. Uebl
Seite 144 unten: MarkBBDO
Seite 152: www.pov.at/Robert Herbst
Seite 160 Mitte: Margarete Jarmer
Seite 155, 160/161 unten, 168, 172: Waldviertel Tourismus/lichtstark.com
Seite 165, 308/309 oben rechts: NB/Heussler
Seite 166: Waldviertel Tourismus/Studio Kerschbaum
Seite 170 oben: Waldviertel Tourismus/www.ishootpeople.at
Seite 170 unten: knipserl.at
Seite 170/171 rechts oben: Waldviertel Tourismus/Erwin Haiden
Seite 171 unten: Waldviertel Tourismus/Robert Herbst
Seite 180: Oberösterreich Tourismus/Röbl
Seite 186/187 unten rechts: NPK Kalkalpen/Franz Sieghartsleitner
Seite 192 Mitte, Seite 193 rechts oben: Klimt-Foundation, Wien
Seite 203: Oberösterreich Tourismus Gmbh/Martin Fickert
Seite 225: Gasteiner Heilstollen/Max Steinbauer
Seite 231: Innsbruck Tourismus/Christof Lackner
Seite 244 oben: TV Region Bad Radkersburg/pixelmaker.at
Seite 245 oben: STB/Harry Schiffer
Seite 249: shutterstock.com/Wirestock Creators
Seite 262 Mitte: Freisinger
Seite 262/263 unten rechts, 264: August Zoebl
Seite 278: Kärnten Werbung/Emira Husidic
Seite 288 oben: Villacher-Alpenstrasse.at
Seite 289 oben rechts, 298 unten links, 299 unten rechts: Kärnten Werbung/Franz Gerdl
Seite 291: shutterstock.com/Magda.lena.wi
Seite 298 Mitte, 299 oben rechts: Kärnten Werbung/Tine Steinthaler

Alle übrigen Fotos: Othmar Pruckner

Register